行政訴訟
ハンドブック

山下清兵衛［編著］

発行 ⊕ 民事法研究会

発刊によせて

　東京都弁護士協同組合では、平成20年度より書籍出版事業を起ち上げ、多くの弁護士の業務に供すべく、東弁協叢書シリーズの企画・出版を行っております。このたび、東弁協叢書の第6弾として、『行政訴訟ハンドブック』を発刊するはこびとなりました。

　現在、国家は、福祉の充実を国政の最大目標としており、その中で国や自治体と国民や市民間の紛争は増大していくことが予想されます。また、民主主義国家では、主権者国民は、公法上の権利を行使して国政に参加しなければなりません。

　真の民主主義国家においては、行政訴訟で、主権者である国民の権利・利益が十分救済されることが必要ですから、すべての弁護士が行政訴訟を処理できることが期待されます。

　そこで、「これだけ知っていれば、最低限弁護士として行政訴訟事件の処理が可能である」との見地から本書が企画されました。内容面では、総論と各論とに分けて、総論は、行政訴訟の基礎知識を、各論は個別事件を例にして、訴状の書き方から事件のポイントまでを要領よくまとめられております。若手弁護士や実務経験のある弁護士にとってもお役に立てる内容であると思います。

　本書の出版にあたって、執筆にあたられた山下清兵衛先生ほかの著者の皆様に深謝申し上げますとともに、本書が弁護士の行政訴訟事件処理にお役に立つことを念願してやみません。

　　平成25年1月

東京都弁護士協同組合理事長　池田　和司

推 薦 の 辞

　民主主義国家では、国民が積極的に国政に参加し、国政の三権を監視する第4の権力の役割を果たさなければ、国政の三権は、国民のために働きません。また、公正で安心できる福祉国家は、国民とのかかわりを必然的に増大するところとなり、行政法関係事件も増加します。したがって、民主主義国家において、弁護士は、国民の代理人として国政の三権を監視し、国民の公法上の権利実現のため、行政訴訟を使いこなせることが必要です。

　本書は東京都弁護士協同組合の書籍出版事業の一環として刊行され、主に新人弁護士や行政訴訟の経験がない弁護士の方々を対象として企画されたものです。本書は、行政事件の処理にあたり、弁護士が直面する多くの問題の解決方法について、豊富な事例や書式を盛り込み解説されており、大いに役立つと思われます。弁護士登録していきなり1人で事件処理していかなければならない方が増加している情況において、本書が行政訴訟の手引書として有効かつ適切に活用されるものと確信しています。また、各単位会の新人弁護士へのサポートにおける教材としても最適なものと思われるとともに、新人弁護士のみならず、多くの弁護士の方が今一度基本事項を確認するために本書を活用されることを期待して本書を推薦する次第です。

　平成25年1月

東京弁護士会会長　　斎藤　義房
第一東京弁護士会会長　　横溝　髙至
第二東京弁護士会会長　　橋本　副孝

は し が き

　本書は、行政訴訟の利用者目線で国民を実効的に救済する方法を解説するとともに、行政訴訟の判決が依拠するべき公正基準を提案しています。本書は、最初に総論として行政訴訟の基本的知識を解説し、各論では実務でよく見受けられる典型的な個別事例について、それぞれの類型ごとに、事案、解説、書式等を配置し、初めて行政事件の処理にあたる弁護士にも役に立つよう配慮しました。

　本書は、行政訴訟の経験のない弁護士や新人弁護士の皆様の一助にするために企画されたものです。また、弁護士の研修教材や法科大学院の行政訴訟実務の教材としても役立つものと思われます。

　本書出版にあたっては、株式会社民事法研究会の田口信義社長および安倍雄一氏にも多大なお力添えをいただきました。ここに厚くお礼を申し上げる次第です。

　　平成25年1月

執筆代表　　山下清兵衛
執筆者　　　北村美穂子
同　　　　　水野　泰孝
同　　　　　山下功一郎
同　　　　　田代　浩誠

第1編　総　論

第1章　行政救済制度 …… 2

Ⅰ　行政救済制度 …… 2
  〔図1〕　行政争訟制度のしくみ …… 2
Ⅱ　行政手続による事前救済 …… 3

第2章　司法審査と行政活動 …… 5

Ⅰ　法の支配と裁判を受ける権利 …… 5
Ⅱ　法の支配の実現 …… 5
Ⅲ　司法権の範囲 …… 7
  1　行政事件と司法権 …… 7
  2　法律上の争訟 …… 7
    (1)　行政訴訟の対象 …… 7
    (2)　憲法訴訟と客観訴訟 …… 8
  3　行政活動の司法審査 …… 9
  4　裁量行為の司法審査 …… 9
  5　覊束行為の濫用審査 …… 9
  6　情報公開請求訴訟 …… 9
Ⅳ　行政訴訟と民事訴訟の関係 …… 10
  1　公法と私法の区分 …… 10
  2　行政事件と民事事件の区別 …… 10

3　行政訴訟と民事訴訟の接近の必要性…………………………………11
V　行政訴訟の対象………………………………………………………………11
　　1　違法な公権力行使の是正………………………………………………11
　　2　行政訴訟の対象…………………………………………………………12
　　　(1)　司法審査の対象となる行政作用の範囲・司法審査の方法ないし
　　　　　条件等…………………………………………………………………12
　　　(2)　行政訴訟の対象の拡大………………………………………………12
　　3　行政訴訟の類型と相互関係……………………………………………13
　　　(1)　行政訴訟の新たな類型………………………………………………13
　　　(2)　取消訴訟の提起の要件の拡充………………………………………14
　　　(3)　当事者訴訟と抗告訴訟………………………………………………14
　　　(4)　結果の除去と訴えの利益……………………………………………14
　　　(5)　民衆訴訟の具体的な訴訟類型………………………………………14
VI　取消訴訟………………………………………………………………………15
　　1　処分取消訴訟と他の行政訴訟…………………………………………15
　　2　取消訴訟の対象…………………………………………………………15
　　　(1)　処分取消しの訴えの対象……………………………………………15
　　　(2)　原告適格・出訴期間…………………………………………………16
　　　(3)　処分性の拡大…………………………………………………………16
　　3　行政立法、行政計画、通達、行政指導………………………………16
　　4　取消訴訟の排他性・出訴期間の克服…………………………………18
VII　確認の訴えの活用……………………………………………………………19
　　1　確認の訴えによる救済の必要性………………………………………19
　　2　無効等確認の訴え………………………………………………………20

第3章　行政訴訟の類型……………………………………………21

I　行政訴訟の類型………………………………………………………………21

II　抗告訴訟······21
  1　抗告訴訟とは······21
  2　処分取消しの訴え······22
  3　裁決取消しの訴え······22
  4　無効等確認の訴え······23
    (1)　無効等確認の訴えとは······23
    (2)　原告適格······24
  5　不作為の違法確認の訴え······25
  6　義務付けの訴え······25
  7　差止めの訴え······27
  8　法定外（無名）抗告訴訟······28
  9　仮の義務付け・仮の差止め······28
  10　争点訴訟······29
III　当事者訴訟······29
IV　民衆訴訟······30
V　機関訴訟······31

第4章　行政訴訟の概要······34

I　行政訴訟のしくみ······34
  〔図2〕　行政訴訟のしくみ······34
II　行政訴訟の類型······34
  〈表1〉　行政訴訟の類型······35
  1　取消訴訟と民事訴訟との関係······35
  2　実質的当事者訴訟と民事訴訟との関係······35
III　取消訴訟（抗告訴訟）の訴訟要件······36
  1　処分性（訴訟の対象）······36
  2　原告適格······36

3	狭義の訴えの利益	37
4	被告適格	37
5	不服申立てと行政訴訟	37
6	出訴期間	37
7	行政行為の効力と行政訴訟	38
(1)	行政行為の効力	38
(2)	違法な行政行為	39
(3)	違法な行政行為の態様	39
8	国民による公法上の権利の実現手続	40
〔図3〕	国民による公法上の権利の実現手続	40

Ⅳ 改正行政事件訴訟法の利用方法 40

 1 救済範囲の拡大 41
  (1) 取消訴訟の原告適格の拡大 41
  (2) 義務付け訴訟の法定 41
  (3) 差止訴訟（行訴3条7項、37条の4） 43
  (4) 確認訴訟の活用 43
 2 審理の充実・促進 44
 3 行政訴訟を理解しやすくわかりやすくするためのしくみ 44
  (1) 抗告訴訟の被告適格の明確化 44
  (2) 抗告訴訟の管轄裁判所の拡大 45
  (3) 出訴期間の延長 45
 4 仮の救済制度 46
  (1) 執行停止の要件 46
  (2) 仮の義務付け・仮の差止制度の新設 47

第5章　行政訴訟と民事訴訟の選択 49

Ⅰ　行政訴訟と民事訴訟の比較 49

目　次

　　1　当事者 49
　　2　提訴時期 50
　　3　管　轄 50
　　4　訴え提起手数料（印紙代） 50
　　5　本案審理 51
　　　(1)　行政法令違反 51
　　　(2)　違法判断の基準時 52
　　　(3)　職権証拠調べ・釈明処分の特則 52
　　6　和　解 52
Ⅱ　民事仮処分・民事訴訟 53
　　1　民事仮処分 53
　　2　本案訴訟 53
Ⅲ　行政訴訟 54
　　1　開発許可 54
　　　(1)　原告適格 54
　　　(2)　狭義の訴えの利益 56
　　　(3)　執行停止 56
　　2　建築確認 57
　　　(1)　原告適格 57
　　　(2)　狭義の訴えの利益 58
　　　(3)　執行停止 58
Ⅳ　訴えの併合 58
　　1　開発許可取消訴訟と建築確認取消訴訟の併合 58
　　2　民事訴訟との併合 59

第6章　確認訴訟 61

Ⅰ　確認訴訟の活用 61

8

	1	確認訴訟の意味	61
	2	非処分と確認訴訟	61
	3	行政立法と確認訴訟	62
	(1)	行政立法における行政裁量の審査	62
	(2)	行政立法の存在を争う訴訟、法令の効力を争う訴訟	62
	(3)	原告適格	63
	(4)	行政処分と同様の効果を生ずる法令	63
	(5)	法律関係の確認訴訟の置き換え	63
	4	行政指導と確認訴訟	64
II	非処分の確認訴訟と当事者訴訟		64
	1	確認の利益	64
	2	確認訴訟の限界	65
	3	対世効と拘束力	66
	4	民事訴訟との関係	67

第7章　先行処分と後続処分　68

I	先行処分と後続処分の関係		68
	1	問題の所在	68
	2	拒否処分取消訴訟と義務付け訴訟の必要性	68
	3	別個の理由による再度の拒否処分の可否	68
	4	附款と行政処分	69
	5	原処分の取消しと裁決への影響	69
	6	理由の差替えと行政処分の同一性	69
	7	違法性の承継	69
	8	先行処分と後続処分が問題となる例	70
	(1)	支給打ち切り処分	70
	(2)	入管法の認定・判定・裁決の関係	70

(3) 人事院の修正裁決 70
　　　(4) 過少申告加算税と重加算税 70
　　〈表2〉 先行処分と後続処分の関係 71
　9 処分理由と違法判断の基準時 71
II 先行処分の違法性の承継 72
　1 問題の所在 72
　2 先行処分の要件 72
　3 先行処分の出訴期間経過後の訴訟提起 72
　4 取消訴訟の排他性（出訴期間）との関係 73
　5 先行処分の違法性の承継が問題とされた事例 73
　　(1) 主たる納税処分と第二次納税義務処分 73
　　(2) 相続税の連帯納付義務 75
　　(3) 行政計画決定と後続処分 75
　　(4) 固定資産税の連帯納税義務 75
　　(5) 源泉所得税と納税告知 76
　　〈表3〉 先行処分の違法性の承継が問題となった裁判例 76

第8章　処分理由の法的問題点 77

I 処分理由と訴訟物 77
II 被告の主張制限（適正手続保障） 78
　1 理由の付記 78
　2 処分理由差替えの可否 78
III 原告の主張制限 79
IV 特許審決取消訴訟 79

第9章　第三者の原告適格 …………81

- I　問題の所在 …………81
- II　行政事件訴訟法9条1項（原告適格）…………81
- III　行政事件訴訟法9条2項（考慮事項）…………81
- IV　「法律上の利益」の意味 …………82
- V　判例で問題とされた第三者 …………83
- VI　違法事由制限 …………83

第10章　訴えの利益 …………84

- I　民事訴訟の目的の比較 …………84
- II　司法確定利益 …………84
- III　裁判を受ける権利 …………84
- IV　行政訴訟における訴えの利益 …………85

第11章　仮の救済 …………87

- I　公権力の行使に対する仮処分の禁止 …………87
- II　執行不停止の原則 …………87
- III　執行停止 …………88
  - 1　執行停止の必要性 …………88
  - 2　執行停止の要件 …………88
  - 3　執行停止の限界 …………88
- IV　仮の義務付け・仮の差止め …………89

目 次

第12章 行政訴訟の判決 ……90

I 判決の種類 ……90
II 取消判決の効力 ……90
 1 無効と取消し ……90
 2 取消判決の対世効（第三者不利益効）……90
 3 第三者利益効 ……91
 4 取消判決の拘束力 ……91
  (1) 反復禁止効 ……91
  (2) 違法性を共通にする処分の取消義務 ……91
  (3) 不整合処分の取消義務 ……91

第13章 損失・損害の救済と行政上の不当利得 ……93

I 損失補償 ……93
II 国家賠償 ……93
III 行政上の不当利得 ……94
 1 公法上の不当利得が発生する場合 ……94
 2 行政処分と不当利得適用の法理 ……94
 3 後発的貸倒損失の発生 ……95
 〔図4〕 損害・損失・不当利得の清算 ……95

第14章 行政手続法の利用 ……97

I 事前の手続的救済 ……97
II 告知と聴聞の法理 ……97

Ⅲ 行政手続法の構成と利用 …………………………………………98
Ⅳ 申請に対する処分手続 ……………………………………………98
Ⅴ 不利益処分 …………………………………………………………99
   1 不利益処分とは ……………………………………………………99
   2 不利益処分の手続 …………………………………………………99
   3 聴聞手続 ……………………………………………………………99
   4 弁明の機会の付与手続 ……………………………………………100
   5 理由の提示 …………………………………………………………101
   6 不服申立ての制限 …………………………………………………101
Ⅵ 行政指導手続 ………………………………………………………101
   1 行政指導とは ………………………………………………………101
   2 行政指導に関する定め ……………………………………………101
     (1) 一般原則 ………………………………………………………101
     (2) 申請に関する行政指導 ………………………………………102
     (3) 許認可等の権限に関連する行政指導 ………………………102
     (4) 行政指導の方式 ………………………………………………102
     (5) 複数の者を対象とする行政指導 ……………………………102
Ⅶ 届出手続 ……………………………………………………………102
   1 届 出 ………………………………………………………………102
   2 届出の種類 …………………………………………………………103
   3 届出の効果 …………………………………………………………103
Ⅷ 意見公募手続等 ……………………………………………………103
   1 意見公募手続とは …………………………………………………103
   2 命令等の意義 ………………………………………………………103
   3 命令を定める場合の一般原則 ……………………………………104
   4 意見公募手続 ………………………………………………………104
Ⅸ 行政手続法の適用除外 ……………………………………………105
   1 適用除外 ……………………………………………………………105

目次

　　2　地方公共団体の機関の処分　　　　　　　　　　　　　　　105
Ⅹ　弁護士法72条（紛争性のある法律事務の有償独占）　　　106
　　1　行政書士法1条の3第1号　　　　　　　　　　　　　　106
　　2　司法書士の業務範囲　　　　　　　　　　　　　　　　106
　　3　社会保険労務士の業務範囲　　　　　　　　　　　　　106
　　4　税理士の業務範囲　　　　　　　　　　　　　　　　　107

第15章　行政訴訟以外の行政救済制度　　108

Ⅰ　行政不服申立て　　　　　　　　　　　　　　　　　　　　108
　　1　行政不服申立て　　　　　　　　　　　　　　　　　　108
　　2　行政不服申立てと行政訴訟の関係　　　　　　　　　　108
　　3　不服申立ての種類　　　　　　　　　　　　　　　　　109
　　4　異議申立てと審査請求　　　　　　　　　　　　　　　109
　　〔図5〕　不服申立ての構造　　　　　　　　　　　　　　110
　　5　不服申立提出先　　　　　　　　　　　　　　　　　　111
　　6　不服申立期間　　　　　　　　　　　　　　　　　　　111
　　7　申立人適格　　　　　　　　　　　　　　　　　　　　111
　　8　教　示　　　　　　　　　　　　　　　　　　　　　　111
　　9　審理手続　　　　　　　　　　　　　　　　　　　　　112
　　10　不服申立対象事項　　　　　　　　　　　　　　　　　112
　　11　審査構造　　　　　　　　　　　　　　　　　　　　　113
　　12　不服申立ての判断　　　　　　　　　　　　　　　　　113
　　　(1)　却下・棄却　　　　　　　　　　　　　　　　　　113
　　　(2)　認　容　　　　　　　　　　　　　　　　　　　　113
　　13　裁決・決定の効力　　　　　　　　　　　　　　　　　114
　　14　執行不停止　　　　　　　　　　　　　　　　　　　　114
　　15　行政審判　　　　　　　　　　　　　　　　　　　　　115

16　苦情処理（行政相談） ……………………………………………115
　　　〈表4〉　行政訴訟以外の行政救済制度の種類 ………………………116
Ⅱ　ADR（裁判外紛争解決方法）の利用 …………………………………116
　　1　ADRの意味 …………………………………………………………116
　　2　ADRの類型 …………………………………………………………116
　　3　ADRの手法 …………………………………………………………117
　　4　行政機関による特別なADR ………………………………………117
　　5　裁判外紛争解決手続の利用の促進に関する法律 …………………117
　　6　行政苦情相談と行政争訟における協議・和解 ……………………118
　　7　原子力損害賠償紛争センター ………………………………………118

第16章　証拠その他の情報の収集 ……119

はじめに ………………………………………………………………………119
Ⅰ　行政訴訟の審理 ……………………………………………………………119
　　1　審理の内容 ……………………………………………………………119
　　2　主張責任 ………………………………………………………………119
　　3　職権証拠調べ …………………………………………………………120
　　4　立証責任 ………………………………………………………………120
Ⅱ　証拠・収集の方法と手続 …………………………………………………121
　　1　情報公開法・情報公開条例の利用 …………………………………121
　　2　個人情報保護法・個人情報保護条例による本人開示請求権の
　　　　利用 ……………………………………………………………………121
　　3　民事訴訟法（行訴法7条「民事訴訟の例による」）の利用 ……121
　　4　行政事件訴訟法（提訴後）の利用 …………………………………122
　　　(1)　釈明処分の特則の利用 …………………………………………122
　　　(2)　職権証拠調べの申立て …………………………………………122
　　5　行政不服審査法その他の個別行政法上の手続法の利用 …………122

	6	弁護士法23条の2による照会請求手続の利用	122
	7	条例・要綱による方法	123
	8	国会・地方公共団体に対する権限発動を求める方法	123
	9	危険施設の調査を求める方法	123
		(1) 行政介入請求	123
		(2) その他の行政調査の発動を求める方法	124
	10	建築基準法93条の2の利用	124
	11	都市計画法の利用	124
	12	事実上の手段の利用	124
	13	関係法令等のリサーチ	124
	14	教示の確認	125
	15	民事訴訟法上の釈明処分の特則の利用	125
	16	文書提出命令の利用	125

第17章 国際取引と公法の準拠法

I	経済取引等のグローバル化	127
II	国家管轄権	127
III	法の国際的抵触	128
IV	行政法と準拠法	128
	1 借用概念	128
	2 国際取引	129
	3 法の適用に関する通則法と租税法	129
V	国際私法上の弱者保護（社会法）	130
VI	アメリカLLCの性質決定	130
VII	擬似外国会社	131
VIII	条約や外国公法の適用と考慮	131
IX	条約の自動執行性	132

Ⅹ　腐敗の防止に関する国際連合条約……………………………132

（参考資料）　行政訴訟実務の基本概念と構成……………………133
  1　国と公共団体の役割 ………………………………………………133
  2　行政の意義 …………………………………………………………133
  3　活動原理と行政主体 ………………………………………………133
  4　公法と私法の区分 …………………………………………………133
  5　行政法の特徴 ………………………………………………………134
  6　行政行為の無効が争われる場合 …………………………………134
  7　公法上の権利の発生と確定（行政処分との関係）………………134
  8　行政訴訟の選択 ……………………………………………………135
  9　訴訟物 ………………………………………………………………135
 10　訴訟物の範囲 ………………………………………………………135
 11　請求原因（要件事実）……………………………………………135
 12　主張制限等 …………………………………………………………136
 13　処分理由 ……………………………………………………………136
 14　挙証責任 ……………………………………………………………136
 15　法律関係発生の区分 ………………………………………………137
 16　処分と訴訟形式の関係 ……………………………………………137
 17　紛争タイプと訴訟形式 ……………………………………………137
 18　仮救済と本案訴訟の対応 …………………………………………139
 19　不服申立て …………………………………………………………139
 20　行政訴訟における原告の有利な法的構成 ………………………140
   (1)　手続要件懈怠による不失権 …………………………………140
   (2)　実体法構成要件の分離（委任立法の制限・法律事項の委任
      制限）……………………………………………………………140
   (3)　先決的私法法律関係の分離（私的自治優先の法理）………140
   (4)　侵害規範拡張解釈の禁止 ……………………………………141

目　次

　　(5)　権限行使要件の厳格な分析 …………………………………………141
　　(6)　公法上の請求権の非排他性 …………………………………………141
　　(7)　授益規範縮小解釈の禁止 ……………………………………………141
　　(8)　信憑性原則 ……………………………………………………………141
　21　行政立法の司法審査 ………………………………………………………141
　22　処分審査（審査方法） ……………………………………………………142
　23　通達審査 ……………………………………………………………………143
　24　処分を審査対象としない法律関係の審査 ………………………………143
　25　行政指導の審査 ……………………………………………………………143
　26　裁量行為の審査方法と審査基準 …………………………………………144
　　(1)　行政行為 ………………………………………………………………144
　　(2)　裁量審査方法 …………………………………………………………144
　　(3)　審査基準 ………………………………………………………………144
　　(4)　判　例 …………………………………………………………………145
　　(5)　権限逸脱濫用基準の補充基準 ………………………………………145
　27　違法行政の防止措置 ………………………………………………………145
　28　行政訴訟審理の特色 ………………………………………………………146
　　(1)　不服申立前置主義 ……………………………………………………146
　　(2)　原処分主義と裁決主義 ………………………………………………146
　　(3)　被告適格 ………………………………………………………………146
　　(4)　管轄（特定管轄） ……………………………………………………146
　　(5)　訴えの変更、訴えの併合、関連請求 ………………………………146

第2編 各 論

第1章 建築基準法訴訟（不受理・不作為・同意拒否）……148

Ⅰ 建築確認……………………………………………………149
 1 建築確認の要件…………………………………………149
 2 受理要件…………………………………………………150
 3 確認対象法令……………………………………………150
Ⅱ 周辺住民の同意書…………………………………………151
 1 行政指導の根拠法………………………………………151
 2 周辺住民の同意書………………………………………151
Ⅲ 不受理への対応……………………………………………151
 1 行政指導…………………………………………………151
  (1) 判　例………………………………………………151
  (2) 行政手続法33条と適用除外………………………152
  (3) 行政手続条例………………………………………152
 2 訴訟手続…………………………………………………152
  (1) 不受理と取消訴訟…………………………………152
  (2) 不作為の違法確認訴訟……………………………153
Ⅳ 処理期間……………………………………………………153
 1 一般的申請の処理期間（行政手続法）………………153
 2 建築基準法の処理規定…………………………………154
Ⅴ 訴訟による救済方法の選択………………………………154
 1 不作為の違法確認訴訟…………………………………154
 2 義務付け訴訟……………………………………………154

　　　　(1)　2つの類型··154
　　　　(2)　羈束行為と羈束裁量·······································155
Ⅵ　建築確認と開発許可との関係··156
　　1　開発許可··156
　　2　開発許可と建築··156
　　3　開発指導要綱による行政指導··································157
Ⅶ　都市計画法32条の公共施設の管理者の同意·······················157
　　1　都市計画法32条1項の同意の趣旨····························157
　　2　正当な理由のない不同意の法的意味··························158
Ⅷ　同意拒絶に対する訴訟··158
　　1　取消訴訟··158
　　2　民法414条2項ただし書により意思表示に代わる裁判を求める
　　　　方法···159
　　3　公法上の当事者訴訟（確認訴訟）······························160
　　4　国家賠償請求訴訟··160
　　5　岡山地判平成18・4・19判タ1230号108頁················160
Ⅸ　法律と条例··161
　　1　条例と法律との関係··161
　　2　法律と重複する条例··161
　　3　行政指導の法律適合性··161
　　4　当事者訴訟（条例審査訴訟）····································162
　　〔図6〕　建築基準法と都市計画法の許認可手続の流れ·········162
Ⅹ　本章における分析の手法··163

第2章　行政調査訴訟（実地調査応諾要求通知）··················164

Ⅰ　行政指導··165

| | 1 行政指導の意義 …………………………………………………165
| | 2 行政指導の分類 …………………………………………………166
| | (1) 助成的・受益的指導 …………………………………………166
| | (2) 規制的指導 ……………………………………………………166
| | 3 行政指導の内容 …………………………………………………166
| | 4 違法な行政指導の是正 …………………………………………167
| | 5 本事案における通知 ……………………………………………167
| II | 行政指導に対する司法審査 …………………………………………167
| | 1 取消訴訟の可否 …………………………………………………167
| | 2 国家賠償請求の可否 ……………………………………………168
| III | 行政調査 ………………………………………………………………168
| IV | 長野地判平成23・4・1判例集未登載 …………………………169
| | 1 確認の利益の有無 ………………………………………………169
| | (1) 確認の利益 ……………………………………………………169
| | (2) 当事者訴訟と差止訴訟の関係 ………………………………169
| | (3) 長野地判平成23・4・1の確認の利益と本件通知の性質 …169
| | 2 実地指導に応じる義務 …………………………………………170
| | (1) 23条調査 ………………………………………………………170
| | (2) 費用請求と調査応諾義務 ……………………………………170
| | (3) 23条調査の範囲 ………………………………………………171
| | (4) 通知内容 ………………………………………………………171
| | (5) 本件実地指導 …………………………………………………171
| | (6) 施設運営調査と保険受給調査 ………………………………171
| | (7) 差止訴訟 ………………………………………………………172
| V | 実質的当事者訴訟 ……………………………………………………172
| | 1 実質的当事者訴訟の意義 ………………………………………172
| | 2 確認訴訟の要件 …………………………………………………172
| | 3 介護保険法23条の調査権の範囲 ………………………………173

目次

  4 介護保険法90条の調査権の範囲･････････････････････････････173
  5 公的義務の不存在確認訴訟･･････････････････････････････････173

第3章 情報公開訴訟（審議検討情報と法人情報）･･････175

Ⅰ 情報の探究･･176
 1 情報の探究法･･176
  (1) 公開情報の収集･･･176
  (2) インターネットの利用･･････････････････････････････････177
  (3) 非政府情報の利用･･････････････････････････････････････177
  (4) 情報センター･･･177
 2 請求の方法･･178
  (1) 情報保有行政庁のリサーチ･････････････････････････････178
  (2) 行政文書の特定･･178
  〔図7〕 請求から裁判までのフローチャート･････････････179
  (3) 請求書の提出先･･180
 3 開示された情報の閲覧、複写････････････････････････････････180
  (1) 開示までの期限･･180
  (2) 開示決定の通知と開示の申出の期間････････････････････180
  (3) 開示の方法･･180
 4 手数料の額･･181
  (1) 複写の費用･･181
  (2) 手数料減免･･181
Ⅱ 不開示決定と争い方・手続････････････････････････････････････182
 1 不開示決定･･182
  (1) 書面通知義務･･182
  (2) 不開示理由･･182

(3)　存否応答拒否処分 …………………………………………………182
　(4)　情報不存在処分 ……………………………………………………183
 2　不開示決定の争い方 ……………………………………………………183
　(1)　処分の変更を求める方法 …………………………………………183
　(2)　自由選択主義 ………………………………………………………183
　(3)　方法の選択 …………………………………………………………184
 3　不服審査の申立てとその手続 …………………………………………186
　(1)　制度の概要 …………………………………………………………186
　(2)　情報公開・個人情報保護審査会の組織 …………………………186
　(3)　情報公開・個人情報保護審査会の調査・審議の流れ …………186
　〔図8〕　不服審査の流れ ………………………………………………187
　(4)　不服申立人等の権限と活動 ………………………………………188
　(5)　情報公開・個人情報保護審査会の答申とその後の手続 ………188
 4　情報公開訴訟の提起とその後の手続 …………………………………189
　(1)　概　要 ………………………………………………………………189
　(2)　提訴の期限 …………………………………………………………189
　(3)　裁判の管轄 …………………………………………………………190
　(4)　費　用 ………………………………………………………………190
　(5)　訴　状 ………………………………………………………………191
Ⅲ　情報公開訴訟の概要 ………………………………………………………191
 1　情報公開訴訟 ……………………………………………………………191
 2　情報公開訴訟手続 ………………………………………………………192
　(1)　義務付け訴訟 ………………………………………………………192
　(2)　第三者の権利利益の保護 …………………………………………193
　(3)　訴訟参加 ……………………………………………………………194
　(4)　移送の特例 …………………………………………………………195
　(5)　被告適格とその代表者 ……………………………………………196
　(6)　審理手続における情報公開 ………………………………………196

目　次

Ⅳ　本事案・設問の検討 197
1　設問⑴——不開示事由該当性と判断の基準 197
　⑴　不開示（非公開）事由の判断 197
　⑵　違法判断の基準時 198
2　設問⑵——処分の同一性と処分理由の追加 198
　⑴　理由の追加の可否 198
　⑵　法人情報の不開示 199
　⑶　結　論 199
3　設問⑶——義務付け訴訟 199
　【書式１】　訴状——情報公開訴訟（被告国の場合） 200

第４章　都市計画訴訟（行政計画の処分性） 203

Ⅰ　都市計画法の概要と都市計画訴訟 205
1　都市計画法に基づく用途地域指定 205
　⑴　都市計画区域 205
　⑵　都市計画区域の整備、開発および保全の方針 206
　⑶　地域地区 206
　⑷　公聴会の開催 206
　⑸　都市計画決定と建築制限 207
2　都市計画決定と抗告訴訟の対象 207
　⑴　最判昭和41・2・23民集20巻2号271頁 207
　⑵　最判昭和57・4・22民集36巻4号705頁 209
　⑶　最判平成6・4・22判時1499号63頁 211
3　都市再開発法54条1項に基づく第二種市街地開発事業の事業計画決定の処分性 211
　⑴　判決の内容 211

(2) 判例の分析 ··212
　4　都市計画を争うその他の方法 ··································213
　　(1) 都市計画決定の処分性と処分取消しの訴え ··················213
　　(2) 東京高判平成17・10・20における変更決定処分の計画内容の
　　　　違法 ··213
　　(3) 最高裁判所の判断 ··214
　　(4) 伊東市都市計画事件における変更決定の調査の不実施および
　　　　調査結果に反してなされた違法 ······························214
　　(5) 本件変更決定の変更手続の違法 ······························214
　5　複数処分の関係 ··215
　　(1) 複数処分の瑕疵 ··215
　〔図9〕　伊東市都市計画訴訟における複数処分の瑕疵 ···············215
　　(2) 瑕疵の種類と違法理由 ······································215
Ⅱ　設問に対する解答 ··216
　1　法的分析のポイント ··216
　2　設問(1) ··217
　　(1) 青写真判決 ··217
　　(2) 遠州鉄道事件 ··218
　　(3) 都市計画決定に伴う規制の効果 ······························218
　　(4) 制限内容 ··218
　　(5) 第三者の参加 ··219
　　(6) 出訴期間の克服 ··219
　3　設問(2) ··220
　　(1) 関連請求 ··220
　　(2) 一連手続関係 ··220
　4　設問(3) ··221
　　(1) 違法性の承継 ··221
　　(2) 一連手続関係 ··221

(3)　変更決定処分の計画内容の違法 ·· 221
　　(4)　変更決定の違法性 ·· 222
　　(5)　結　論 ·· 222
　5　設問(4) ·· 222
　　(1)　国家賠償請求 ·· 223
　　(2)　長期放置の違法 ·· 223
　　(3)　損失補償 ·· 224

第5章　厚生年金訴訟（公法上の金銭請求権） ·········· 225

Ⅰ　厚生年金保険法と甲または丙の救済方法 ·· 229
Ⅱ　行政訴訟の管轄 ·· 230
　1　行政事件訴訟法上の管轄規定 ·· 230
　　(1)　一般管轄と特定管轄 ·· 230
　　(2)　事案処理庁管轄 ·· 230
　　〈表5〉　管轄裁判所 ·· 231
　2　管轄のない裁判所に対する訴え提起（応訴管轄と合意管轄）··· 231
　3　本部管轄 ·· 231
　4　設問(1)の解答 ·· 231
Ⅲ　差止訴訟の可否 ·· 232
　1　処分等が「されようとしている場合」（危険切迫性要件） ········ 232
　2　「重大な損害が生ずるおそれ」（重大損害要件） ···························· 232
　3　「他に適当な方法があるとき」（補充性要件） ·································· 232
　4　行政事件訴訟法37条の4第5項の要件「明らかであると
　　認められる」（明白性要件） ·· 233
　5　訴訟要件と本案要件の分析 ·· 233
Ⅳ　義務付け訴訟の可否 ·· 234

- 1 義務付け訴訟の要件 ……………………………………………234
- 2 各種類の訴訟要件 ………………………………………………234
- 3 義務付け訴訟における違法判断の基準時 …………………234
  - (1) 処分時説 ……………………………………………………235
  - (2) 口頭弁論終結時説 …………………………………………235

V 内縁の妻（丙）の受給資格 …………………………………235
- 1 実体要件 ……………………………………………………………235
  - (1) 配偶者要件 …………………………………………………235
  - (2) 生計維持要件 ………………………………………………236
- 2 手続要件 ……………………………………………………………236

VI 甲に対する支給裁定取消し（職権取消し）…………………236
- 1 職権取消しの要件 ………………………………………………236
- 2 甲の原告適格と訴えの利益 ……………………………………237
  - (1) 競願関係 ……………………………………………………237
  - (2) 分割支給の可否 ……………………………………………237
  - (3) 複数処分の整合性確保の必要性 …………………………238
  - (4) 正妻の受給実体要件の存否 ………………………………238

VII 主張・立証責任 ……………………………………………………238

VIII 理由の差替えの可否等 …………………………………………239
- 1 処分理由の差替えの可否（処分理由の同一性）……………239
- 2 別個の理由による再度の申請拒否処分の可否 ……………239
- 3 取消判決の訴訟物・既判力との関係（処分の同一性）……239
  - (1) 処分の同一性 ………………………………………………239
  - (2) 申請拒否処分と再申請拒否処分の関係 …………………240
  - (3) 信義則違反、権利濫用と再申請拒否処分 ………………241

IX 東京12チャンネル事件の分析 …………………………………241
- 1 事実の概要 …………………………………………………………241
- 2 判決の内容 …………………………………………………………242

	3	競願関係と取消判決の効力 …………………………………242
	4	二重効果処分 ……………………………………………………242
	5	複数処分と訴えの利益 …………………………………………243

Ⅹ 原処分・異議申立棄却決定・審査請求棄却裁決のいずれを争うのか ……………………………………………………………244

Ⅺ 内縁妻事件 ……………………………………………………244

Ⅻ 既判力・対世効 ………………………………………………245
　1 既判力 ……………………………………………………245
　2 取消判決の対世効（第三者効） …………………………245
　3 取消裁決・判決の拘束力 …………………………………246
　　(1) 行政事件訴訟法33条1項〜4項 ………………………246
　　(2) 行政不服審査法43条1項〜4項 ………………………246
　　(3) 国税通則法102条1項〜4項 ……………………………246
　　(4) 行政不服審査法40条5項ただし書 ……………………246

ⅩⅢ 国民の公法上の権利とその根拠 ………………………246

第6章　生活保護請求訴訟（保護基準審査） ……………248

Ⅰ 生活保護行政 …………………………………………………250
　1 保護の種類 ………………………………………………250
　2 受給申請の手続 …………………………………………250
　　(1) 申　請 ……………………………………………………250
　　(2) 調　査 ……………………………………………………250
　　(3) 決　定 ……………………………………………………250
　　(4) 却下の場合 ………………………………………………251
　　(5) 再審査請求 ………………………………………………251
　3 申請受理拒絶 ……………………………………………251

4　生活保護法の基本的な構成 …………………………………………251
Ⅱ　那覇地決平成21・12・22判タ1324号87頁 …………………………251
　　1　事案の概要 ………………………………………………………………251
　　2　争　点 ……………………………………………………………………252
　　3　決定要旨（那覇地決平成21・12・22） ………………………………253
　　　(1)　争点① ………………………………………………………………253
　　　(2)　争点② ………………………………………………………………253
　　　(3)　急迫状況 ……………………………………………………………253
　　　(4)　やむを得ない状況 …………………………………………………253
　　　(5)　結　論 ………………………………………………………………254
　　　(6)　本件決定の意義 ……………………………………………………254
　　4　本件の法的検討 …………………………………………………………254
　　　(1)　各要件についての検討 ……………………………………………254
　　　(2)　保護程度 ……………………………………………………………256
　　　(3)　まとめ ………………………………………………………………257

第7章　労災訴訟（理由の差替え） …………258

Ⅰ　法的分析のポイント ………………………………………………………260
　　1　休業補償給付申請却下処分取消訴訟における主張・立証
　　　責任 ………………………………………………………………………260
　　　(1)　主張・立証責任 ……………………………………………………260
　　　(2)　受給資格 ……………………………………………………………261
　　2　処分理由の追加の可否 …………………………………………………261
　　3　行政庁が判断しなかった申請拒否理由 ………………………………261
　　4　原告の主張・立証責任の範囲 …………………………………………262
　　5　仮の救済の必要性 ………………………………………………………262
Ⅱ　法的検証 ……………………………………………………………………263

目　次

　　1　労働者災害補償保険法の給付要件 ……………………………………263
　　　(1)　災害保険給付の種類（労災1条、7条） ………………………263
　　　(2)　業務災害保険給付の要件 …………………………………………263
　　　(3)　労働基準法75条2項 ………………………………………………263
　　　(4)　作業関連疾患 ………………………………………………………263
　　　(5)　労働者災害補償保険法による支給決定 …………………………263
　　2　処分理由の追加の可否等 ……………………………………………264
　　　(1)　休業補償給付申請却下処分取消訴訟における主張・立証責任 ……264
　　　(2)　処分理由の追加をめぐる問題点 …………………………………264
　　3　行政庁が長期間応答しない場合の救済方法 ………………………266
　　　(1)　不作為の違法確認訴訟の要件とその適否 ………………………266
　　　(2)　義務付け訴訟の要件とその適否 …………………………………267
　　　(3)　取消判決を先行させることのできる要件とその適否 …………267
　　4　仮の義務付け決定申立ての問題点 …………………………………268
　　　(1)　仮の義務付け決定の要件 …………………………………………268
　　　(2)　仮の義務付け決定に基づく行政処分の性質 ……………………269
　　　(3)　一部の仮の義務付けの可否 ………………………………………270
　　　(4)　仮の義務付けを認めた決定 ………………………………………270
　　5　労働者災害補償保険法の不服申立前置主義と不作為の違法
　　　確認訴訟 …………………………………………………………………270
　　6　行政の不作為に対する救済方法 ……………………………………271

第8章　住民訴訟（4号請求訴訟） …… 272

I　地方自治の概要 …………………………………………………………274
　　1　地方自治 ………………………………………………………………274
　　2　団体自治の根拠 ………………………………………………………274
　　3　地方公共団体に対する自治権の保障 ………………………………274

II 地方公務員法……274
1 地方公務員の任免の法律関係……274
2 公務員関係の消滅……275
3 地方公共団体と公務員の関係と部分社会・公物利用関係など……275
(1) 勤務条件条例主義……275
(2) 部分社会の基本的人権制限……275
(3) 公物利用関係との類似……276

III 住民訴訟（地方における財政監視）……276
1 住民訴訟の要件と行政事件訴訟法改正……276
2 救済範囲の拡大と住民訴訟……276
(1) 行政事件訴訟法改正……276
(2) 原告適格……276
(3) 義務付け訴訟……277
(4) 差止訴訟・確認訴訟……277
3 審理の充実・促進と住民訴訟……277
(1) 釈明処分の特則……277
(2) 民事訴訟法の釈明処分……277
(3) 行政事件訴訟法23条の2（釈明処分の特則）……278
(4) 主張・立証責任……278
4 被告適格と住民訴訟……279
5 抗告訴訟の管轄裁判所の拡大……280
6 取消訴訟の出訴期間の延長……280
7 教示制度の創設……280
(1) 教示事項……280
(2) 監査前置主義……281
(3) 監査委員による被告と出訴期間の教示義務……281
(4) 監査委員による当該執行機関や職員の教示義務……281

(5)　名古屋デザイン博訴訟 282
　8　仮の救済制度の拡充と住民訴訟 282
Ⅳ　設問に対する解説 283
　1　設問(1)——分限免職と退職手当 283
　　(1)　分限免職 283
　　(2)　監査請求の対象の特定（訴えとの同一性） 283
　　(3)　先行非財務会計行為の財務会計行為に対する違法性の承継 284
　2　設問(2)——監査請求 284
　　(1)　退職手当支給裁定 284
　　(2)　監査請求の期間制限など 285
　　(3)　訴額と訴訟費用 286
　　(4)　訴訟告知 286
　　(5)　事例へのあてはめ 286
　3　設問(3)——住民訴訟 286
　　(1)　第2段階訴訟と住民の訴訟参加 286
　　(2)　弁護士報酬の負担 287
　　(3)　4号請求と個人責任 287
　　(4)　4号訴訟（平成14年地方自治法改正に伴う4号訴訟）の類型 287
　　(5)　長に対する4号訴訟（本文訴訟） 288
　　(6)　職員に対する賠償命令制度と4号ただし書訴訟 288
　　(7)　普通地方公共団体に対するその長の損害賠償責任 288
　　(8)　地方自治法242条の3第4項 288
　　(9)　市議会の放棄決議 288

第9章　租税訴訟（損金の範囲） 289

Ⅰ　先決的私法取引の確定 290
Ⅱ　法人税法における費用 290

Ⅲ 費用分配基準 ……………………………………………………290
Ⅳ 事案の解説 ………………………………………………………291
　1 設問(1) ……………………………………………………291
　2 設問(2) ……………………………………………………291
Ⅴ 事案の訴状 ………………………………………………………291
　【書式2】 訴状──租税訴訟 ……………………………………291

第10章 不当利得返還訴訟（還付請求）…297

Ⅰ 税法領域における行政立法や解釈通達による憲法改正 …………298
　1 課税要件の分析 ……………………………………………299
　　(1) 登録免許税法の課税要件 ……………………………299
　　(2) 課税減免要件 …………………………………………299
　2 法律による委任 ……………………………………………300
　　(1) 課税減免要件の委任 …………………………………300
　　(2) 手続的課税要件の委任の程度 ………………………300
　3 過誤納金還付請求に対する拒否通知 ……………………301
　4 2つの還付請求権の関係 …………………………………302
　5 木更津木材事件との比較 …………………………………303
Ⅱ 実体要件と手続要件の委任の範囲 ………………………………305
Ⅲ 国家賠償請求と過誤納付金還付請求と不当利得返還請求 ………306
Ⅳ 木更津木材事件の先例的価値 ……………………………………307
Ⅴ 設問に対する解説 …………………………………………………308

第11章 道路交通法違反訴訟（免停処分・更新処分取消訴訟）……309

Ⅰ 道路交通法違反と処分の概要 ……………………………………311

目　次

　　　〔図10〕　道交法違反の行政処分（東京都）……………………………311
　　　〔図11〕　違反行為の軽重と各処分 …………………………………………311
　　　〔図12〕　違反行為の責任 ……………………………………………………312
　　　〔図13〕　運転者の分類 ………………………………………………………312
　　　〔図14〕　免許の種類 …………………………………………………………312
Ⅱ　追尾測定事件の司法救済と問題点の要旨 ……………………………312
　　1　非科学的測定とえん罪 ……………………………………………312
　　2　違反事実の認定 ……………………………………………………313
　　3　不利益処分に対する証拠裁判主義と疑わしきは罰せずの
　　　　原則 ……………………………………………………………………313
Ⅲ　刑事事件における違反事実の認定と行政事件における違反
　　事実の認定 ……………………………………………………………………314
　　1　不起訴処分の行政処分性と検察官の覊束行為性 ………………314
　　2　刑事審判事項 ………………………………………………………315
Ⅳ　免停期間経過後、免停処分の取消訴訟の提起は可能か …………316
Ⅴ　優良運転者の地位回復（処分の同一性の範囲──その1）………317
Ⅵ　義務付けを求める処分の範囲
　　（処分の同一性の範囲──その2）……………………………………318
Ⅶ　更新処分か更新交付処分か（処分の同一性の範囲──その3）…319
Ⅷ　処分の同一性に関する最判平成21・2・27とその下級審判決 ……320
　　1　1審判決（横浜地判平成17・12・21民集63巻2号326頁）………321
　　2　2審判決（東京高判平成18・6・28民集63巻2号351頁）………321
　　3　3審判決（最判平成21・2・27）…………………………………321
　　　〔図15〕　最判平成21・2・27の考え方 …………………………………321
Ⅸ　違反事実の認定 ……………………………………………………………321
Ⅹ　被告と処分庁の表示 ………………………………………………………323
Ⅺ　国家賠償訴訟の提起要件の検討 ………………………………………324
Ⅻ　小仏トンネル事件（東京地判平成22・7・2）………………………325

XIII 道路交通法違反訴訟における公正基準と証拠 ………325
- 1 明白な動かしがたい重要事実 ………325
- 2 違反事実の証拠 ………325
- 3 信憑性原則 ………325
- 【書式3】 訴状例①――東京地方裁判所民事38部が指導する訴状
  （運転者区分を附款とみる考え方）………326
- 【書式4】 訴状例②――最判平成21・2・27に従った訴状
  （運転者区分ごとの免許とみる考え方）………332
- 【書式5】 訴状例③――免許証交付処分ではなく更新処分とみる訴状……333

第12章 知的財産訴訟（査定系訴訟） ………336

I 審決取消訴訟と技術的判断 ………336
II 審決取消訴訟の種類 ………337
III 共有特許権と審決取消訴訟 ………337
IV 審決取消訴訟の審理範囲 ………338
- 1 審理範囲の制限 ………338
- 2 審理範囲制限の根拠 ………338
- 3 新たな主張・立証 ………339
- 4 判決の拘束力 ………339
- 【書式6】 訴状――査定系 ………339
- 【書式7】 訴状――当事者系 ………342

第13章 国家賠償訴訟（不作為の違法） ………345

I じん肺法の疾病 ………346
II 国家賠償訴訟の要件 ………346
- 1 国家賠償法1条訴訟の要件 ………346

(1)　公権力の行使···346
　　(2)　公務員···347
　　(3)　職務関連性···347
　　(4)　故意・過失···347
　　(5)　違法性···347
　2　国家賠償法2条訴訟の要件（公の営造物の瑕疵）·················348
Ⅲ　行政庁の規制権限不行使···348
　1　行政庁の権限不行使によって被害を受けた第三者の原告
　　適格···348
　2　規制権限不行使と行政裁量···349
　　(1)　裁量権不行使の違法···349
　　(2)　省令制定権限と改正義務···349
　　(3)　省令改正権限不行使とじん肺被害拡大の因果関係···········349
　3　規制権限不行使と作為義務···350

第14章　仮の救済申立事件（運賃認可却下処分） ·············351

Ⅰ　事案でとりうる救済方法··352
Ⅱ　福岡地決平成22・5・12裁判所ウェブサイト
　　（平成22年（行ク）3号）の要旨··353
　1　争点1（収入算定に関して）···353
　2　争点2（仮の義務付けの緊急性）···354
　3　争点3（公共の福祉に重大な影響を及ぼすおそれ）·············354
Ⅲ　代理・委任・専決・代決··355
Ⅳ　認可申請を却下したことは処分に該当するか·····················355
Ⅴ　仮の義務付け制度···356
　1　積極要件···356

	2	消極要件 ···	357
	3	行政事件訴訟法25条2項──執行停止の要件との違い ·········	357
	4	義務付け訴訟の2類型 ···	357
VI	**申請に対する処分と審査基準と証拠資料** ·································		357
	1	審査基準と裁量の公正性確保 ···	357
	2	審査基準の合理性 ··	358
VII	**タクシー会社の売上実績の選択基準時** ·································		358
	1	売上推移 ··	358
	2	タクシー会社側の主張 ···	358
	〔図16〕 タクシー会社（事案におけるK社）の売上推移 ·············		359
	3	運輸局側の主張 ··	359
VIII	**許可と認可の関係** ··		360
IX	**認可基準の合理性** ··		360

第15章　憲法訴訟（選挙権） ························· 362

I	選挙権 ···	363
II	市民的及び政治的権利に関する国際条約 ·································	363
III	公職選挙法の規定 ··	364
IV	違憲性 ···	365
V	立法裁量 ··	365
VI	主張責任 ··	366
VII	必要最小限度の制限 ··	366
VIII	比較法 ···	367
IX	当事者訴訟の提起 ··	367
	1 立法の違法確認 ···	367
	2 損害賠償請求 ··	369

第16章 憲法訴訟（部分社会） ……370

- Ⅰ　自治会の法的性格 ……371
- Ⅱ　部分社会に憲法の保障が及ぶか ……371
- Ⅲ　参考判例 ……372
  - 1　南九州税理士会政治献金事件 ……372
  - 2　群馬司法書士会事件 ……373
  - 3　赤い羽根事件 ……373
- Ⅳ　事案における憲法上の問題 ……374
  - 1　憲法19条違反の検討 ……374
  - 2　憲法21条違反の検討 ……374
  - 3　憲法22条違反の検討 ……374
- Ⅴ　社会福祉法と寄付の強制禁止 ……375
- Ⅵ　私人間に憲法の人権規定が適用されるか ……375
- Ⅶ　部分社会論の根拠 ……376
- Ⅷ　大阪高判平成13・9・21における部分社会論 ……376
- Ⅸ　本設問に対する解答 ……377

- ・事項索引 ……378
- ・編者略歴 ……383

凡　例

〈法令等略語表〉

行訴	行政事件訴訟法
行審	行政不服審査法
行手	行政手続法
地自	地方自治法
民訴	民事訴訟法
民訴費	民事訴訟費用等に関する法律
労組	労働組合法
収用	土地収用法
公選	公職選挙法
地税	地方税法
民保	民事保全法
民	民法
税通	国税通則法
都計	都市計画法
独禁	私的独占の禁止及び公正取引の確保に関する法律
厚年	厚生年金保険法
登免	登録免許税法
刑訴	刑事訴訟法
生保	生命保険法
道交	道路交通法
道交令	道路交通法施行令
労災	労働者災害補償保険法
特許	特許法
人訴	人事訴訟法
会	会社法
建基	建築基準法
建基令	建築基準法施行令
民執	民事執行法

凡　例

〈判例集・定期刊行物略称表記〉
民集　　　　　最高裁判所民事判例集
刑集　　　　　最高裁判所刑事判例集
行集　　　　　行政事件裁判例集
裁判集民　　　最高裁判所裁判集民事
判時　　　　　判例時報
判評　　　　　判例批評
判タ　　　　　判例タイムズ
判自　　　　　判例地方自治
訟月　　　　　訟務月報
税資　　　　　税務訴訟資料
労判　　　　　労働判例
最判解民　　　最高裁判所判例解説・民事篇
ジュリ　　　　ジュリスト

Part

One

第 I 編

総 論

行政救済制度　第1章

I　行政救済制度

　違法な行政活動は、個人の人生を破滅させたり、企業を倒産させることも少なくない。行政の違法な行為により損害を被った場合、誰に対し、どのような救済を求めればよいかを論じるのが、「行政救済法」とよばれる分野である。行政救済法は、「国家補償」「行政争訟」という2つから構成される。たとえば、身におぼえのないスピード違反で、運転免許を取り消された場合、まず第1に、国家賠償を請求する方法が考えられる。しかし、損害賠償請求が認められたとしても、免許証がなければ運転することができないから、免許取消処分をなかったことにする必要がある。このように、違法な行政作用の取消しその他の是正を求めるための制度を行政争訟制度という。

　行政争訟制度は、「行政不服申立て」と「行政訴訟」に分かれる。行政不服申立ては、行政手続で、行政機関に救済を求める方法であり、行政訴訟は、司法手続で、司法機関に救済を求める方法である。いずれも国民の権利利益を救済し、行政の適正な運営を確保することを目的とする。

　わが国は、国民主権国家であるが、主権者は、投票権を行使するだけでは

〔図1〕　行政争訟制度のしくみ

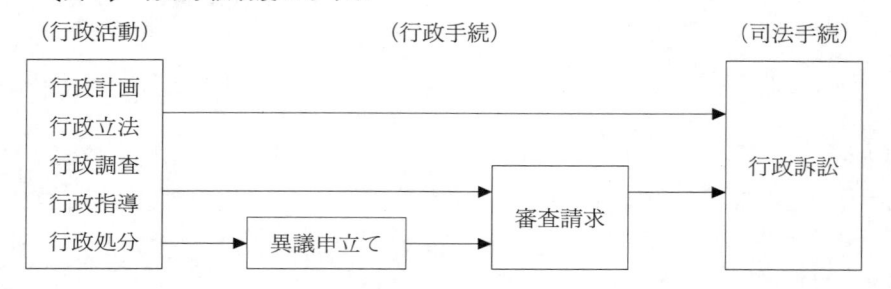

（行政活動）　　　　　　　（行政手続）　　　　　　　（司法手続）

行政計画
行政立法
行政調査　→　　　　　　　　　　　　　　　　　　　行政訴訟
行政指導
行政処分　→　異議申立て　→　審査請求　→

民主主義や基本的人権の保障を実現できない。主権者は自ら国政に参加し、国家の三権を監視する活動をしなければ、公正で自由な社会を築くことができない。社会正義と基本的人権の保障を実現するためには、弁護士が主権者である国民の代理人として「裁判を受ける権利」を利用し国民の基本的人権の実現に努力することが必要である。近代民主主義国家においては、国民が国家の三権を監視し、弁護士が国民の代理人として活発に活動している。

国民の主権者としての権利を実現するためには、行政訴訟を利用することになる。したがって、近代民主主義国家における弁護士にとって最重要な資質は、行政訴訟を使いこなせることであり、弁護士であるならば、誰でも原告訴訟代理人として業務を遂行できる必要がある。

行政活動には多様なものがあるが、違法な行政活動に対して可能な限り早期の段階で是正を求めることが効果的である。

憲法は、国民の裁判を受ける権利として、次の3つを保障している。

① 独立性が保障されている裁判所によって救済される権利であること（憲法76条3項）
② 公開の対審手続によって救済される権利であること（憲法82条1項）
③ 行政訴訟が最終的な法的救済手続であること（憲法76条2項）

国家権力の正当性は、国政の三権が主権者保護を目的として活動するところにある。憲法は個人尊重主義を最重要視しており（憲法前文）、国政の三権が公正な活動を行っているかどうかの判定基準は、国民保護をなしたかどうかで決定される。国民保護活動をなさない国政の三権は、金銭を強奪する大盗賊と同じであるといえよう（古代哲学者は、正義なき国家は大盗賊集団であると説いたとされている）。

II　行政手続による事前救済

違法な行政処分がなされたら、行政不服申立て、行政訴訟、国家賠償などの事後的救済手続を利用しても、勝訴するまでの間に個人や企業の事業が違

法な営業停止等の処分で破綻したのでは勝訴判決や勝訴裁決も意味がなくなる。

　行政法は不確定要件を多用しているが、不確定要件に基づく処分でも多くは法規裁量行為として裁判所は行政庁と同一の立場で事実認定を行い、その法規適合性を審理できるものとされている（実体的判断代置可能説）。そして、行政の自由裁量行為については、裁判所は権限逸脱・濫用のみ審査できるとするのがわが国における裁判実務である。

　行政法の不確定要件によって、裁量処分がなされた場合、裁判所は依拠するべき公正判断基準を有しないから、実体的判断代置の方法で判決することは困難である。そこで、行政の判断形成過程を公正かつ透明化する必要があり、行政処分がなされる前に、利害関係人に告知・聴聞（notice and hearing）の機会を与えたか、処分をしようとする理由やその証拠を事前に開示したかどうか、といった事前行政手続が遵守されたかどうかを審査する裁判方式（手続審査方式や判断過程審査方式）も必要である。

　国民の権利や自由を制限する活動は、法治主義の原理から、常に法律に基づいて行われなければならない。不利益処分のみならず、利益処分であっても、行政の恣意的な公権力行使が許されているわけではないから、処分理由を提示して法律に従ったことを示さなければならないことは、法治主義の原理から導かれるといえよう。

司法審査と行政活動　第2章

I　法の支配と裁判を受ける権利

　「法の支配の原理」は、法の内容・手続の公正性を要求するもので、かつ、権力の恣意的行為を抑制するため裁判所の役割を重視し、憲法や法律の内容が合理的で正しいことを求め、民主主義とのみ結合する考え方である。

　法の支配の原理が、社会において実効的に存在するためには、憲法が国民に保障した基本的人権が、実際に実現されなければならない。憲法は、32条において、基本的人権を現実に確保するため、何人に対しても「裁判を受ける権利」を保障している。裁判を受ける権利は、基本的人権の現実的確保のための不可欠の道具であるが、これが実効的に機能するためには、国家権力から独立した裁判所が公正に活動していることが必要である。

　わが国において、司法手続の機能不全が指摘され、司法改革に関する法律が多く成立したが、これによって国民の権利・利益救済が拡大されるためには、裁判官を含む法運用者が、国民を実効的に救済しようとする強い意識（良心）をもつことが不可欠である。個人の尊厳に最大の価値をおく憲法の下において、行政訴訟はまず国民の権利救済を実効的に実現する手段であり、公益の実現は国民の権利救済の結果もたらされ、公益のみを追求する行政訴訟は例外（行政主体間訴訟や機関訴訟など）である。

II　法の支配の実現

　法の支配を実現するためには、次の4つの条件が必要である。
　①　公正な実体法の存在

② 公正な手続法の存在
③ 公正な法運用の存在
④ 国民の権利実現の確実性の存在

　司法改革の目標は、法の支配の実現である。法の支配は、国民の権利が実現されることによってもたらされる。権利が実現される社会においてのみ、法の支配が実効的に存在するのである。

　権利行使が阻害されるとき、裁判手続によって強制的に妨害要因を排除することになる。したがって、法の支配の実現には、裁判手続が公正に機能していることが不可欠である。しかし、現在わが国の行政訴訟は、①行政法は、委任立法が濫用され、かつ、不確定概念が多用され、行政に多大な裁量権を付与し、②行政手続法は、適用除外が多く、不十分であり、③裁判所は100人以上の関係者を行政へ出向させており、④約90％の行政訴訟において、国民は敗訴し、その権利実現は司法手続において妨げられており、機能不全に陥っている。

　平成16年6月、司法改革運動の1つとして、行政事件訴訟法（以下、本書において「行訴法」という）が改正され、国民の権利・利益の救済の拡大をめざすことになった。同時に、日本弁護士連合会は、行政事件の活性化や、国民の権利救済に関する司法手続へのアクセスポイントとして、行政訴訟センターを設立した。

　行政訴訟センターは、全国の単位弁護士会において行政訴訟の専門家を養成することを急務としており、各単位会に「単位会行政訴訟センター」の設立を要望している。また、同センターには、行政訴訟の「提起件数の増大」と「原告勝訴率の上昇」を実現するため、上記③④を達成していくことが望まれている。

　成熟した民主主義国家では、国民が司法を監視するシステムを構築し、この③④を確保する努力をしている。

Ⅲ　司法権の範囲

1　行政事件と司法権

　行政訴訟の目的は、「行政の違法を是正」して「国民の権利を擁護する国家のサービスを供与」することである。すなわち行政訴訟によって行政権の行使に関する紛争を解決し、「国民の権利・利益の救済」と「行政権の適法性保障」を実現することを目的としている。そして、この目的の実現のためには、行政府から独立した裁判所が、紛争の裁断にあたるべきであることから、わが国においても下記のとおり司法権による国民の権利救済手続が保障されている。

　まず、憲法76条1項は、「すべて司法権は、最高裁判所及び……下級裁判所に属する」と定め、行政事件についても、行政権から独立した司法裁判所が審理にあたる「司法国家」を予定し、同条2項は、行政庁は終審として裁判ができないとしている。

　また、裁判所法3条は、「裁判所は、日本国憲法に特別の定めのある場合を除いて一切の法律上の争訟を裁判する権限を有する」と定め、「法律上の争訟」であれば、民事事件も行政事件も、司法権の審理裁判に服すべきとしている。

　そして、憲法81条は、行政庁の行為に対し、審査権を行使できるとしている。憲法は、法律上の争訟に該当すれば、一切の行政法上の争訟について出訴を認める手続（概括主義）を採用している。

2　法律上の争訟

(1)　行政訴訟の対象

　客観的な法秩序の適正維持を目的とする行政訴訟を客観訴訟といい、これに対して国民の個人的権利利益の保護を目的とする訴訟を主観訴訟という。

客観訴訟は、民衆訴訟と機関訴訟に、主観訴訟は、抗告訴訟と当事者訴訟に分類される。

　行政に関する一切の争訟について出訴が認められるわけではなく、「三権分立」と「紛争の性質」から行政訴訟の対象には次の限界があるとされている（最大判昭和35・6・8民集14巻7号1206頁、最判平成14・7・9民集56巻6号1134頁）。

① 具体的事件性（具体的権利・利益の主張であること）
② 具体的法令審査（抽象的法令審査でないこと）
③ 法的判断事項（法規適用により解決できること）
④ 統治行為（国家的利害に直接関係する事項を対象とする高度に政治的な意味をもつ国家行為で、三権分立の見地から裁判所が判断対象とすることが適当でないもの）の除外

(2) 憲法訴訟と客観訴訟

　しかし、上記①にあたらない具体的な権利・利益に関する紛争以外の紛争について法律上の争訟の範囲から排除してしまうのは、法治国家の理念に反する。法的紛争を放置すれば社会に無用の混乱を招くから、裁判所に裁断させ法秩序を維持する必要がある。行政主体間の紛争を憲法裁判所（司法裁判所とは別系統の裁判所で、主として憲法問題や行政主体間の権限の判定などを行う裁判所）の管轄としている国もあるが、わが国では司法裁判所がすべての法的紛争の裁断を行うことができるシステムとなっている。客観訴訟とされる法的紛争を放置するのは、裁判の拒否であり法治国家の否定である。

　司法権の範囲は、行訴法ではなく憲法76条および81条並びに32条から導かれるものである。原則としてすべての法的紛争について裁判所は裁断する権限と義務があるとし、その限界は三権分立の見地と法的判断性並びに統治行為論で画していくべきと思われる。もとより憲法が認める司法権の範囲を下位の法規範である行訴法で制限するのは違憲ということになる。

3　行政活動の司法審査

行政活動の司法審査は次の３つの段階に分けて行うことになる。
① 　手続審査（必要な告知・聴聞・弁明手続が実施されたか、また処分理由が付記されているかなど）
② 　判断形成過程審査（処分をなすにあたり、どのような事実や資料を基礎としたか、また処分目的や動機などはどのようなものであったか）
③ 　実体審査（処分根拠法が定める要件に従って処分がなされたかどうか）

4　裁量行為の司法審査

　裁量行為（行政による判断の余地のある行為）の司法審査は、権限濫用・逸脱基準では、抽象的すぎるから、具体的裁量規範（合理性基準や社会通念基準）を別途定めて裁量行為がそれらに違反するのかの判断も行う。また、専門的事項について裁判所の審査能力を超える場合、せめて、手続や判断形成過程の審査も必要である。

5　羈束行為の濫用審査

　羈束行為（行政に判断の余地を認めない行為）も権限を濫用してなされた場合には、違法と判断される（最判昭和53・5・26民集32巻3号689頁〔余目町事件〕）。

6　情報公開請求訴訟

　情報公開の開示請求権は、立法政策的に設けられたものである。憲法上要求されているかどうかは別として、情報公開法や情報公開条例による開示請求権の法定は、より民主主義に資するところとなった。開示請求権の法定は、経済的ないし人格的利益と直結しなくても、それは訴訟の対象になり、開示請求の主張は、法律上の争訟にあたることになる（行訴42条）。

Ⅳ　行政訴訟と民事訴訟の関係

1　公法と私法の区分

　行訴法は、「公法に関する事件」を行政事件と把握し、「公権力の行使」に関する不服の訴訟を抗告訴訟とし、その他の「公法上の法律関係」に関する訴訟を当事者訴訟としている。
　しかし、現行憲法下においては、「一切の法律上の争訟」を司法裁判所が行うことになり、公法と私法を区分する必然性はない。行政庁の権限行使について、「処分その他公権力の行使」以外の行為形式が用いられる場合も多く、その紛争解決の手続として、実質的当事者訴訟と民事訴訟が考えられ、国民の権利・利益救済を達成しうる運用がなされなければならない。

2　行政事件と民事事件の区別

　裁判実務においては、民事事件および刑事事件とは別に行政事件が立件され処理されており、行政事件と民事事件は、訴訟物とされる権利または法律関係が公法上のものか私法上のものであるかによって区別されている。また、無効確認訴訟には、執行停止の規定が準用されているのに対し、当事者訴訟と争点訴訟には、準用されていない（行訴38条3項、41条、45条）。
　公法私法二元論の立場からは、行政関係訴訟について「法律上の争訟」は、抗告訴訟、当事者訴訟、民事訴訟の3つとなるが、国や地方公共団体と私人との法律関係が民商法によって規律される領域では、民事訴訟によって法律上の争訟が処理される。
　民事訴訟との関係について、行訴法は7条において「行政事件訴訟に関し、この法律に定めがない事項については、民事訴訟の例による」と定めるが、同法44条においては、「行政庁の処分その他公権力の行使に当たる行為については、民事保全法に規定する仮処分をすることができない」と定めている。

3　行政訴訟と民事訴訟の接近の必要性

　行政訴訟と民事訴訟の関係に関して行訴法の規定を改正すべきことを意識させたのは、最大判昭和56・12・16民集35巻10号1369頁〔大阪国際空港夜間飛行禁止等請求事件〕であった。

　行政処分が取消訴訟の排他的管轄に属し、公定力を有するものとするのは、国民の権利・利益の救済を実現する行政訴訟の目的から考えると問題がある。

　そこで、取消訴訟の排他的管轄が及ぶ範囲を一定の合理的な範囲内にとどめ、事実行為たる事業などに許認可や規制などの行政行為が介在している場合であっても、事実行為に対する民事訴訟によって事業の差止めを請求することは妨げられないようにする必要性がある。

V　行政訴訟の対象

1　違法な公権力行使の是正

　行訴法は、違法な公権力行使（行政処分）の是正を抗告訴訟とし、これを中心に構成されている。行訴法は、抗告訴訟の定義について、「行政庁の公権力の行使に関する不服の訴訟」としたうえで（行訴3条1項）、取消訴訟について定める（同法8条～35条）ほか、取消訴訟以外の抗告訴訟について、無効等確認の訴えの原告適格（同法36条）、不作為の違法確認の訴えの原告適格（同法37条）、取消訴訟以外の抗告訴訟に対する取消訴訟に関する規定の準用（同法38条）について定めている。また、当事者訴訟の定義（同法4条）、民衆訴訟の定義（同法5条）、機関訴訟の定義（同法6条）をそれぞれ定めるほか、当事者訴訟（同法39条～41条）、民衆訴訟（同法42条）および機関訴訟（同法43条）について、それぞれ規定している。

　不利益処分を排除するために提起される「義務の不存在の確認の訴え」に関しては、「具体的・現実的な争訟の解決を目的とする現行訴訟制度のもと

においては、義務違反の結果として将来何らかの不利益処分を受けるおそれがあるというだけで、その処分の発動を差し止めるため、事前に右義務の存否の確定を求めることが当然に許されるわけではなく、当該義務の履行によって侵害を受ける権利の性質及びその侵害の程度、違反に対する制裁としての不利益処分の確実性およびその内容または性質等に照らし、右処分を受けてからこれに関する訴訟のなかで事後的に義務の存否を争ったのでは回復しがたい重大な損害を被るおそれがある等、事前の救済を認めないことを著しく不相当とする特段の事情がある場合は格別、そうでない限り、あらかじめ右のような義務の存否の確定を求める法律上の利益を認めることはできないものと解すべきである」とされていた（最判昭和47・11・30民集26巻9号1746頁参照）。その後、平成16年行訴法改正において、行訴法の定める抗告訴訟の類型については、義務付け訴訟、差止訴訟等の新たな訴訟類型の導入がなされ、不利益処分を事前に排除できる範囲が拡大された。しかし、義務付け判決がなされた例は極めて少なく、差止訴訟はほとんど機能していない。

2　行政訴訟の対象

(1)　司法審査の対象となる行政作用の範囲・司法審査の方法ないし条件等

　行政訴訟において司法審査の対象となるのは、行政処分（国民の権利義務を形成したり、またはその範囲を確定する行政庁の行為）に限定されない。国民を違法状態から救済するためには、行政処分以外の法律関係についても司法審査をすることが必要である。行政作用の範囲・司法審査の方法ないし条件等を行政訴訟の対象として司法審査の対象とするには、「国民の権利救済の実効化と違法状態を是正する必要性」から決定される。国民に対する権利侵害や違法状態が放置されることは、法治主義の破壊となるからである。

(2)　行政訴訟の対象の拡大

　行政訴訟は行政処分だけではなく、次の事項について対象範囲を拡大しつつある。

(ア) 法　令

　法令（条例を含む）に基づく行政庁の決定で、外部に表示され、司法の判断に熟するもので、権利救済の実効性を確保するために争わせる必要があるもの、または法令に基づく申請に対してこれらの行為を行わないことを行政訴訟の対象とされなければならない。

(イ) 通達など

　通達、指導要綱など、行政の内部行為でも、権利救済上その段階で争わせることを必要とする場合には、紛争の成熟性があれば、これを争うことができる。

(ウ) 補助金

　私法形式によって行われる補助金などの資金配分行政について、行政訴訟の対象とする。

(エ) 公金支出

　司法の行政に対するチェック機能の強化の観点から、公金検査訴訟など「私権保護」を要件としない客観訴訟も法律上の争訟として許容されなければならない。

(オ) 国と自治体の法律関係

　地方分権が進行すると国と自治体間の係争が増加するが、行政訴訟は両者間の法律関係についても裁断対象とする必要がある。

3　行政訴訟の類型と相互関係

(1) 行政訴訟の新たな類型

　上記1において解説した行訴法に定められた抗告訴訟以外の新たな類型が禁止されているわけではない。不利益処分の排除を求める訴え、法律の保護を求める第三者の訴え、行政計画に対する訴えなど、多様な紛争形態に応じた訴訟類型が必要である。

　無効等確認の訴えまたは不作為の違法確認の訴えの対象である行政庁の行為以外の国または公共団体もしくはその機関の活動を対象とする行政権限行

使の違法の確認の訴えも必要である。処分の取消しと処分の無効の区別の基準が不明確であり、瑕疵ある行政行為は無効として統一するべきであるとする考え方もある。

不作為の違法確認の訴え（行訴3条5項参照）の対象とされる法令に基づく申請に対する処分または裁決をしないということ以外の行政庁の特定の処分その他公権力の行使にあたる行為をしないことについて、その不作為の違法の確認を求める訴訟（非申請型不作為の違法確認の訴え）も必要である。

(2) 取消訴訟の提起の要件の拡充

また、不作為の違法確認訴訟に代えて、申請に対して行政庁の応答がない場合、申請後一定の期間が経過したときは、別段の定めがない限り申請人は申請に対する拒否処分があったものとみなして、その取消訴訟を提起できるようにする必要がある。

(3) 当事者訴訟と抗告訴訟

当事者訴訟と抗告訴訟は相互に排他的とする法律上の根拠はない。国民を救済するために必要で適切な訴訟が許容されるべきである。

(4) 結果の除去と訴えの利益

処分庁による違法な処分等によって生じた結果の除去を求める訴訟も訴えの利益がある。

(5) 民衆訴訟の具体的な訴訟類型

民衆訴訟にあたる具体的な訴訟の制度として、国についても納税者訴訟（地自242条の2参照）と同様の制度を設ける必要がある。国民主権主義の立場から、国民には公金支出の監視権があるというべきで、憲法はこれを許容しているものと解される。私法上の団体について、その構成員は団体役員の行為に対する多くの監視権が認められており（会社法における株主代表訴訟など）、主権者国民は国政の三権に対する監視権を有する（憲法15条〜17条、32条、64条、79条、81条、82条、90条、91条から根拠づけられる）といえよう。ドイツでは、司法権を「法に関する紛争について有権的な判断をする職務」と把握されている。

Ⅵ　取消訴訟

1　処分取消訴訟と他の行政訴訟

　平成16年の行訴法の改正によって、取消訴訟中心主義は見直された。給付を求める場合には義務付け訴訟なり給付訴訟が直截簡明である。あるいは、申請に対する処分の義務付け訴訟、不利益処分に対する差止訴訟のほうが、取消訴訟よりも実効的である。
　処分の取消訴訟が中心であるとする法的根拠はない。

2　取消訴訟の対象

(1)　処分取消しの訴えの対象

　処分の取消しの訴えの対象は、「行政庁の処分その他公権力の行使に当たる行為」と定められている（行訴3条2項）。この規定にいう「行政庁の処分」とは、「行政庁の法令に基づく行為のすべてを意味するものではなく、公権力の主体たる国または公共団体の行為のうち、その行為によって、直接国民の権利義務を形成しまたはその範囲を確定することが法律上認められているものをいう……そして、かかる行政庁の行為は、公共の福祉の維持、増進のために、法の内容を実現することを目的とし、正当な権限ある行政庁により、法に準拠してなされるもので、社会公共の福祉に極めて関係の深い事柄であるから、法律は、行政庁の右のような行為の特殊性に鑑み、一方このような行政目的を可及的速やかに達成せしめる必要性と、他方これによって権利、利益を侵害された者の法律上の救済を図ることの必要性とを勘案して、行政庁の右のような行為は仮に違法なものであっても、それが正当な権限を有する機関によって取り消されるまでは、一応適法性の推定を受け有効として取り扱われるものであることを認め、これによって権利、利益を侵害された者の救済については、通常の民事訴訟の方法によることなく、特別の規定

によるべきこととしたのである」とされている（最判昭和39・10・29民集18巻8号1809頁参照）。

取消訴訟の対象となる処分性についての行訴法3条2項の規定および前記の判例の考え方に関しては、その当否をめぐってさまざまな議論がされている。また、現行の行政訴訟制度では対応が困難な新たな問題点として、行政需要の増大と行政作用の多様化に伴い、伝統的な取消訴訟の枠組みでは必ずしも対処しきれないタイプの紛争（行政計画の取消訴訟等）が出現し、これらに対する実体法および手続法のそれぞれのレベルでの手当てが必要である。

(2) 原告適格・出訴期間

取消訴訟においては、原告適格、出訴期間等について次の問題点がある。

① 「行政庁の処分その他公権力の行使に当たる行為」に限らず、広く「行政上の意思決定」（行手1条1項参照）を取消訴訟の対象としなければ、国民の救済が不十分となる。

② 取消訴訟の対象となる行為であるか否かについて、段階的に行われる行政行為であるか否かを問わず、個別行為ごとに明記しないと国民にとって何を争うのかわからない。

③ 行政計画に基づいて段階的に行われる行為について、先行行為が取消訴訟の対象となり、先行行為の違法が後行行為に承継されることを明確にしないと違法な先行行為が確定してしまう。

④ 政省令・通達等のいわゆる行政立法についても、取消訴訟の対象とできないときは、無効確認訴訟の可能性が考えられる。

(3) 処分性の拡大

処分性の拡大は、出訴期間の制限（行訴14条）が発生し、必ずしも取消訴訟の排他性と国民の権利保護拡大とならないから、包括的な権利保護を実現するためには、他の訴訟類型が選択されるべきである。

3　行政立法、行政計画、通達、行政指導

取消訴訟は処分または裁決の違法を理由として取消しを求める訴訟である

（行訴10条2項参照）。多様な行政活動に対する関係において国民の権利救済の機会を広く確保する観点から、行政立法、行政計画、通達、行政指導などを取消訴訟の対象としないと、救済の漏れが生じる。

　行政立法など多様な行政活動について、その違法を理由としてその取消しを求めることができる取消訴訟の対象とし、取消訴訟の対象を明確にするとともに、行政過程の初期の段階でその適法性を争う機会を広く確保して、国民の権利義務を明確にし、権利利益の侵害を事前に予防する機会を十分に確保しようとする趣旨である。

　国民の救済範囲を拡大するためには、行政立法、行政計画などを取消訴訟の対象とする必要性があり、紛争の成熟性があれば、行政立法、行政計画などを取消訴訟の対象とすべきである。

　取消訴訟の対象である「行政庁の処分その他公権力の行使に当たる行為」（行訴3条2項、一般に「処分」という）は、判例で「公権力の主体たる国又は公共団体が行う行為のうち、その行為によって、直接国民の権利義務を形成し、あるいはその範囲を確定することが、法律上認められているもの」であると解されている。行政立法、行政計画など広く一般的な効力を有する行政活動については、計画や立法の段階では紛争はいまだ未成熟であるとして、また、通達や行政指導などは、国民の権利義務を直接形成する法的効果がないとして、判例では、いずれも処分にあたらないとされる場合が多い。しかし、国民の権利・利益保護の拡大をなすべきであるから、弁護士としては、次のような訴訟を試みるべきである。

①　行政立法、行政計画などでも、国民の権利義務に直接影響を及ぼすような場合は現行法でも取消訴訟の対象となる処分にあたる。このような行政立法、行政計画は一律に取消訴訟の対象とすることができる。

②　民事訴訟と同様の確認の利益があれば、行政指導などの行政活動の違法、無効、あるいは法律関係の存否等の確認の訴えを活用することが現行法でも可能である。本来法的な効力がない行政指導などについてもすべて訴訟の対象とする必要性がある。

③　行政立法や行政計画を取消訴訟の対象とすることにより、取消訴訟の排他性や出訴期間の制限を受けたり、後にされる処分に違法性が承継されないことになるおそれがあるから行政立法や行政計画については、初期段階で紛争の成熟性があれば取消訴訟の対象として、あるいは、当事者訴訟によるなど救済方法の選択が考えられる。

4　取消訴訟の排他性・出訴期間の克服

　排他性や出訴期間の制限（行訴14条）を伴う取消訴訟の制度によって権利救済が必要以上に制約されないようにする必要性がある。

　多様な行政活動について、その違法を争う機会を広く確保するのが国民の救済範囲の拡大となる。しかし、取消訴訟の対象を拡大すると、それに伴って取消訴訟の排他性や出訴期間の制限を受けてかえって行政活動の違法を争う機会が制約される。排他性や出訴期間の制限を伴う取消訴訟の制度によって、行政庁の処分について一律に権利救済の機会が制約されないよう、排他性や出訴期間の制限は厳しく必要な範囲に限定しなければならない。

①　形成訴訟である取消訴訟に代えて、行政決定ないし行政上の意思決定の違法を確認し、違法を是正（違法行為の除去、原状回復、作為の義務付けなど）することを目的とする訴訟類型は、民事訴訟など他の訴訟（損害賠償請求訴訟や不当利得返還請求訴訟など）との間で排他性のないものとし、出訴期間については個別法になければ、制限を受けないものといえよう。取消訴訟の排他性が国家賠償請求訴訟の障害とならないことは、確定した最高裁判決である（最判平成22・6・3民集64巻4号1010頁）。

②　行政決定ないし行政上の意思決定その他の行政決定についても、違法を確認する訴訟は禁止されていない。違法な行政決定を放置することは法治主義に違反するから、処分取消訴訟の出訴期間経過後も国家賠償請求訴訟や不当利得返還請求訴訟の利用が認められるべきである。

③　取消訴訟の出訴期間については、第三者の権利義務関係に変動を及ぼす処分に限って出訴期間の制限を受けるというのが原則である。

取消訴訟の排他性と出訴期間が必要な行政活動があるとしても、排他性と出訴期間については、行政の円滑・効率的な遂行がどのように阻害されるかを個別の行政について実証的に検討したうえで、必要性が認められる場合に限るべきである。取消訴訟の対象となる行政活動のほかにも、行政決定ないし行政の意思決定について行政活動の違法を確認する訴訟を認める必要性がある。

④　行政の円滑・効率的な遂行の必要性は抽象論にすぎず、具体的な弊害が論じられていない。これらの抽象的な論拠で一律に排他性や出訴期間を合理化することはできない。法律関係や行政のどのような「安定」や「効率的遂行」が、いかなる場合に損なわれることになるのかについて、個別具体的な立証がない限り、国民の権利を失権させてはならない。

⑤　裁判を受ける権利は、国民の権利を実効的に確保するために存在するから、権利がある限り制限されてはならず、主権者国民の立場で実効的に確保されるべきである。

⑥　民事訴訟と行政訴訟は、いずれも国民救済の制度であるから、どちらを利用するかは利用者である国民が選択すればよい。

Ⅶ　確認の訴えの活用

法律関係等が不明確であることによって権利、自由に危険、不安が生じている場合、これを除去するため、確認の訴えが認められる範囲を拡大することが期待される。

1　確認の訴えによる救済の必要性

確認の訴えによる救済が必要とされるのは、行政立法、行政計画のうち、取消訴訟の対象には該当しないとされるものに関し、その効力を争う者が当該行政立法または行政計画の無効の確認を求めるような場合や、また、法律上効力がないとされる行政指導についても確認の訴えによる救済の必要性が

ある。

2　無効等確認の訴え

　無効等確認の訴え（行訴3条4項）の原告適格を定める行訴法36条については、通常の民事訴訟における確認の利益よりも狭く制限されている。法秩序の統一的解釈を考えるならば、通常の民事訴訟における確認の利益と同一であるべきで、「当該処分又は裁決の存否又はその効力の有無を前提とする現在の法律関係に関する訴えによって目的を達することができないものに限り」との限定は不要である。

　また、国民の権利拡大の視点からも、民事訴訟の確認の利益と同一として、無効等確認の訴えの原告適格は可能な限り拡大して解釈するべきである。

　さらに、行政行為の無効等の確認を求めたときに、確認の対象が過去の法律関係ないし事実の確認であるということから許容されないと速断するべきではない。確認の利益がある場合には、処分または裁決の存否または効力の有無に関する確認の訴えであっても提起することができるというべきである。

　取り消うべき行政行為について出訴期間が経過していても、法治主義を前提とすれば違法な行政行為を放置してはならないから、当該行政行為の違法確認の利益は常に存在する。国家賠償法上、または不当利得法上、違法性または不当利得性を確認する必要がある。

行政訴訟の類型　第3章

I　行政訴訟の類型

　民事訴訟においては、原告の求める判決の内容に応じて、給付訴訟、形成訴訟および確認訴訟の3種類が認められている。しかし、行政訴訟は、国民の権利救済のほか行政の法的統制を目的とする点で、民事訴訟と性質を異にする。そこで、行訴法は、行政庁の公権力の行使に関する不服の訴訟（抗告訴訟）を中心とし、それ以外に、当事者訴訟、民衆訴訟および機関訴訟の4つの訴訟類型を法定した。

　従来、抗告訴訟と当事者訴訟は、権利保護を目的とする主観訴訟とされ、民衆訴訟と機関訴訟は、法秩序維持を目的とする客観訴訟とされてきた。

　行訴法は、行政処分の是正を求める類型（抗告訴訟）を中心的な訴訟としている。行政処分は国民の権利義務に法的効果を及ぼすもので、これを中心としたことは理解できるが、行政処分が存在しない公法上の法律関係が存在するから、抗告訴訟以外の行政訴訟も必要である。

II　抗告訴訟

1　抗告訴訟とは

　抗告訴訟とは、行政の公権力の行使に関する不服の訴訟である（行訴3条1項）。行訴法は、抗告訴訟の類型として、①処分取消しの訴え、②裁決取消しの訴え、③無効等確認の訴え、④不作為の違法確認の訴え、⑤義務付けの訴え、⑥差止めの訴え、の6つを定めている（法定抗告訴訟）。抗告訴訟は

21

これらに限定されるものではなく、行政処分の是正を求めるため、法定外の抗告訴訟も許容されている。

2 処分取消しの訴え

処分取消しの訴え（処分取消訴訟）とは、行政庁の処分その他公権力の行使にあたる行為（以下、「処分」と総称する。ただし、不服申立てに対する裁決、決定などを除く）の取消しを求める訴訟である（行訴3条2項）。警察官等の誤解等により道路交通法違反を原因として運転免許証の免停処分を受けた場合、その取消しを求めるのが処分取消しの訴えである。

行政処分は、それが仮に違法であっても有効として取り扱われる。したがって、関係者がこの違法な拘束力から解放されるためには、違法に権利または法律上の利益を侵害している処分の法的効果を除去する必要がある。このような処分の法的効果を判決によって除去するために提起される訴訟が、処分取消しの訴えである。

従来、処分取消しの訴えの目的・機能は、違法だが有効な拘束力（公定力）を排除することにある（公定力排除訴訟）と解されてきた。しかし、最近の最高裁判例は、第二種市街地再開発計画（最判平成4・11・26民集46巻8号2658頁）、国税通則法による督促（最判平成5・10・8判時1512号20頁）、医療法に基づく病院開設中止勧告（最判平成17・7・15民集59巻6号1661頁）、病床数削減勧告（最判平成17・10・25判時1920号32頁）につき、法的効果がいまだ生じていない段階にもかかわらず、処分性を肯定し、予防的に取消訴訟の提起を認めた。

3 裁決取消しの訴え

裁決取消しの訴えは、審査請求、異議申立てその他の不服申立てに対する行政庁の裁決、決定その他の行為（以下、「裁決」と総称する）の取消しを求める訴訟である（行訴3条3項）。行政処分については、行政不服審査法に基づいて不服申立てをなしうるが、処分庁は異議棄却決定をなし、また、処分

庁以外が棄却裁決をなして行政処分の効力を維持する判断をなすことがある。そこで原処分以外の棄却決定や棄却裁決についても争いうるものとされているのである。

　行訴法は処分取消しの訴えと裁決取消しの訴えとを区別するとともに、裁決取消しの訴えにおいては、裁決の手続上の違法その他裁決固有の違法しか主張できないことにし、原処分の違法を主張するためには、処分取消しの訴えによらなければならないものとした（行訴10条2項）。これを原処分主義という。しかし、裁決には多様性（一部取消し・変更・修正・承認など）があることから、裁決固有の瑕疵とは何を指すのかについては争いがある（国家公務員法92条1項に基づく人事院の修正裁決につき、最判昭和62・4・21民集41巻3号309頁）。

　原処分主義とは別に、裁決主義がある（労組27条の19第2項など）。これは、原処分について出訴を許さず、裁決についてのみ出訴を認める主義である。原処分は一応の処分にすぎず、裁決を待って最終処分とする場合などに多く採用されている。この場合には、処分取消しの訴えは提起できず、裁決取消しの訴えのみが提起できることになる。

4　無効等確認の訴え

(1)　無効等確認の訴えとは

　無効等確認の訴えは、行政による処分もしくは裁決の存否またはその効力の有無の確認を求める訴訟である（行訴3条4項）。無効等確認の訴えの中心をなすのは、無効確認訴訟である。

　無効「等」確認とあるのは、無効の確認のほか、処分の有効確認、存在確認、不存在確認、失効確認などを含む趣旨である。無効等確認訴訟は、出訴期間の制限がないこと、法律により不服申立てが前置されている場合でも、不服申立てを経ないで提起できることなどにおいて、取消訴訟と異なる。ただし、無効事由（たとえば、当事者が間違っているというような重大なミス）を主張しなければならない。

無効等確認訴訟は、行訴法の前身である行政事件訴訟特例法には明文の規定がなく、判例法によって創造された訴訟形態である。

(2) 原告適格

　最高裁判所は、行訴法36条にいう当該処分または裁決の無効等の確認を求めるにつき「法律上の利益を有する者」とは、同法9条に定める取消訴訟の原告適格の場合と同義であるとしている（最判平成4・9・22民集46巻6号1090頁〔もんじゅ訴訟事件〕）。

　「当該処分……に続く処分により損害を受けるおそれのある者」はそれだけで原告適格が認められる（無制約説）か、それとも、この場合にも、当該処分の無効を前提とする「現在の法律関係に関する訴えによって目的を達することができないものに限り」という消極的要件を必要とする（制約説）かにつき、学説は分かれている（阿部泰隆『行政法解釈学Ⅱ』288頁）。しかし、処分の無効を前提とする現在の法律関係に関する訴訟によっては、後続の処分を阻止するという目的を達成することはできないから、後続処分によって損害を受けるおそれのある者は、（後者の消極的要件を必要とすることなく）それだけで無効確認の訴えの利益を有すると解するのが相当であろう。

　当該処分の無効を前提とする「現在の法律関係に関する訴えによって目的を達することができないもの」の意義についても、還元不能説と目的達成不能説とに分かれている（阿部・前掲289頁）。還元不能説は、「現在の法律関係に関する訴え」に還元できないものに限り、原告適格を認める見解である。しかし、現在の法律関係に関する訴えに還元できないものは想定できないから、この説によれば、無効等確認訴訟を認めた意味がなくなってしまう。そこで、目的達成不能説は、現在の法律関係に関する訴えに還元できる場合であっても、その訴えによっては目的を達成できない場合（たとえば、仮処分や執行停止による救済が受けられないとか、関係行政庁に対する拘束力の欠如など）には、無効等確認訴訟の原告適格を認めるべきであると説く。しかし、この見解については、目的達成されたかどうかの判断は困難であるとの反論もあった。

このように、無効等確認訴訟を提起し得るための要件について争いがあったが、前掲最判平成4・9・22〔もんじゅ訴訟事件〕においては、当該処分の「効力の有無を前提とする現在の法律関係に関する訴えによって目的を達することができないもの」とは、「当該処分に基づいて生ずる法律関係に関し、処分の無効を前提とする当事者訴訟又は民事訴訟によっては、その処分のため被っている不利益を排除することができない場合はもとより、当該処分に起因する紛争を解決するための争訟形態として、当該処分の無効を前提とする当事者訴訟又は民事訴訟との比較において、当該処分の無効確認を求める訴えのほうがより直截的で適切な争訟形態であるとみるべき場合をも意味する」と判示した。本判決は、いわば「直截・適切基準説」というべきもので、無効等確認訴訟と現在の法律関係に関する訴えとの二者択一を強いるものではなく、両訴併存の可能性を認めたものとみられ、救済の実効性を考慮した柔軟かつ弾力的な解釈をとるものとして評価される。

5　不作為の違法確認の訴え

不作為の違法確認の訴えとは、行政庁が法令に基づく申請に対し、相当の期間内に何らかの処分または裁決をすべきであるにもかかわらず、これをしないことについての違法の確認を求める訴訟である（行訴3条5項）。「相当の期間」の判断にあたっては、行政手続法の定める標準処理期間（行手6条）が1つの目安になる。

従来、行政庁の不作為に対しては、これを争う途がなく、国民の権利保護に欠けていたため、行訴法において設けられた。不作為の違法が判決によって確定されると、行政庁が何らかの処分をしなければならない拘束を受ける（行訴33条、38条）。

6　義務付けの訴え

義務付けの訴えとは、①行政庁が一定の処分をすべきであるにもかかわらずこれがなされないとき（②の場合を除く）、または、②行政庁に対し一定の

処分または裁決を求める旨の法令の規定に基づく申請または審査請求がされた場合において、当該行政庁がその処分または裁決をすべきであるにもかかわらずこれがされないときに、行政庁がその処分または裁決をすべき旨を命ずることを求める訴訟をいう（行訴3条6項）。

　上記①の場合を非申請型処分といい、上記②の場合を申請型処分という。たとえば法に基づいて建築確認申請をなしたが確認がなされなかった場合は申請型処分であり、建築確認を受けずに建築された建物について近隣住民が法令に基づく申請権がないのに是正措置を行政庁へ求める場合が非申請型処分である。

　裁判所は、行政庁にその処分をすべきであることが法令の規定から明らかであり（裁量の余地がない）、あるいは行政庁がその処分をしないことがその裁量権の範囲を超え、もしくはその濫用となると認められるときは、行政庁がその処分をすべき旨を命ずる判決をする（行訴37条の2第5項）。

　上記①の非申請型処分の義務付けの訴えは、一定の処分がされないことにより重大な損害が生ずるおそれがあり、かつ、その損害を避けるため他の適当な方法がないときに限り、提起することができる（行訴37条の2第1項）。裁判所は、重大な損害が生ずるか否かを判断するにあたっては、損害の回復の困難の程度を考慮するものとし、損害の性質・程度および処分の内容・性質をも勘案するものとする（同条2項）。義務付けの訴えは、行政庁が一定の処分をすべき旨を命ずることを求めるにつき法律上の利益を有する者に限り、提起することができる（同条3項）。この法律上の利益の有無の判断については、処分取消しの訴えの原告適格に関する考慮規定（同法9条2項）が準用される（同法37条の2第4項）。

　上記②の申請型処分の義務付け訴訟は、ⓐ法令に基づく申請または審査請求に対し相当の期間内に何らの処分または裁決がなされないとき、ⓑ法令に基づく申請または審査請求を却下し、または却下する旨の処分または裁決がなされた場合において、当該処分または裁決が取り消されるべきものであり、または無効もしくは不存在であるときに限り、提起することができる（行訴

37条の3第1項)。

申請型処分の義務付けの訴えは、法令に基づく申請または審査請求をした者に限り、提起することができる(行訴37条の3第2項)。また、非申請型の場合と異なり、損害の発生のおそれや損害を回避する方法の有無に関する救済の必要性要件は定められていない。申請等をしたにもかかわらず、違法に放置・拒否されたときは、救済の必要性が存在すると認められるからである。

①申請または審査請求に対し相当の期間内に処分・裁決されないとき(不作為型)には、その処分・裁決に係る不作為の違法確認訴訟を(行訴37条の3第3項1号)、②申請または審査請求を却下・棄却する旨の処分・裁決がされたとき(処分拒否型)は、その処分・裁決に係る取消訴訟または無効等確認訴訟を(同項2号)、義務付けの訴えに併合して提起しなければならない(同条3項前段)。

併合提起された不作為の違法確認訴訟、取消訴訟、無効等確認訴訟の請求に理由があると認められ、かつ、行政庁が義務付けの訴えに係る処分・裁決をすべきであることがその処分・裁決の根拠となる法令の規定から明らかである(裁量の余地がない)と認められ、または行政庁がその処分・裁決をしないことがその裁量権の範囲を超え、もしくはその濫用となると認められるときは、裁判所は、行政庁がその義務付けの訴えに係る処分・裁決をすべき旨を命ずる判決をする(行訴37条の3第5項)。

義務付けの訴えは、抗告訴訟の一種であるから、非申請型、申請型訴訟を問わず、取消訴訟に関する規定の一部が準用される(行訴38条1項)。

7　差止めの訴え

差止めの訴えとは、行政庁が一定の処分または裁決をすべきでないにもかかわらずこれがされようとしている場合において、行政庁がその処分または裁決をしてはならない旨を命ずることを求める訴訟をいう(行訴3条7項)。

差止めの訴えは、①一定の処分・裁決がされることにより重大な損害が生ずるおそれがある場合で、②その損害を避けるため他に適当な方法がないと

きに限り、③行政庁が一定の処分・裁決をしてはならない旨を命ずることを求めるにつき法律上の利益を有する者に限り、提起することができる（行訴37条の4第1項・3項）。

　差止めの訴えの要件である「重大な損害」が生ずるか否かの判断にあたっては、損害の回復の困難の程度を考慮するものとし、損害の性質・程度、処分・裁決の内容・性質をも勘案するものとする（行訴37条の4第2項）。

　行政庁がその処分・裁決をすべきでないことが法令の規定から明らかである（裁量の余地がない）と認められ、または行政庁がその処分・裁決をすることがその裁量権の範囲を超え、もしくは濫用となると認められるときは、裁判所は、行政庁がその処分・裁決をしてはならない旨を命ずる判決をする（行訴37条の4第5項）。

8　法定外（無名）抗告訴訟

　抗告訴訟は広く公権力の行使に関する不服の訴訟をいうから、新たに義務付けの訴えと差止めの訴えが認められたからといって、6つの法定抗告訴訟以外の法定外（無名）抗告訴訟の生成の可能性を否定するものではない。

9　仮の義務付け・仮の差止め

　平成16年行訴法改正によって義務付けの訴えと差止めの訴えが創設されたことに伴い、処分の執行停止とは異なる形での仮の救済を与えることが必要になった。これが、仮の義務付けおよび仮の差止めである。

　義務付けの訴えの提起があった場合において、処分・裁決がされないことにより生ずる償うことのできない損害を避けるため緊急の必要があり、かつ、本案について理由があるとみえるときは、裁判所は、申立てにより、決定をもって、仮に行政庁がその処分・裁決をすべき旨を命ずること（仮の義務付け決定）ができる（行訴37条の5第1項）。仮の差止め決定も、仮の義務付けと同じ要件の下に認められる（同条2項）。仮の義務付け・仮の差止めについては、執行停止に関する規定が準用される（同条4項）。仮の義務付けも

仮の差止めも、公共の福祉に重大な影響を及ぼすおそれがあるときは、することができない（同条3項）。

10 争点訴訟

上記のような現在の法律関係に関する訴訟は、通常、民事訴訟の形をとることになるが、その前提問題として処分等の存否またはその効力の有無が争われているのであるから、行訴法は、争点限りで抗告訴訟に準じた特別の取扱い（行政庁への出訴の通知、行政庁の訴訟参加、釈明処分の特則、職権証拠調べ）をすることにした（行訴45条）。これが争点訴訟とよばれるものである。

Ⅲ　当事者訴訟

当事者訴訟は、①当事者間の法律関係を確認し、または形成する処分または裁決に関する訴訟で法令の規定によりその法律関係の当事者の一方を被告とするもの（形式的当事者訴訟）、および②公法上の法律関係に関する確認の訴えその他の公法上の法律関係に関する訴訟（実質的当事者訴訟）をいう（行訴4条）。

平成16年の行訴法改正により「公法上の法律関係に関する確認の訴え」が当事者訴訟の類型として例示された。これは、抗告訴訟の対象とならない行政計画、通達、行政指導等の行政上の行為を契機として、公法上の法律関係に関する争いが生じた場合、確認の利益が認められる限り、確認訴訟を活用することにより、国民の権利救済を行う意図に出たものである。

従来、抗告訴訟と当事者訴訟とは切断されていた結果、権利救済に欠けるところがあったが、公法上の当事者訴訟を、抗告訴訟による救済が認められない場合の補充的訴訟と位置づけることにより、救済方法が拡大されることになったといえる。しかし、最近の最高裁判決は、取消訴訟の対象である処分の意義を拡張緩和し、行政計画や行政指導などの行為についても処分性を肯定する傾向にあることから、当事者訴訟の活動領域の拡大がどの程度まで

期待されるかについて問題が残る。

　上記①の例としては、土地収用に基づく損失補償額についての収用委員会の裁決に不服がある場合には、土地収用法の規定により、起業者（土地を収用または使用することを必要とする公共事業の施行者）が土地所有者または関係人を被告として、または土地所有者または関係人が起業者を被告として提起する訴訟（収用133条3項）がある。上記①の訴訟は、実質的には、収用委員会の裁決に対する抗告訴訟の形態をとるべきであるのに、法律の規定により当事者訴訟の形式によることとされるものだから、「形式的当事者訴訟」と称されている。しかし、本来は当事者間で解決されるべき紛争（起業者と土地所有者との間の補償金に係る争い）であり、本来の当事者間の訴訟に戻すものであるから、形式的当事者訴訟という呼称は適当ではない。

　上記②の例としては、「公務員の給与支払い請求訴訟」、「過誤納金の還付請求訴訟」、「薬事法の改正後も許可を受けずに引き続き薬局の営業をすることができることの確認を求める訴訟」（最大判昭和41・7・20民集20巻6号1217頁）、「日本国籍を有することの確認訴訟」（最判平成9・10・17民集51巻9号3925頁）、「在外邦人選挙権確認訴訟」（最大判平成17・9・14民集59巻7号2087頁）などがある。

　当事者訴訟については、行政庁の訴訟参加（行訴23条）、釈明処分の特則（同法23条の2）、職権証拠調べ（同法24条）、判決の拘束力（同法33条1項）等の規定が準用される（同法41条）。

Ⅳ　民衆訴訟

　民衆訴訟は、国または公共団体の機関の法規に適合しない行為の是正を求める訴訟で、選挙人たる資格その他自己の法律上の利益にかかわらない資格で提起されるものである（行訴5条）。

　民衆訴訟は、自己の法律上の利益にかかわらない資格で提起されるものであるから、「法律上の争訟」にはあたらないとされ、法規の適正な適用を確

保するという一般的利益のために認められたものと理解されている。民衆訴訟は「法律に定める場合において、法律に定める者に限り、提起することができる」とされている（行訴42条）。

民衆訴訟の典型的な例としては、公職選挙法による選挙の効力を争う選挙訴訟（公選203条、204条）、特定の当選人の当選の効力を争う当選訴訟（同法207条、208条）、地方自治法に定める住民訴訟（地自242条の2）などがある。

住民訴訟は、普通地方公共団体の長などが、違法または不当な公金の支出や財産の管理、処分を行ったときに、監査委員に対する住民監査請求（地自242条）を経て提起される。住民訴訟は、その請求内容に応じて、①行為の差止請求（同法242条の2第1項1号）、②行政処分の取消し・無効確認請求（同項2号）、③怠る事実の違法確認請求（同項3号）、④損害賠償・不当利得返還請求（同項4号）の4種類がある。その目的は、会計処理の是正、公害防止・環境保全、文化財保護、政教分離など広範囲に及び、地方行政の民主化、公正化に果たしている役割は大きい。国レベルにおいて、住民訴訟的な訴訟として、納税者訴訟や公金検査訴訟などの制度（国民が自己の法律上の利益と無関係に違法の是正を求める訴訟）は法定されていないものの、主権者たる国民は憲法15～17条、32条、64条、79条、81条、82条、85条、90条、91条によって公金支出について監視権があり、司法手続を通じて違法な公金支出の是正を求める権利があるというべきである。また、私法領域であるが、全体の執行者と構成員との関係について、会社法847条は、株主が会社を代表して会社役員に対して法的責任を追及する訴訟が認められていることも参考となろう。また、建物の区分所有等に関する法律25条2項は管理者の解任の訴えが認められている。これらの規定をみれば、団体構成員には団体の資金の監視権や団体役員に対する監視権が当然に存在するというべきであろう。

V　機関訴訟

機関訴訟は、国または公共団体の機関相互間における権限の存否またはそ

の行為に関する紛争についての訴訟である（行訴6条）。

　行政機関相互間の権限の争いは、行政内部の紛争であるから、本来行政内部で解決すべき問題であって、「法律上の争訟」にあたらないとされている（最判昭和28・6・12民集7巻6号663頁）が、特に法律が公正な裁判所の判断を求め、訴訟手続による解決を求めている場合がある（行訴42条）。その例として、地方自治法176条に規定する地方公共団体の長と議会との争い、同法251条の5に規定する国の関与に関する訴え、同法252条に規定する都道府県の関与に関する訴えがある。行政機関の間の争いを放置することは、法治主義の破壊につながることから、行訴法は、司法権の判断によって紛争を終結させることにしたのである。

　従来、国の機関委任事務（地方公共団体を国の機関として、国から委任させる事務）の執行を求める訴訟として、職務執行命令訴訟が認められていたが（地方自治法の旧150条、地方分権の推進を図るための関係法律の整備等に関する法律（地方分権一括法）により廃止された）、機関委任事務の廃止と国の関与のあり方の改革に伴い、国と地方公共団体との間の係争処理のしくみと国の関与に関する訴えの提起について、次のように改められた。

　国の関与のうち公権力の行使にあたるもの（是正の要求、許可の拒否その他の処分）に不服があるとき、または国の不作為に不服があるときは、普通地方公共団体の長その他の執行機関は、当該関与を行った国の行政庁または不作為庁を相手方として、国地方係争処理委員会に審査の申出をすることができる（地自250条の13）。委員会は、審査を行い、自治事務に関する国の関与が違法でなく、かつ、普通地方公共団体の自主性および自立性を尊重する観点から不当でないと認めるときは、両当事者に通知し、公表する。国の関与が、違法または普通地方公共団体の自主性および自立性を尊重する観点から不当であると認めるときは、国の行政庁に対し、必要な措置を講ずべきであることを勧告する。法定受託事務に関する国の関与について審査の申出があった場合については、審査を行い、国の関与が違法でないと認めるときは、両当事者に通知し、公表する。国の関与が違法であると認めるときは、国の

行政庁に対し、必要な措置を講ずべきことを勧告する（同法250条の14）。

　審査の申出をした普通地方公共団体の長その他の執行機関は、委員会の審査の結果・勧告または国の行政庁の措置などに不服があるときは、高等裁判所に対し、国の行政庁を被告として、違法な国の関与の取消しまたは国の不作為の違法の確認を求めることができる（地自251条の5）。都道府県と市町村の機関相互間の紛争についても、これに準じた規定が定められている（同法252条）。

　国の関与に関する訴訟および都道府県の関与に関する訴訟の性質については、機関訴訟とみる見解が通説である（小早川光郎『行政法講義下Ⅲ』276頁）。地方分権の運動が活発化するに従って国と自治体間の紛争や自治体間の紛争は、今後多発すると予想される。

行政訴訟の概要

I 行政訴訟のしくみ

　行政不服審査法および行訴法は、行政処分の是正を中心に行政救済法の制度設計をなしている。また、国民が法的に申請権を有しているかどうかによって取扱いを区別している。これを図示すると〔図2〕のとおりとなる。

〔図2〕　行政訴訟のしくみ

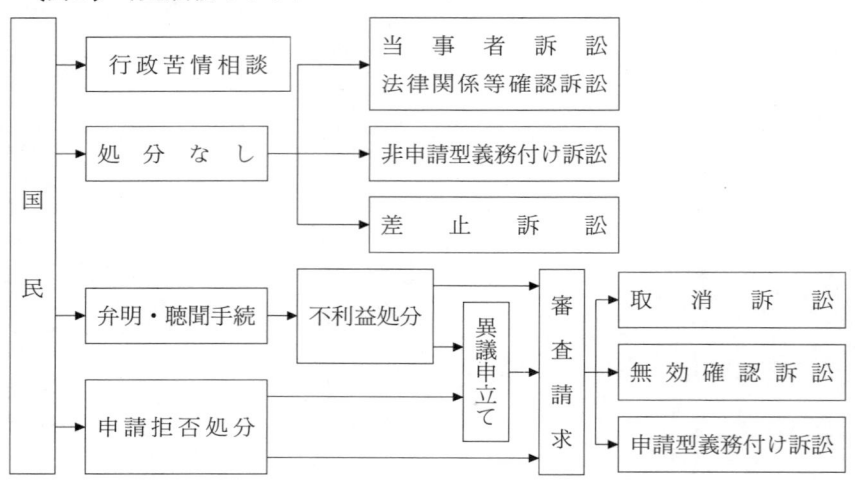

```
              ┌→ 行政苦情相談 ─┬→ 当事者訴訟
              │                │   法律関係等確認訴訟
              │                │
              ├→ 処 分 な し ─┼→ 非申請型義務付け訴訟
              │                │
              │                └→ 差 止 訴 訟
国            │
民            ├→ 弁明・聴聞手続 → 不利益処分 ─┐ 異議   ┬→ 取 消 訴 訟
              │                                 ├申立て→審│
              │                                 │        査├→ 無効確認訴訟
              │                                 │        請│
              └→ 申請拒否処分 ──────────────┘        求└→ 申請型義務付け訴訟
```

II 行政訴訟の類型

　行政訴訟の種類は〈表1〉のとおりである。

〈表1〉 行政訴訟の類型

行政訴訟	主観訴訟	抗告訴訟	取消訴訟（行訴3条2項・3項）
			無効等確認訴訟（行訴3条4項）
			不作為の違法確認訴訟（行訴3条5項）
			義務付け訴訟（行訴3条6項）
			差止訴訟（行訴3条7項）
		当事者訴訟	実質的当事者訴訟（行訴4条後段）
			形式的当事者訴訟（行訴4条前段）
	客観訴訟	民衆訴訟（行訴5条）	
		機関訴訟（行訴6条）	

　主観訴訟は、私権保護を要件とするもので、客観訴訟は私権保護を要件とせず、公益の実現を目的とする訴訟である。抗告訴訟は、何らかの行政処分の是正を求めるものであり、当事者訴訟は、公法上の法律関係を争うものである。

1　取消訴訟と民事訴訟との関係

　行訴法の解釈上、「行政庁の処分その他公権力の行使にあたる行為」については、取消訴訟の排他的管轄が認められており、民事訴訟で争うことはできないというのが実務上の取扱いである。

　取消訴訟には処分または裁決があったことを知った日から6カ月間とする出訴期間があり、それを徒過すると、提起することができない（行訴14条1項・2項）。

2　実質的当事者訴訟と民事訴訟との関係

　公法関係と私法関係に対応し、実質的当事者訴訟は公法上の法律関係に関する訴訟であり、民事訴訟は私法上の法律関係に関する訴訟である。

形式的当事者訴訟は、行政処分を争うものであるが、法律が特別に処分庁以外の被告を指定しているものである。

III　取消訴訟（抗告訴訟）の訴訟要件

1　処分性（訴訟の対象）

「行政庁の処分とは、……行政庁の法令に基づく行為のすべてを意味するものではなく、公権力の主体たる国または公共団体が行う行為のうち、その行為によって、直接国民の権利義務を形成しまたはその範囲を確定することが法律上認められているものをいう」（最判昭和39・10・29民集18巻8号1809頁）。

ただし、最高裁判所は近年処分性について拡大する方向を、最判平成16・4・26民集58巻4号589頁（食品衛生法違反通知）、最判平成17・7・15民集59巻6号1661頁（医療法30条の7の病院開設の中止勧告）、最判平成17・4・14民集59巻3号491頁（税金の過誤納金について、還付しない旨の通知）において示している。

「行政行為」概念は、実体法上の概念である。また「行政処分」概念は救済法上の概念であり、違法判断可能な行政庁の行為で、法的効果の発生は要件とせず、訴えの利益があれば処分性が認められる。行政処分は、是正対象として適当なものを画する概念で、訴訟対象として紛争解決に役立つ範囲の対象範囲といえよう。

2　原告適格

原告適格とは、取消訴訟において、処分性が認められた場合にその処分の取消しを求めて出訴することのできる資格をいう。実務上問題になるのは、処分の名宛人以外の第三者である。

3　狭義の訴えの利益

　行政庁の行為が処分性を有し、原告適格があっても、当該処分を現実に取り消す必要がなければ訴えは却下される。裁判をするに値する客観的な事情ないし実益を、狭義の訴えの利益（訴えの利益から処分性、原告適格を除いたという意味）という。処分の効果が完了した場合や、期間が経過した場合等に問題となる。

4　被告適格

　処分取消訴訟は、当該処分をした行政庁の所属する国または公共団体を被告として提起しなければならない（行訴11条1項）。処分をした行政庁が国または公共団体に所属しない場合には、取消訴訟は当該行政庁を被告として提起しなければならない（同条2項）。

5　不服申立てと行政訴訟

　行訴法は、不服申立てができる場合には、不服申立てを先に行うこともでき、また、直ちに処分取消訴訟を提起することもできるとしている（行訴8条1項本文。なお、行訴3条3項）。

　行訴法は、原則的に自由選択主義を採用したが、例外的に不服申立前置主義を認めている。この場合には、他の法律によって不服申立てに対する裁決を経た後でなければ、訴えを提起することができない（税通115条など）。

　一方、無効確認訴訟においては、出訴期間の制限がないことから、その趣旨に照らして法律で不服申立前置が定められている場合でも、不服申立手続を経る必要がない。

6　出訴期間

　取消訴訟は、正当な理由がある場合を除き、原則として処分があったことを知った日から6カ月を経過したとき、または処分の日から1年を経過した

ときは、提起することができない（行訴14条1項・2項）。

7　行政行為の効力と行政訴訟

(1)　行政行為の効力

行政行為には、通常次のような効力が生じるとされている。

(ア)　公定力（有効性の推定）

行政行為が行われると、それが仮に違法であっても、無効である場合を除き、行政行為の名宛人やその他の第三者は、行政庁または裁判所によって取り消されるまでは、その行政行為を有効なものとして、従わなければならないが（最判昭和30・12・26裁判集民20号941頁）、このような有効性の推定のことを公定力とよぶことがある。

行政行為が法律の執行として行われ、その根拠は法律自体に由来し、行政行為に対する信頼を保護し、法秩序の維持の観点から公定力を肯定する考え方がある。しかし、違法な行政行為に従う国民の義務があるということは正義に反するから、公定力を否定する考え方も有力である。

(イ)　不可争力

不服申立期間や出訴期間が経過した後は、無効の場合を除き、行政行為の効力を争うことができなくなるが、このような効力を不可争力、または形式的確定力という。

(ウ)　不可変更力

行政行為のうち、争訟裁断行為などは、その行為の本質的な性格からみて行政庁による職権取消しや変更は許されない。特殊な行政行為のこのような行為の効力を不可変更力という。

(エ)　自力執行力

行政行為で課せられた義務を行政機関が強制執行するためには、法的根拠が必要であるが、国税徴収法などは判決などの債務名義を得ることなく、行政行為自体を根拠として、法律の定めるところにより、その行政行為の内容を強制し、実現できるとされている。このような効力を自力執行力という。

自力執行力は、行政代執行法や国税徴収法その他の法律によって初めて認められるものであり、行政行為であるというだけで、当然に認められるわけではない。

(2) **違法な行政行為**

違法な行政行為は、行政不服申立ておよび行政訴訟の対象となり、是正されなければならない。不当な行政行為は、法律違反ではないが、裁量の枠の中で内部規則に違反して裁量判断を誤ったもので、行政不服申立ての対象となるが（行審1条1項）、行政訴訟の対象とならないとされている。しかし、不当な行政行為も行政庁が、その権限を逸脱したり、濫用してなされた場合は、違法となる（行訴30条）。

(3) **違法な行政行為の態様**

㋐ 無効な行政行為

行政行為として効果がはじめから全く生じないものである。不服申立手続も不要であり、出訴期間経過後でも無効主張が可能である。

㋑ 取消しうべき行政行為

効果は生ずるが、不完全である行政行為である。出訴期間の制限に服し、不服申立前置主義の場合は、不服申立てを経由しなければならず、取消訴訟によらなければ、その効力を否認できない。

㋒ 無効と取消しの区別

行政行為の無効と取消しの区別につき、①重大説、②重大明白説がある。

重大説は、行政行為に重大な瑕疵がある場合に無効となると考えるものであり、重大明白説は、行政行為の瑕疵が重大かつ明白である場合にのみ、無効となると考えるものである。

この点につき、最判昭和39・10・20民集18巻8号1740頁は、重大明白説をとり、最判昭和48・4・26民集27巻3号629頁は重大説をとる。処分の相手方や第三者の信頼保護の必要性などを勘案して判断している。しかし、行為の存在を信頼する第三者の保護を考慮する必要のない行為については、明白性要件は不要としている。

8　国民による公法上の権利の実現手続

違法な行政活動の是正を求め、国民を救済しようとする場合、是正対象が処分か非処分のいずれであるのか、また、当該国民は申請権を有するかどうかによって救済方法の選択は〔図3〕のように行うことになる。

〔図3〕　国民による公法上の権利の実現手続

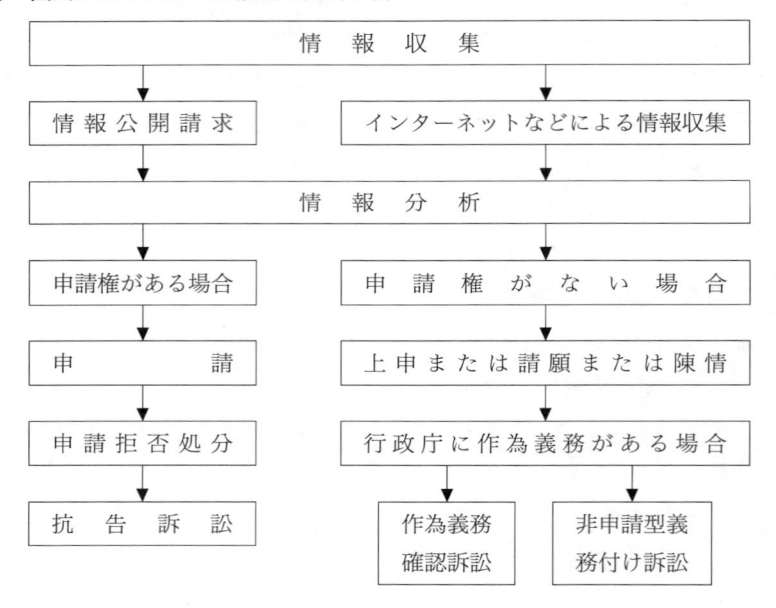

```
                      情　報　収　集
                    ↓              ↓
         情報公開請求      インターネットなどによる情報収集
                    ↓              ↓
                      情　報　分　析
                    ↓              ↓
         申請権がある場合    申請権がない場合
              ↓                    ↓
             申　請         上申または請願または陳情
              ↓                    ↓
         申請拒否処分       行政庁に作為義務がある場合
              ↓              ↓            ↓
          抗　告　訴　訟   作為義務      非申請型義
                          確認訴訟      務付け訴訟
```

Ⅳ　改正行政事件訴訟法の利用方法

行訴法は改正され、平成16年6月9日公布、平成17年4月1日施行された。
同改正の主たる内容は、①救済範囲の拡大、②審理の充実・促進、③行政訴訟をより利用しやすく、わかりやすくするためのしくみ、④本案判決前における仮の救済制度の整備の4点である。

1 救済範囲の拡大

(1) 取消訴訟の原告適格の拡大

　最高裁判所は「行政事件訴訟法9条は、取消訴訟の原告適格について規定するところ、同条にいう当該処分の取消を求めるにつき『法律上の利益を有する者』とは、当該処分により自己の権利若しくは法律上保護された利益を侵害され、又は必然的に侵害されるおそれのある者をいい、当該処分を定めた行政法規が、不特定多数者の具体的利益を専ら一般的公益の中に吸収解消させるにとどめず、それが帰属する個々人の個別利益としてもこれを保護すべきとする趣旨を含むと解される場合には、このような利益も法律上保護された利益に当たり、当該処分によりこれを侵害され又は必然的に侵害されるおそれのある者は、当該処分の取消訴訟における原告適格を有するものというべきである」（最判平成4・9・22民集46巻6号571頁）とする。

　上記判例を受けて改正行訴法は、解釈基準として、9条2項を新設した。その要旨は、「法律上の利益の有無」を判断するにあたり、①処分の根拠となる法令の趣旨および目的、②処分において考慮されるべき利益の内容および性質、を考慮するものとし、①の考慮にあたっては、③処分の根拠となる法令と目的を共通にする関係法令の趣旨および目的をも参酌するものとし、②を考慮するにあたっては、④処分がその根拠となる法令に違反してされた場合に害されることとなる利益の内容および性質並びにこれが害される態様および程度をも勘案するものとする。

(2) 義務付け訴訟の法定

　義務付け訴訟は、行政庁に対する処分を命ずる判決を求める訴訟である。

　処分を取り消すだけでは不十分な場合、具体的な行政庁の処分を求めて、この訴訟が利用される。

(ア) 直接型義務付け訴訟（行訴3条6項1号、37条の2）

(A) 原告適格

　原告適格については、「行政庁が一定の処分をすべき旨を命ずることを求

めるにつき法律上の利益を有する者」に限定されている。

(B) 重大損害要件・補充性要件

「一定の処分がされないことにより重大な損害を生ずるおそれがあること」および「その損害を避けるため他に適当な方法がないとき」が訴訟要件（訴訟制度の利用が許される案件）とされている。

(C) 違法性要件（本案勝訴要件）

「行政庁がその処分をすべきであることがその処分の根拠となる法令の規定から明らかであると認められ又は行政庁がその処分をしないことがその裁量権の範囲を超え若しくはその濫用となると認められること」が違法性要件（原告が裁判所によって勝訴判決の宣告を受けるための案件）とされている。

(イ) 申請満足型義務付け訴訟（行訴3条6項2号、37条の3）

(A) 原告適格

原告適格について「法令に基づく申請または審査請求した者」とされている。

(B) 申請要件

「当該法令に基づく申請又は審査請求に対し相当の期間内に何らの処分又は裁決がされないこと」または「当該法令に基づく申請又は審査請求を却下し又は棄却する旨の処分又は裁決がされた場合において、当該処分又は裁決が取り消されるべきものであり、又は無効若しくは不存在であること」とされている。

(C) 違法性要件

「訴えに係る請求に理由があると認められ、かつ、その義務付けの訴えに係る処分又は採決につき、行政庁がその処分若しくは裁決をすべきであることがその処分若しくは裁決の根拠となる法令の規定から明らかであると認められ又は行政庁がその処分若しくは裁決をしないことがその裁量権の範囲を超え若しくはその濫用となると認められるとき」が違法性要件とされている。

(D) 併合提訴要件

行政の不作為の場合には当該処分に係る不作為の違法確認の訴え、行政が

処分を拒否した場合には当該処分に係る取消しまたは無効等確認の訴えを、それぞれ併合して提起しなければならない。

(3) 差止訴訟（行訴3条7項、37条の4）

(ア) 原告適格

原告適格について「行政庁が一定の処分又は裁決をしてはならない旨を命ずることを求めるにつき法律上の利益を有する者」とされている。

(イ) 重大損害要件・補充性要件

「一定の処分又は裁決がされることにより重大な損害を生ずるおそれがある場合」（積極要件）、「損害を避けるため他に適当な方法がないとき」（消極要件）が訴訟要件とされている。

(ウ) 違法性要件（本案勝訴要件）

「行政庁がその処分若しくは裁決をすべきでないことがその処分若しくは裁決の根拠となる法令の規定から明らかであると認められ又は行政庁がその処分若しくは裁決をすることがその裁量権の範囲を超え若しくはその濫用となると認められるとき」が違法性要件とされている。

(エ) 東京地判平成18・9・21判時1952号44頁〔国旗掲揚事件〕

東京地方裁判所民事36部において、差止判決として判示されたものであるが、差止対象の処分の特定はかなり穏やかに認められている。

(4) 確認訴訟の活用

処分性の拡大について、改正がなされなかった代わりに、公法上の確認訴訟の積極的活用が立法者意思として明示された（行訴4条後段）。

内閣総理大臣答弁書（内閣衆質159第69号）は、「公法上の法律関係に関する確認の訴え」の明示について、「行政立法、行政計画、行政指導等のそれ自体としては抗告訴訟の対象とはならない行政の行為を契機として争いが生じた公法上の法律関係に関し確認の利益が認められる場合については、現行の行政事件訴訟法（昭和37年法律139号）においても、当事者訴訟として確認の訴えが可能であるが、その活用を図るため、『公法上の法律関係に関する確認の訴え』を当事者訴訟の1類型として明記する改正を行う法案を提出し

ているところである」とする。

最判平成17・9・14民集59巻7号2087頁は、この確認判決としてなされたものである。

2 審理の充実・促進

裁判所は訴訟関係を明確にするため、必要があると認めるときは、被告または被告以外の行政庁に対し、①処分または裁決の理由等を明らかにする資料の提出等を求める釈明処分（行訴23条の2第1項）、②審査請求に係る事件の記録の提出等を求める釈明処分（同条2項）、をなすことができる。これによって審理の充実と促進を図ることが期待されている。原告は、裁判所に対し、これらの釈明処分を求め、被告側の保有する証拠の開示を実現できる。

3 行政訴訟を理解しやすくわかりやすくするためのしくみ

平成16年改正行訴法によって、行政訴訟を使いやすくするために採用されたしくみを以下にあげる。

(1) 抗告訴訟の被告適格の明確化

㋐ 行政庁から行政主体へ

「処分又は裁決をした行政庁の所属する国又は公共団体」を被告とする（行訴11条1項）。

㋑ 意 義

①被告選定の負担の解消、②訴えの変更の容易さすなわち抗告訴訟と当事者訴訟の互換性、連続性があげられる。

㋒ 処分または裁決をした行政庁の訴状への記載（行訴11条4項）

審理の充実・迅速を図るための訓示規定である。

㋓ 被告が行政庁を明らかにする義務

法令により権限を与えられている行政庁を最もよく知り得る立場にある被告において、その行政庁を明らかにすべきこととされた（行訴11条5項）。

(2) 抗告訴訟の管轄裁判所の拡大

(ア) 概　要

従前の管轄（行政庁の所在地）に加え、①特定管轄裁判所、②被告の普通裁判籍（被告適格の変更に伴う拡大）にも提起ができる（行訴12条）。

(イ) 原則的管轄裁判所

行政庁の所在地を管轄する裁判所と、被告の普通裁判籍の所在地を管轄する裁判所である。国を被告とする抗告訴訟は、行政庁の所在地にかかわらず、東京地方裁判所に提起できる（行訴12条1項）。

(ウ) 管轄の拡大

特別裁判籍として、土地の収用、鉱業権の設定その他不動産または特定の場所に係る処分または裁決についての取消訴訟は、その不動産または場所の所在地の裁判所にも、提起することができ、取消訴訟は、当該処分または裁決に関し事案の処理にあたった下級行政機関の所在地の裁判所にも、提起することができる（行訴12条2項・3項）。

特定管轄裁判所として、国、独立行政法人または別表に掲げる法人を被告とする取消訴訟について、新たに、「原告の普通裁判籍の所在地を管轄する高等裁判所所在地の地方裁判所」にも、提起することができることとなった（同条4項）。

(3) 出訴期間の延長

(ア) 出訴期間の延長

処分または裁決があったことを知った日から「3カ月」とされていた出訴期間を「6カ月」に延長した（行訴14条1項本文）。一方で、正当理由による出訴期間徒過は容認されている（同項ただし書）。

(イ) 初日算入の規定の変更

審査請求に対する裁決を経た後に提起される処分の取消しの訴えの出訴期間の起算日は、旧法では、初日算入であったが、原則どおり、初日不算入に統一した（行訴14条3項）。

(ｳ) 出訴期間等の情報提供制度の新設

　取消訴訟を提起することができる処分または裁決をする場合が教示される。

　行政庁は、取消訴訟を提起することができる処分または裁決をする場合には、当該処分、または裁決の相手方に対し、①当該処分または裁決に係る取消訴訟の被告とすべき者、②当該処分または裁決に係る取消訴訟の出訴期間、③法律に当該処分についての審査請求に対する裁決を経た後でなければ処分の取消しの訴えを提起することができない旨の定めがあるときは、その旨を教示しなくてはならない（行訴46条１項）。口頭による処分は対象外である（同項ただし書）。また、処分または裁決の相手方以外の第三者に対する教示義務は定められていない。

　また、行政庁は、裁決主義の定めがある処分をする場合には、その処分の相手方に対し、法律にその定めがある旨を書面で教示しなければならない（行訴46条２項）。口頭による処分は対象外である（同項ただし書）。

　さらに、行政庁は、形式的当事者訴訟を提起することができる処分または裁決をする場合には、当該処分または裁決の相手方に対し、①当該訴訟の被告とすべき者、②当該訴訟の出訴期間、を書面で教示しなければならない（行訴46条３項）。口頭による処分は対象外である（同項ただし書）。

　教示をしなかった場合や誤った教示をした場合には、そのことのみを理由として当然に処分が取り消されるべきものあるいは無効になるわけではないが、被告について誤った教示がなされたり、教示がない場合には、行訴法15条の「重大な過失によらないで被告とすべき者を誤った」として被告の変更を認めるべきであり、出訴期間についても、教示が誤っていたり、教示がなされなかった場合は、原則として、出訴期間を徒過したことにつき「正当な理由」（行訴14条１項・３項）があると解すべきである。

4　仮の救済制度

(1)　執行停止の要件

　行訴法は、処分その他公権力の行使にあたる行為に関し、執行不停止を原

則とし（行訴25条1項）、原告からの申立てに基づき、一定の要件を満たした場合に、処分の効力や、執行、手続の続行の停止を認めている。しかし要件が厳しく、執行停止が認められるケースは限られていた。

　平成16年改正行訴法では、執行停止の要件について、25条2項の「処分、処分の執行又は手続の続行により生ずる回復の困難な損害を避けるため緊急の必要があるとき」という要件の、「回復の困難な損害」が「重大な損害」に変更された。さらに、同条3項に「裁判所は、前項に規定する重大な損害を生ずるか否かを判断するに当たっては、損害の回復の困難の程度を考慮するものとし、損害の性質並びに処分の内容及び性質をも勘案するものとする」との解釈指針の規定が加えられた。これは、損害の性質（回復の困難性）のみではなく、損害の程度、処分の内容・性質について事案に応じた適切な考慮をすべきことを定めるものであり、執行停止要件を緩和するものである。

(2) 仮の義務付け・仮の差止制度の新設

(ア) 仮の義務付け

　営業停止処分等職権に基づく不利益処分については、その執行を停止すると処分のない状態が回復されるので、執行停止制度は機能する。しかし、申請に対する拒否処分の場合は、その執行が停止されても申請があった状態に戻るだけで、執行停止制度は機能せず、従前の行訴法では、仮の救済手段を欠く状態にあった。そこで、平成16年改正行訴法は、義務付け訴訟の法定にあわせて、仮の義務付けの手続を新設した。

　仮の義務付けが認められる要件としては、①手続要件として義務付け訴訟を提起し、②義務付けの訴えに係る処分または裁決がされないことにより生ずる償うことのできない損害を避けるため緊急の必要があり、③本案について理由があるとみえることであり、④公共の福祉に重大な影響を及ぼすおそれがあるときは認められないとされる（行訴37条の5第1項）。

　社会保障給付等の申請拒否処分、公共施設の使用不許可処分、公立学校への入学拒否処分等について活用できる。

(イ)　仮の差止め

　平成16年改正行訴法により差止訴訟が法定されたことに伴い、仮の差止めの手続も新設された。

　仮の差止めが認められる要件としては、①手続要件として差止めの訴えを提起し、②その差止めの訴えに係る処分または裁決がされることにより生ずる償うことのできない損害を避けるため緊急の必要があり、③本案について理由があるとみえることであり、④公共の福祉に重大な影響を及ぼすおそれがあるときは認められないとされる（行訴37条の5第2項）。

　新たに法定された差止訴訟は、行政処分がなされると直ちに重大な損害が生じるような事件で利用されることが想定されている。

行政訴訟と民事訴訟の選択　第5章

I　行政訴訟と民事訴訟の比較

　行政規制により便益を受ける者が、不十分な行政規制を争う場合は、三面関係紛争となる現代型訴訟の一典型となり、行政訴訟と民事訴訟が輻輳する領域となる。このような三面関係紛争において、行政訴訟提起の場合と民事訴訟提起の場合について、次のとおり比較検討して説明する。

1　当事者

　民事訴訟においては、訴訟手続の主体として、自らの名において裁判権の行使を求める者（原告）と、②その相手方（被告）が存在する。行政訴訟の場合には、被告は、当該行政処分をした行政庁の所属する国または公共団体となるのが、原則である（行訴11条1項）。

　たとえば建築確認取消訴訟では、県（開発許可）ないし市（建築主事）が被告となるが、民事訴訟の場合には、原告の人格権等を侵害するとされる民間業者たるデベロッパーとなる。実際には、デベロッパーのみならず施工業者等も被告にすることができる。

　また、行政訴訟では、訴訟物が「行政処分の違法性」であることから、これを争う資格である原告適格による制約を受けるが（行訴9条1項）、民事訴訟では、「権利義務関係」が訴訟物であり、原告は権利を主張する者であるから、当事者適格が否定されたり、訴訟自体が不適法として却下されることは通常ない。

2　提訴時期

　行政訴訟のうち、取消訴訟の場合には、出訴期間（審査請求前置主義が採用されている場合もある）があるため、訴訟提起にあたって時的制約があり、いつでも提起できるわけではない点が特徴的である（行訴14条1項）。これに対し、民事訴訟およびその前段階の手続である民事仮処分は、出訴期間等の時的制約を受けず、どの時点においても仮処分申立てないし訴訟提起が可能である。また、民事訴訟の場合には、経過によって請求の趣旨を変更することも可能であり、たとえば、建築の差止めを求める訴訟においては、工事が完成した場合には、請求の趣旨を差止請求から撤去請求に変更することが可能である。

3　管　轄

　行政訴訟は、「地方裁判所の本庁」において審理される（裁判所法設置規則24条1号、33条1項1号）ため、支部において審理を求めることはできない。たとえば、東京都であれば、行政訴訟の提起にあたっては、東京地方裁判所本庁でなければならず、東京地方裁判所の立川支部には提起できない。これに対し、民事仮処分や民事訴訟は、事物管轄が支部にある場合、支部においても審理を求めることができる。簡易裁判所には行政訴訟の管轄がない。

4　訴え提起手数料（印紙代）

　訴え提起手数料の算出の基礎となる「訴訟の目的の価額」は、「訴えで主張する利益」によって算定し、1つの訴えで数個の請求をする場合には、その価額を合算したものを訴訟の目的の価額とするのが原則である。しかし、その訴えで主張する利益が共通である各請求については、合算をしないものとされている（民訴費4条1項、民訴8条1項、9条1項）。
　1つの行政処分の取消しを求めることを多数の住民が争う共同訴訟においては、何人で争っても勝訴判決による効果は同じであり（行訴32条参照）、

「訴えで主張する利益が各請求について共通である」とすれば、1人分の印紙代で訴訟提起が可能になるのか、下級審での判断は分かれていた。行政訴訟については、森林法10条の2に基づく林地開発許可処分に対し、開発区域の周辺に居住する多数の原告らが、その処分により開発区域周辺の水質の悪化、大気汚染等の環境の悪化を生じ、原告らの水利権、人格権、不動産所有権等が害されるおそれがあるとして提起した上記処分の取消しを求める訴訟の訴額は、原告ら各自の請求の価額を合算して算定すべきである（最判平成12・10・13判時1731号3頁）とする最高裁判所の判例により合算方式をとることとされたが、原告らは違法状態の回復を訴えにより主張しているから、主張の利益は、原告全員に共通といえ、合算しないものとするべきであろう。

なお、民事訴訟については、最高裁判例はなく、合算方式を採用しない高等裁判所での判断もあるが（東京高判平成5・12・21判時1503号85頁）、前掲最判平成12・10・13を踏まえて、行政訴訟と同様に合算方式を採用する例が比較的多い。この点、仮処分については、債権者が何人であっても、一律2000円であり、低額となっているため、費用面では申立てがしやすいのと大きく異なる扱いとなっている。

なお、行政処分の個数と訴訟印紙額について、最判平成17・3・29民集59巻2号477頁がある。これによれば、固定資産評価審査委員会は、個々の固定資産ごとに登録価格に関する審査の申出を受けて審査し、決定をするものとされている（地税432条1項、433条1項）。審査決定は、個々の固定資産ごとになされるから、固定資産の数だけあり、同一人の所有に係る同一の敷地に存在し、1つのリゾートホテルを構成している場合、「各請求の基礎となる社会的事実は一体で密接に関連」しており、「争点も同一」であるから、各請求は互いに行訴法13条6号所定の関連請求にあたるとされた。

5 本案審理

(1) 行政法令違反

抗告訴訟が行政訴訟の中心である。抗告訴訟では違法行政行為の是正を求

めることになる。たとえば、開発、建築の取消訴訟においては、開発許可および建築確認の個別実体法違反を主張・立証していくことになる。この場合、実体法上の違法が認定されれば、それだけで処分は違法となる。

これに対し、民事訴訟においては、受忍限度論がとられており、行政法令違反が受忍限度判断の重要な考慮要素ではあるが、行政法令違反があっても私法上違法ではないとされることがあるので、必ずしも本案の認容判決とは直結しない。

(2) 違法判断の基準時

取消訴訟においては、訴訟物は、行政処分の違法性であるため、一般には違法判断の基準時は処分時と理解されており、最終口頭弁論終結時点において提出された訴訟資料に基づき、処分時点において当該行政処分が違法であるか否かが争点となる。これに対し、民事訴訟では、訴訟物は権利義務関係であり、最終口頭弁論終結時におけるさまざまな事情に基づいた受忍限度の判断がされることになるから、行政処分後の事情、たとえば、デベロッパーと住民らとの交渉経緯等についても考慮されることになる。

(3) 職権証拠調べ・釈明処分の特則

民事訴訟にはない行政訴訟特有の制度として、「職権証拠調べ」（行訴24条）および「釈明処分の特則」（同法23条の2）があるが、前者については、裁判所が消極的で実務上ほとんど利用されておらず、後者については今後の運用が期待される。

6 和 解

ドイツやアメリカでは行政不服申立手続を含む行政争訟においては、多くは和解によって解決がなされている。わが国では特に取消訴訟においては、合法性原則を理由として、裁判上の和解は困難と一般に理解されている。ただし、東京都銀行税条例事件では、最高裁判所において訴訟上の和解がなされた。これに対し、民事仮処分・民事訴訟においては、通常事件と同様に和解による解決手段を選択することが多い。行政争訟においても、オールオア

ナッシングの判決ではなく、当事者相互の譲歩による柔軟な解決が、より具体的妥当性に適う場合が多い。特に、小規模な日照事件等では、設計変更や解決金の支払い等によって直接の紛争当事者間で紛争が終結することも少なくない。事実に関する争いについては、裁判所が証拠を吟味したうえで、判決を想定して、訴訟上の和解を促進するべきである。ドイツでは、50％以上の行政事件が和解で終結しているし、日本においても国家賠償請求訴訟は民事訴訟として取り扱われているが、抗告訴訟と異なり、訴訟上の和解がなされることも少なくない。

II　民事仮処分・民事訴訟

　行政法上の許認可は、民事紛争の原因となることも多い。たとえば、建設会社が建築確認や開発許可を受けようとする場合、近隣住民がこれに反対するときがある。建築や開発許可をめぐる紛争においては、行政を被告として行政処分を争うのではなく、直接に建設会社に対する民事訴訟（民事仮処分）を提起することもできる。すなわち、開発行為の差止請求、建築行為の差止請求および損害賠償請求を民事訴訟として提起することができる。

1　民事仮処分

　開発紛争、建築紛争では、樹木が伐採されたり、建築物が建築されたりすると原状回復が困難であるため、まず民事仮処分の申立てを検討するのが一般的である（民保23条1項）。被保全権利は、人格権、所有権、景観権等と考えられる。

2　本案訴訟

　民事仮処分の後、人格権等の侵害を理由とする不法行為（民709条）を根拠として差止請求ないし損害賠償請求を本案訴訟として提起することになる。民事上の不法行為において、加害行為の差止めないし損害賠償が認められ

るか否かは、加害者の行為によって被害者が受ける不利益の程度が社会生活上受忍すべき程度を超えるか否かにより判断される（受忍限度論）。日照被害については、この受忍限度論が争点となった極めて多数の事例がある。受忍限度論は、交通被害ではしばしば主張され、環境条件によっては交通騒音を理由に建築差止めが認められた例がある。名古屋地決平成9・2・21判時1632号72頁は、スーパー銭湯の事案について、来場する自動車等の騒音被害が近隣住民の受忍限度を超えると判断した。

III 行政訴訟

行政訴訟の利用について、開発許可の場合と建築確認の場合を例として以下、説明する。

1 開発許可

(1) 原告適格

(ア) 法律上保護利益説

法律上保護利益説とは、開発許可において考慮される利益を公益と私益に二分したうえで、生命・身体の利益というもはや公益には吸収し得ない「個別的利益」についてのみ原告適格を認めるという考え方である。この説によれば、開発地域の周辺住民について原告適格を一般的に認めるのは困難である。一般市民については、「個別的利益」は考慮できないためである。その他日照被害、交通被害、景観被害等を主張する個人および個人により構成される団体についても、法律上保護利益説によれば、個別的利益がないとして、開発許可取消訴訟の原告適格が認められる余地はないと考えられる。

一方で、崖崩れの危険を主張する周辺住民については、法律上保護利益説によっても、崖崩れに伴う身体的あるいは財産的な危険があり、処分の取消しにより、「個別的な利益」が得られることから原告適格が肯定される可能性がある。

(イ)　法的保護に値する利益説

　法律が個々に保護しているかどうかにとらわれず、事実上重大な不利益を被る者に原告適格を認めようとする考え方である。原告適格は、当該法律の保護範囲にあるかどうかで判定されるべきであり、個別的利益によって判定するものではない。民事訴訟と異なり法的保護に値する利益の存否によって司法救済の必要性を判定しなければならない。

　(ウ)　改正行政事件訴訟法9条2項「考慮事項」

　平成16年の改正行訴法により、9条2項において考慮事項が規定され、原告適格の判断において「法令の規定の文言のみによることなく」諸要素を考慮することを求められている。この改正は第三者の原告適格を実質的に拡大するためのものであるから、法律上保護利益説によっては原告適格が認められる余地がない場合であっても、原告適格について、積極的な主張をしていくことが可能となった。

　なお、行訴法9条2項に掲げられている考慮事項は必ず考慮しなければならない必要条件ではあるが、これ以外の事項を考慮することを禁止するものではなく、原告適格の主張においては、多様な拡大の試みがなされていくことが期待される。

　日照被害の救済を求める訴訟については、開発許可の取消訴訟によるよりも、後続の建築確認の違法を争うか民事訴訟によるほうが、より直接的でかつ適切である。

　他方で、都市計画法が「健康で文化的な都市生活」を基本理念としていることから、日照なしには健康で文化的な都市生活を営むことは困難であると考え、日照被害等の態様・程度いかんによっては、周辺住民に原告適格を認める必要性がある。

　あるいは、車両通行によって通園する園児に危険が生じる場合、都市計画法33条1項11号が、「当該開発行為が道路、鉄道等による輸送の便等からみて支障がないと認められること」としていることから、園児たちの生命・身体の利益が害される態様・程度いかんによっては原告適格を認める必要性が

ある。

あるいは、開発許可によって害される周辺住民の利益の内容・性質、その害される態様・程度を勘案すれば、たとえば数十年間にわたり当該歴史的遺構の研究を行ってきた場合等個別具体的事案において原告適格が認められる余地も全くないとはいえない。

(2) 狭義の訴えの利益

原告適格とは別に、狭義の訴えの利益（紛争解決に値する利益）が訴えの適法要件として必要である。

開発許可取消訴訟については、都市計画法29条に基づく開発許可に係る工事が完了し、検査済証が交付されたときは、開発許可の取消しを求める訴えの利益は失われる（最判平成5・9・10判時1514号62頁）とされている。この場合は、執行停止の申立てを検討することになる。

(3) 執行停止

訴訟係属中に開発許可に係る工事が完了すれば、「狭義の訴えの利益」が失われたことを理由に却下されるか、あるいは、開発により建設されたものを撤去等するよりこれを認めたほうが経済的被害が少ないといった事情に鑑み、事情判決により訴えを棄却されるおそれがある。そこで、訴訟提起と同時に、または、提訴後速やかに執行停止の申立てを検討することになるが、本案において勝訴の見込みがなければ、執行停止決定もなされる可能性は少ないであろう。

平成16年改正行訴法では、執行停止要件が「回復困難な損害」から「重大な損害」に緩和されたので、執行停止の申立てという戦略が真摯な検討に値する選択肢となった。開発事例における執行停止については実例がほとんどないため、今後の運用に委ねられる点が多いが、原告らの「被る不利益」について積極的な主張をしていくことになる。

2　建築確認

(1)　原告適格
(ア)　最高裁判決と法律上保護利益説

　最判平成14・1・22判時1781号82頁、最判平成14・3・28判時1781号90頁は、建築基準法59条の2第1項に基づくいわゆる総合設計許可に係る建築物により日照や通風を阻害される周辺の他の建築物に居住する者は、同許可の取消訴訟の原告適格を有すると判断している。したがって、建築確認の場合においても、日照等の被害を受けると主張する周辺住民は、原告適格が肯定される可能性がある。また、崖崩れのおそれがある場合の近隣住民については、建築確認の場合においても、判例が採用する法律上保護利益説によれば、「個別的利益」が認められ、原告適格を肯定することになろう（岐阜地判平成5・9・6判タ833号162頁）。

　しかし、他の者については、法律上保護利益説を前提にすると原告適格を肯定することは容易ではない。すなわち、たとえば、マンション建設によって、周辺住民は、「風害」、「公害」、「交通被害」等現実にはさまざまな不利益を被るおそれがあるが、建築基準法がそのような不利益を受けない利益を住民の「個別的利益」として保護しているのであれば、建築確認処分の名宛人以外の近隣住民の個別的利益を保護しているという余地もあり得る。しかし、「生命・身体への危険」がある場合を除く「住環境の利益」については、「公益に吸収された反射的利益」にすぎないと考えられている（東京高判平成元・7・27判タ721号135頁等）。

(イ)　改正行政事件訴訟法9条2項「考慮事項」

　近隣の幼稚園の園児の父母について、法律上保護利益説の下で、都市計画事業の事業地の周辺地域に居住しまたは通勤、通学する者について、騒音や大気汚染等の被害を被るおそれがあるとしても、原告適格がないとした判例がある（最判平成11・11・25判時1698号66頁）。「幼少の幼稚園児の健全な発育」にとって日照の確保は重要であるという点を重視して、その害される態

様および程度のいかんによっては、園児らあるいは幼稚園に原告適格を認めることは十分にありうる。しかし、その親権者である周辺住民については、保護される利益が間接的であり、原告適格が認められるか否かは難しい。

「車両通行による危険、交通被害」等については、建築基準法が、国民の生命、健康および財産の保護を図る目的をもち、接道義務や容積率を定め、建築確認によって建築物をめぐるさまざまな利害を調整する法律であるから、建築基準法およびその関連法体系の趣旨に鑑み、建築確認という行政処分が違法であった場合に害されることとなる利益の性質・内容および害される態様・程度のいかんによっては、個別事案に応じて、原告適格を認めていく余地がある。

(2) 狭義の訴えの利益

建築確認処分の対象となった建築物の工事が完了した場合、確認処分の取消しを求める訴えの利益は失われるというのが判例である（最判昭和59・10・26判時1136号53頁）。しかし、建築確認処分取消判決がなされた場合、その判決の拘束力により、完成した建物の撤去命令をなすべき義務が処分行政庁にあると考えれば、訴えの利益は建物の完成によって失われないことになる。

(3) 執行停止

訴えの利益が喪失する前に、開発許可の場合と同様に、執行停止の申立てを検討することになる。平成16年改正行訴法の下では、さらに積極的な活用が期待されるところである。建築確認処分が違法なら建築物の建築工事が完了した場合でも、同処分の取消しを求める訴えの利益は失われないというべきであろう。

IV 訴えの併合

1 開発許可取消訴訟と建築確認取消訴訟の併合

マンション等の建築がなされるときは、開発許可と建築確認の両方が必要

となる。それぞれの処分行政庁が異なるため、開発許可取消訴訟と建築確認取消訴訟の被告は、それぞれ県、市と異なるので、訴えの主観的併合の可能性が問題となる。この点、たとえば、政令指定都市である横浜市のように、横浜市建築主事が建築確認を行い、横浜市長が開発許可権者として開発許可をする場合には、行訴法11条1項1号により、被告は横浜市に統一されるため、訴えの客観的併合の問題となろう。

これらの2つの訴訟を併合して提訴すること（行訴17条、原始的主観的併合）は、時間的な先後関係、審査請求前置主義と出訴期間の制約から、実際上はあまりない。すでに継続している開発許可取消訴訟に、建築確認取消請求の「主観的予備的併合」を行うか、建築確認取消訴訟を新訴で提起して、弁論の併合を求める形になろう（主観的予備的併合の適否については争いがある）。

行訴法は、「取消訴訟には、関連請求に係る訴えを併合することができる」（同法16条）としているため、上記いずれの場合でも、「関連請求に係る訴え」の解釈が問題となる。関連請求は行訴法13条に列挙されているが、開発許可取消訴訟と建築確認取消訴訟の場合においては、同条1号ないし5号のいずれにも該当しないため、6号の関連請求に該当するかという問題となる。

開発許可取消訴訟と建築確認取消訴訟はマンション開発紛争において社会事実的には関連する請求であるとみることもできる。しかし、根拠法や違法事由が異なるため、必ずしも関連請求であるとはいいがたいとの反論もありうる。

先行訴訟における審理状況や当該事案における争点と証拠資料等を吟味して、関連請求にあたるか否か、併合審理を求めるべきか否かを判断することになろう。

2　民事訴訟との併合

開発許可取消訴訟ないし建築確認取消訴訟に、開発行為の差止めないし建築行為の差止めを求める民事訴訟を併合することができるかが問題となる。

民事訴訟の被告は建築主やデベロッパーであるから、公共主体を被告とする行政訴訟との主観的併合の可否が問題となる。もっとも、行政訴訟と民事訴訟は「同種」の訴訟ではないため、具体的関連性は同種の場合と比べて認めにくい。

　この場合も、上記の行訴法16条の関連請求および弁論の併合が同様に問題となる。社会的紛争としては1つであり事実関係で共通する部分も大きいが、「行政法上の違法判断」と「民法上の違法判断」は異なるので、必ずしも関連請求であるとはいいがたい。

　逆に、係属中の民事訴訟に行政訴訟を併合すること（逆併合）は一般に認められない。

確認訴訟　　第6章

I　確認訴訟の活用

1　確認訴訟の意味

　確認訴訟は、権利または法的地位に不安が現に存在する場合、その不安を除去する方法として、法律関係の確認を求める訴えである。定型化された給付訴訟や形成訴訟に構成するのが困難な紛争について、不定形の救済手段として機能している。行政訴訟において、確認訴訟を利用する場合、出訴期間の制限のないことは、国民の救済にとって重要なメリットである。

　また、確認訴訟の対象は無限定であり、「法的地位」「行政庁の行為の違法」「事実の存否」などがありうる。

2　非処分と確認訴訟

　取消訴訟の対象である「処分」に該当しないものについて、その救済を行うために、確認訴訟の活用を図ることとし、行訴法4条の実質的当事者訴訟の規定の中に、「公法上の法律関係に関する確認の訴えその他の」という文言を挿入することとされた。

　処分性の拡大は、原告適格の拡大と並んで、行政訴訟の救済範囲の拡大のための主要テーマであった。しかし、取消訴訟制度とその排他性を維持する限り、処分性の拡大はかえって救済の範囲を狭めることになる。そこで、「処分」にあたらない場合の救済を図るため、これまであまり活用されてこなかった確認訴訟を活用すべきことになった。

　しかし、処分にあたらないものについて、これを法律関係に置き直して確

61

認の訴えをするのであるから、法律関係に置き直すことができないものについては救済の方法がないとされるおそれがある。

したがって、国民の権利・利益の救済範囲を拡大するために、確認訴訟を活用すべしというなら、行政行為そのものについて直接その違法の確認を求める訴えも可能というべきであろう。行政指導については、行政指導に伴う法律関係の構成が困難であっても、行政指導自体が違法であることの確認を求める訴えを認めればよい。

しかし、行訴法4条が、「公法上の法律関係に関する確認の訴えその他の」との文言を付加することとしたのは、国民の権利・利益の救済の穴をなくすことにあることは明らかであるから、同条はその趣旨に沿って解釈されなければならない。「法律関係に関する確認」は、「権利義務の存否の確認」より広い概念である。また、「法律関係に関する確認」とあるからといって、それ以外の確認訴訟が否定されているわけではなく、行政の行為等（処分にあたらないもの）の違法確認訴訟が、紛争の直接かつ抜本的な解決のため最も適切かつ必要と認められる場合には、これを認めるべきである（最判昭和45・7・15民集24巻7号864頁参照）。

3　行政立法と確認訴訟

行政立法についても、国民の権利を救済する必要性がある場合、行政訴訟手続によって救済の途を閉ざしてはならない。

(1)　行政立法における行政裁量の審査

行政立法を制定する際において、行政の裁量をどう審査すべきかについて検討されなければならない。平成16年の行訴法の改正では、従前の訴訟類型を使いやすくするとともに、確認訴訟の活用を図っているから、行政立法の違法確認訴訟の可能性もあると思われる（行訴4条、39条）。

(2)　行政立法の存在を争う訴訟、法令の効力を争う訴訟

行政立法の存在自体や、法令の効力を争う訴訟とは、「法令の改正によって、ある者が当然身分ないし地位を失うような場合」や「借地法等の改正に

よって、所有権者等がその所有権に制限を受けるような場合」の訴訟である。また、「土地区画整理法等によって、土地所有者が地価の値下がりのために影響を受ける場合」もこのような訴訟が許容されるべきであろう。

(3) 原告適格

行政立法を争う場合、当事者訴訟としての「公法上の法律関係確認の訴え」について、「近い将来において法令の適用により権利を侵害される虞のある者」として、出訴権者の範囲を確定することは困難である。しかし、抽象的規範統制請求訴訟を認めなくとも、公法上の権利関係確認の訴え（たとえば、法令により営業の制限を受けない法的地位の確認を求める訴え）を認めれば当事者の救済としては十分であろう。法令制定により国民の権利侵害が生じ、あるいはその侵害が極めて近迫するような場合に、これを救済する措置として、当事者訴訟を認める必要がある。

(4) 行政処分と同様の効果を生ずる法令

行政処分と同様の効果を生ずる法令については、違法確認訴訟が認められるべきであろう。

処分不存在確認の訴えは、行政立法審査の一形態とみることができる。規範統制訴訟の必要があるときには、無名抗告訴訟や法定外抗告訴訟の余地がある。

(5) 法律関係の確認訴訟の置き換え

法律関係の確認訴訟に置き換えることが可能な行政立法のケースは多く考えられるが、環境基準などは法律関係の確認訴訟に置き換えるのが難しい。環境基準は、二酸化窒素の含有基準を調整する基準であり、同じ環境に関するものであっても、規制基準、あるいは総量規制基準といわれているような具体的な効果をもつものではない。環境基本法とは別に、大気汚染防止法に一定の具体的効果が現れてくる排出基準や、総量規制基準があり、その排出基準や総量規制基準を定める際には、環境基準が示している数値も重要な考慮要素となるという関連性がある。関連性を媒介にして、具体的な法律関係に影響が出るのであれば、法律関係の確認という構成も考えられる。ただそ

の場合に、個人の権利義務に影響するとの要件を必要とすると、健康被害などが主張された場合、それを法律上の利益としてどこまで認めていくか議論が必要となる。

将来、重大な悪効果を及ぼすような排出基準の制定などの差止めや、そのような基準の無効確認訴訟があり得る。

4　行政指導と確認訴訟

行政指導は、行政機関が私人等に対し、任意の協力を求める形式で行われるさまざまな内容の働きかけである。行政指導は、任意の協力を求めるのでなければ違法である（行手32条）。しかし、行政指導を拒否することは、事実上、困難な場合も多い。したがって、違法な行政指導の差止めや、違法確認を求める訴えを認める必要性がある。

行政指導について、訴訟を提起するときには、①「勧告」、「指導」、「指示」に従わないことが不利益処分の発動事由となる場合、一定の義務不存在確認訴訟が、②「不受理」は、行政手続法上存在しないものであり、地位の確認訴訟が、③その他、不作為の違法確認訴訟などが、適当であり効果的であると考えられる。

II　非処分の確認訴訟と当事者訴訟

1　確認の利益

確認訴訟については、長野勤評事件（最判昭和47・11・30民集26巻9号1746頁）とこれを引用した横川川事件（最判平成元・7・4判時1336号86頁）という2つの最高裁判決がある。いずれも厳格な要件の下に「訴えの利益なし」として公法上の当事者訴訟が却下されている。非処分（行政指導、通達など）の確認訴訟を提起しても、長野勤評事件と全く同じ訴訟をした場合、これらの最高裁判決に従えば、やはり却下されてしまう。

平成16年改正行訴法は、この厳格な最高裁判決にとらわれずに、確認訴訟を広く認めていくというメッセージを出すために、わざわざ行訴法4条で「公法上の法律関係に関する確認の訴えその他の」という文言を入れた。したがって、今後はこの2つの最高裁判決の要件にとらわれることなく権利利益の実効的救済が図られなければならない。

2　確認訴訟の限界

確認訴訟は、基本的に二面関係の紛争について、抗告訴訟で救済できないものを救済する訴訟類型として期待されている。

たとえば、墓地、埋葬等に関する法律（以下、「墓埋法」という）の通達事件（最判昭和43・12・24民集22巻13号3147頁）では、通知は、行政組織内部における命令にすぎず、従来の法律の解釈、事務の取扱いを変更するものではあるが、墓地の管理者らに新たに埋葬の受忍義務を課する等これらの者の権利義務に直接具体的な法律上の影響を及ぼすものではなく、墓地の経営者からその取消しを求める訴えを提起することは許されないとして上告が棄却されたものであるが、異教徒の埋葬の求めに応じる墓埋法上の義務のないことの確認訴訟であれば認められる可能性がある。しかし、実際に具体的に異教徒から埋葬を求められているときは、確認の利益が認められるといえるが、これまでに全く異教徒の埋葬依頼を受けたこともなく、今後もないと考えられるような場合は確認の利益なしとされよう。

武蔵野マンション行政指導事件（最判平成5・2・18民集47巻2号574頁）では、マンションを建築しようとする事業主に対して指導要綱に基づき教育施設負担金の寄付を求めた事案において、その指導要綱が、これに従わない事業主には水道の給水を拒否するなどの制裁措置を背景として義務を課することを内容とするものであって、当時、寄付などこれに従うことのできない事業主は事実上建築等を断念せざるを得なくなっており、現に指導要綱に従わない事業主が建築したマンションについて水道の給水等を拒否していたなどの事実関係の下においては、水道の給水を拒否する行為は、行政指導の限度

を超え、違法な公権力の行使にあたると判示した事例であり国家賠償請求訴訟が提起されたものであるが、行政措置違法確認訴訟でも対応できる。

　また、盛岡の用途地域の指定の事件（最判昭和57・4・22民集36巻4号705頁）においては、被上告人知事が都市計画法8条1項に基づき行った工業地域指定処分につき、工業地域内に病院を経営する上告人らが、地域指定処分にはその手続・内容において重大かつ明白な瑕疵があるとして、その無効確認または取消しを求めた事案であり、本件工業地域指定の決定は、抗告訴訟の対象となる処分にはあたらないとして、上告棄却となった事例であるが、建築予定者は自らが建築制限を受けないことの確認訴訟を求めることができると思われる。この場合でも、すでに資本を投下して設計図を書き、具体的な建物を建築する予定であれば、確認の利益ありとされよう。しかし、漠然と計画していたというのでは確認の利益がないとされよう。

3　対世効と拘束力

　確認訴訟の場合、法律関係に引き直した法的主張をしなければならない。法律関係に引き直せるようでなければ、紛争として成熟していないということである。

　たとえば、用途地域の指定が緩和されて近隣に巨大マンションが建つという場合において、
① 　用途地域の指定という都市計画決定そのものの違法確認を求めることは範囲が広すぎる。
② 　周辺住民が、「第三者が建築制限を受けることの確認訴訟」を起こすというのは、他人間の法律関係であるから確認することは無理である。
③ 　隣地住民が、第三者の建築により日照被害を受けない法的地位の確認訴訟を提起することも考えられるが、これは日照権を保護法益として、民事の建築差止訴訟を直接提起すればよい。
④ 　周辺住民が、第三者の建築により景観被害を受けない地位の確認は、法律関係とは認められないことから、これも民事訴訟によるべきである。

住民が用途地域の指定について、何らかの法律関係に引き直せたとしても、当事者訴訟の判決には対世効はないので、肝心のマンションを建てようとする業者には対世効が及ばないから、確認訴訟の意味はない可能性がある。もっとも、関係行政庁に対して拘束力が働くので、用途地域の再指定がなされて救済される余地がある。しかし、いかにも迂遠で、拘束力の効果が及ぶ範囲が判然としないので、関係行政庁による再指定がなされる保証はない。

　確認訴訟には出訴期間がないので、ある人が建築をしたいと思って具体的行動をとり始めたら、用途地域の指定を間接的にではあるが争うことができる。すなわち指定が違法だから建築ができるという判断になれば、対世効はないにしても、行政庁が拘束力に従うことによって、指定が緩和されるということもありうる。しかし、その確認訴訟には他の住民などが参加していないから、手続保障の面で、紛争解決手段として確認訴訟が適切であるか疑問が残る。

　確認訴訟については、今後守備範囲が徐々に形成されていくことと思われるが、対世効や拘束力の範囲が不明確なので、意外とその範囲は狭い。たとえば、行政計画などについては、多様な利害関係者の参加により合意形成を行う行政手続が必要なので、訴訟参加と関連させる形で、別の類型を訴訟対象とすることも検討に値する。行政立法、行政計画などに対して、直接的な司法審査をどのようにするかは、国民の救済の必要性を視点として裁判所が救済範囲を広げていくことになろう。

4　民事訴訟との関係

　公法上の法律関係に関する訴訟は、実質的当事者訴訟であり、その多くは、公法上の法律関係の確認訴訟であるが、公法上の法律関係と私法上の法律関係の境界が不明確なので、民事訴訟との区分や確認訴訟の射程範囲を明確化していかなければならない。確認訴訟の代表的な判例として、最判平成17・9・14民集59巻7号2087頁〔在外邦人選挙権確認事件〕と東京地判平成18・9・21判時195号44頁〔国旗国歌事件〕がある。

先行処分と後続処分　第7章

I　先行処分と後続処分の関係

1　問題の所在

　行政活動は、2つ以上の行政行為が連続して行われる場合が多いが、先行処分が取り消された場合に、その後求められる対応と、再度拒否された場合が生じた場合の対応が問題となる。

　先行行為の違法性が承継されるとすれば、後行行為の取消訴訟において、先行行為の違法性を主張することが可能となるが、一般的に、先行行為と後行行為が目的・効果を異にする場合には、一般的には、先行行為の違法性は後行行為に承継されない。しかし、連続して複数の行政行為が1つの効果の実現をめざしてこれを完成する場合、先行行為に承継される（最判昭和25・9・15民集4巻9号404頁）。

2　拒否処分取消訴訟と義務付け訴訟の必要性

　旧処分の取消判決は旧処分が違法であることを確定するが、新たな処分をなすことを行政庁に命ずるものではないから、新たな処分を求める必要性がある場合、新処分の義務付け訴訟が必要となる。

3　別個の理由による再度の拒否処分の可否

　拒否処分取消訴訟の勝訴判決の後に再度の申請をしたが、別の理由で再度拒否処分がなされることがある。これについては、訴訟物と処分理由から考えることになる。一般的には、勝訴判決の拘束力（主文と理由中の判断につい

て生じる)に抵触するというべきであろう。

しかし、再度の拒否処分における理由が、当初の拒否処分とは全く異なる要素である場合、処分の同一性を欠くものとして、再拒否処分が許容されよう。

4 附款と行政処分

附款は、行政処分の内部の一部をなすものであるから、複数処分の問題ではない。附款だけを行政処分から切り離して取消訴訟の対象となしうる場合がある。

5 原処分の取消しと裁決への影響

原処分が取消訴訟によって取り消された場合、裁決も取り消されたことになる。

6 理由の差替えと行政処分の同一性

理由付記を要求する法律がある場合(行手14条など)や処分理由が別の各号に規定されているときは、処分理由ごとに処分の範囲が画されるというべきであるから、処分理由の差替えは認められない。

7 違法性の承継

先行処分と後続処分の関係について、最判平成18・1・19民集60巻1号65頁(第二次納税義務者の原告適格・違法性承継に関する判例)が参考となる。これは、ある会社から同社の保有する株式の譲渡を受けた上告人が、同社に対する法人税の決定および無申告加算税賦課決定に基づく同社の滞納国税につき、第二次納税義務の納付告知を受けたことから、この課税処分に対する異議申立てをしたところ、却下の決定を受け、さらに審査請求に対してもこれを却下する裁決を受けたため、本件裁決の取消しを求めたところ、国税徴収法39条所定の第二次納税義務者は、主たる課税処分につき国税通則法75条に

基づく不服申立てをすることができるものと解するのが相当であると判断された事例である。先行処分と後続処分について、処分要件の重複がある場合、先行処分の違法性が後続処分に承継されると考えられる。

8 先行処分と後続処分が問題となる例

(1) 支給打ち切り処分

社会保障分野において、原支給決定が取り消されることがある。この場合には、原告は、支給打ち切り処分の取消訴訟で勝訴し、判決の拘束力によって再度の支給決定を得るか、義務付け訴訟を併合提起して、義務付け判決を得ることになろう。

(2) 入管法の認定・判定・裁決の関係

入国管理法では、違法入国の事実について、認定・判定・裁決という三段階の判断が行政庁によって行われる。これらの判断は、1つの不服申立てに対する一体のものとみる考え方（一体説）と、3つの不服申立てに対する独立した判断とみる考え方（独立説）がある。それぞれの判断者が別であるから、独立説が理論的に一貫する。

(3) 人事院の修正裁決

人事院は、国家公務員に対する懲戒処分について、修正裁決をなすことがある。この修正裁決については、原処分の一部取消説と交替裁決説の2つの考え方があるが、結局、修正裁決と原処分の関係によって決することになる（最判昭和62・4・21民集41巻3号309頁参照）。

(4) 過少申告加算税と重加算税

租税法領域において、行政法上の義務違反に対する制裁として行政刑罰とは別に加算税が存在する。加算税には、過少申告加算税と重加算税に分かれるが、その2つの関係が、重複関係か吸収関係なのか、または別個独立関係かが問題となる。判例は、重複関係説をとる（最判昭和58・10・27民集37巻8号1196頁参照）。

<表2> 先行処分と後続処分の関係

	先行行政処分	後続行政処分
内容的関係	原　処　分 準備処分 計画処分・事業認可 更正処分	一部取消処分・内容変更処分 本　処　分 補　充　処　分 収用処分、換地処分 再更正処分
訴えの利益	併　　存 吸収存続 消　滅	併　　存 消　滅 吸収存続
上級庁または 処分庁以外との関係	原処分	裁　決
訴えの変更	請求の基礎の同一性	
訴えの併合	関　連　請　求	
訴　訟　参　加	第三者の訴訟参加	行政庁の訴訟参加
出　訴　期　間 不服申立前置	正当な理由があれば省略できる	
処分の複数の例	①　原処分と修正裁決（処分庁以外の処分） ②　12チャンネル事件　免許処分と拒否処分（表裏一体） ③　免許処分と更新処分（消滅処分の取消利益） ④　原処分と異議決定（一部取消し）	

9　処分理由と違法判断の基準時

　行政処分の違法判断が行われるべき時点を基準時という。裁判所が判断すべき事項は、係争の処分が違法に行われたかどうかであるから、原則として、処分時が違法判断の基準時とされている（最判昭和28・10・30行集4巻10号

2316頁。判決時を基準時とするべきとした例外の判決として、最判平成4・10・29判時1489号90頁がある)。

旧法によってなされた許可が新法によると違法の場合、新法によってなされた一部変更処分と旧法によってなされた原処分との関係が問われる。新法による違法を理由として、原則として原処分の取消しを主張できないとされている。

II 先行処分の違法性の承継

1 問題の所在

先行処分の出訴期間経過後、後続処分の取消訴訟において、先行処分の違法を理由に後続処分の取消しを求めることが許されるかが問題となる。最判平成18・1・19民集60巻1号65頁を参考にして、以下説明する。

2 先行処分の要件

行政処分の違法とは、処分要件の不存在を意味する。行政処分は、法律の根拠を必要とするから、違法とされた先行処分の要件が、後続行為の要件に受継されているかを分析することが必要である。

後続処分の要件の中に、先行処分の要件を含むとすれば、先行処分の違法性の承継の問題というよりも、後続行為自体の違法性が問題となる。

3 先行処分の出訴期間経過後の訴訟提起

先行処分の出訴期間経過後、後続処分の取消訴訟を提起することで、先行処分の違法を理由に後続処分の取消しを求めることができれば、原告にとって便宜であるが、先行処分の早期安定の必要性との調整が求められる。

行訴法14条は、先行処分の早期確定の必要性を認めるものであるが、「違法性の承継」問題は、出訴期間経過問題とは別の問題である。

最判昭和48・4・26民集27巻3号629頁は、所得税賦課処分およびこれに基づく差押処分に対し、上告人らが、上記賦課処分の無効確認および上記差押処分の取消し等を求めた事案であり、課税処分における内容上の過誤が課税要件の根幹についてのそれであって、徴税行政の安定とその円滑な運営の要請を斟酌してもなお、不服申立期間の徒過による不可争的効果の発生を理由として被課税者に上記処分による不利益を甘受させることが、著しく不当と認められるような例外的な事情のある場合には、当該処分は当然無効であるとしたものであるが、違法性の承継問題と考えられる。昭和45・12・24民集24巻13号2243頁は、税務署により上告人らに対する認定賞与の決定がなされ、被上告人会社が各所得税を納付したことを請求原因として、税務署に納付した金額相当額等の支払いを求めて提訴した事案であるが、源泉徴収の所得税納税者は支払者であって受給者ではないから、不納付加算税および新旧利子税の支払いについては、被上告人会社が上告人らに請求することはできないとした。前掲昭和48・4・26とともにこの判例も参照し、租税債権の成立と確定時期や先行処分の違法性承継問題が検討されなければならない。

4 取消訴訟の排他性（出訴期間）との関係

先行処分について、出訴期間が定められ、それが徒過したのに先行処分の違法性が後続処分に承継されるとすると、出訴期間の制度を無意味としてしまうおそれがある。

「先行処分の早期安定の利益」と「国民の権利利益擁護」のいずれを優先するかが問題となるが、後者を優先する解釈をなすのが、近時の最高裁判決の傾向といえよう（最判平成18・1・19判時1925号79頁）。

5 先行処分の違法性の承継が問題とされた事例

(1) 主たる納税処分と第二次納税義務処分

(ア) 判例の概要

最判昭和50・8・27民集29巻7号1226頁は、被上告人（税事務所長）が上

告人に対して、上告人が代表取締役を務める目下清算手続中の会社に法人事業税等の滞納があり、上告人には地方税法11条の6により上記租税債務の第二次納税義務があるとしてその納付を告知したところ、上告人が第二次納税義務に伴う処分の取消しを求めた事案において、第二次納税義務者はあたかも本来の納税義務者と同様の立場に立つ以上、主たる課税処分（この事案では、法人事業税等の滞納）等が不存在または無効でない限り、主たる納税義務の確定手続における所得誤認等の瑕疵は第二次納税義務の納付告知の効力に影響を及ぼすものではなく、第二次納税義務者は上記納付告知の取消訴訟において、確定した主たる納税義務の存否または数額を争うことはできないとした。

(イ) 第二次納税義務の成立時点、確定時点

最判平成18・1・19民集60巻1号65頁において、泉徳治裁判官は、「第二次納税義務者は、納付告知処分によって成立確定した自己の納税義務の取消しを求めるために、主たる課税処分の違法性を主張するものであり、本来、納付告知処分の取消訴訟において主たる課税処分の違法を争うことができるのであるから、上記異議申立てに係る国税通則法77条1項所定の不服申立期間は、第二次納税義務者が納付告知処分のあったことを知った日の翌日から起算すべきである」として告知処分によって第二次納税義務が成立、確定するとしている。

また、最判昭和58・10・31判例集未登載の第二次納税義務関連事件が参考となる。

(ウ) 第二次納税義務者の立場の分析

前掲最判昭和50・8・27によれば「主たる納税義務者によって訴権が代理行使されているもの」で、かつ、「同一の立場に立つもの」、また、「主たる課税処分を知りうるもの」として、主たる課税処分によって納税義務は確定することの実質的根拠が判示されている。

(エ) 先行処分の取消しを求める第三者の原告適格

国税徴収法39条の告知処分により、租税債権が発生するものではなく、主

たる賦課処分確定の根拠は国税通則法15条である。

なお、前掲最判昭和50・8・27は、拘束力を前提として第三者の原告適格（争いうる資格）の範囲を論じている。

(2) 相続税の連帯納付義務

最判昭和55・7・1民集34巻4号535頁は、相続税法34条1項は、相続人等が2人以上ある場合に、各相続人等に対し、他の相続人等の固有の相続税の納税義務について、一定限度で連帯納付義務を負担させているが、この義務は同法が相続税徴収の確保を図るため、相互に各相続人等に課した特別の責任であって、連帯納付義務の確定は、各相続人等の固有の相続税の確定という事実に照応して法律上当然に生じ、連帯納付義務につき格別の確定手続は要しないと解されるから、相続人等の固有の相続税の納税義務が確定すれば、所轄庁は連帯納付義務に対して徴収手続を行うことが許されるとした。すなわち、相続税の連帯納付義務は、自動確定するものなのか、新たに第二次納税義務が生じるものなのかの区別につき問題が生じ、判例は、自動確定としているが、別の相続人に通知の必要性（適正手続の保障）があるとする。

また、最判平成17・4・14民集59巻3号491頁は、還付拒否通知に処分性を認め、また、登録免許税法による還付請求権が1年の除斥期間の経過により消滅しても国税通則法による5年の還付請求権は残るとするが、複数処分の関係を考える場合、参考となる。

(3) 行政計画決定と後続処分

行政計画決定の処分性がまず問題とされ、これが肯定されるなら、計画決定の遮断効が出てくるので、後続の建築確認拒否処分取消訴訟で、行政計画の違法性を争うことができない。

(4) 固定資産税の連帯納税義務

大阪高判昭和58・3・30行集34巻3号566頁は、不動産の共有持分権者は、共有者全員の納税義務について負担義務があるとされている。共有者の1人に対する課税処分の違法性が、他の共有者に対して及ぶかが問題となる。

(5) 源泉所得税と納税告知

　自動確定の租税の場合、法律の規定によって税額が自動確定すると考えられている。したがって、自動確定した税額について、その後なされた納税告知は徴収処分と解されている。

〈表3〉　先行処分の違法性の承継が問題となった裁判例

農地売却計画と買収処分	○
土地収用事業認定と収用裁決	○
租税賦課処分と滞納処分	×
主たる納税義務者に対する課税処分と第二次納税義務者に対する納付告知	×

○は違法性の承継があるとされるものであり、×は承継が否定されたものである。

処分理由の法的問題点　第8章

I　処分理由と訴訟物

　行政処分は法律に基づいて行われるもので、処分根拠法に定める要件を充足していなければならない。処分理由とは、いかなる事実関係に基づき、いかなる法規を適用して処分をしたかを説明する内容のこと、である。行政処分は行政庁により公権力の行使として国民の権利義務を形成し、またはその範囲を確定する効果を生ずる行為である。

　一方、訴訟物は、審判対象で、行政処分の根拠法によって訴訟物の範囲を画するか、具体的な処分理由によって訴訟物の範囲を画するか、議論がある。

　したがって、一般の行政訴訟において、抗告訴訟の訴訟物については、次の2つの考え方がある。

① 　行政処分の違法性一般が訴訟物であるとする説
② 　処分理由との関係における処分の適否が訴訟物であるとする説

　租税訴訟については税額の適否が訴訟物とされるが、上記の2つの説に対応して次の2つの考え方がある。

① 　総額主義
　　税額の総額が訴訟物とみる考え方である。
② 　争点主義
　　処分理由ごとの税額の適否が訴訟物であるとする考え方である。

II　被告の主張制限（適正手続保障）

1　理由の付記

　理由の付記とは、「行政処分をするに際して、その理由を処分書に付記して相手方に知らせることをいう（口頭で理由を述べる場合もあるので、これを含めると理由の提示ということになる）」（塩野宏『行政法Ⅰ〔第4版〕（行政法総論）』246頁）。

　行政庁が行政処分を行うにあたっては、上記処分理由があるはずであり、許認可等の申請に対する拒否処分（行手8条）や不利益処分（同法14条）について、文書、口頭による場合を問わず、処分理由の提示を原則として要求するようになった。

　理由の付記が求められる趣旨は、行政処分の慎重・合理性を担保することで、その恣意的な処分を排除し、処分の相手方に不服申立てのための便宜を与えることにあるとされている（最判昭和38・5・31民集17巻4号617頁、最判昭和60・1・22民集39巻1号1頁等参照）。

　なお、どの程度まで理由を付記すればよいかについては、行政手続法上には規定がないことから判例を参考とする必要がある（前掲最判昭和38・5・31、同昭和60・1・22）。

2　処分理由差替えの可否

　被告である処分庁は、行政処分の取消訴訟に際しては、「処分理由差替え」を行うことできるのか。

　処分理由の差替えを無制限に認めることは、上記理由の付記を求めた趣旨を没却することとなることから認められない。一方で、全く差替えを認めないと1つの事案について何度も更正と訴訟が繰り返されることになり紛争の一回的解決が図れないことになる。

では、どのような場合に処分理由の差替えは可能となるか。

判例においては、「処分の同一性」が失われるか否かにより、処分理由の差替えの可否について判断している（最判昭和42・4・21裁判集民87号137頁、最判昭和59・12・18労判443号16頁、大阪高判昭和40・3・22判時408号27頁）。最判平成5・2・16民集47巻2号473頁は、行政庁が、当初「法令の時際的適用関係」を理由として労災保険の給付を拒否したが、後に理由を差換え、「業務起因性がない」として給付拒否理由としたケースである。同判決は、①当事者主義および②行政庁の第一次判断権の観点から処分理由の取扱いを決定している。

III 原告の主張制限

自己の法律上の利益に関係のない違法主張は制限される。原告は取消訴訟においては、自己の法律上の利益と関連する主張しかなし得ない（行訴10条1項）。

では、「自己の法律上の利益と関連する主張」の範囲が問題となる。許可等の法定要件を満たす原子力発電所や飛行場の設置許可申請者のみが許可されるべきと考えれば、許可処分の根拠規定が原告の権利・利益と直接関係しなくても、根拠規定の個々の要件にこだわることなく「法律上の利益」は広く解釈されるべきである。

IV 特許審決取消訴訟

特許審決取消訴訟では処分理由を限定して審理判断がなされる。

最判昭和51・3・10民集30巻2号79頁は、特許審決取消訴訟における処分理由の取扱いについてのリーディングケースといえよう。最高裁判所は、「法が定めた特許に関する処分に対する不服制度及び審判手続の構造と性格に照らすときは、特許無効の抗告審判の審決に対する取消の訴においてその

判断の違法が争われる場合には、専ら当該審判手続において現実に争われ、かつ、審理判断された特定の無効原因に関するもののみが審理の対象とされるべきものであり、それ以外の無効原因については、右訴訟においてこれを審決の違法事由として主張し、裁判所の判断を求めることを許さないとするのが法の趣旨である」として、審決において判断されなかった拒絶理由は審決取消訴訟において主張できないとした。

その理由として、特許処分または拒絶査定処分の理由の取扱いについて、①審判および抗告審判手続が前置されており（なお、審決取消訴訟は、知的財産高等裁判所の専属管轄とし、事実審が一審級省略されている）、②特定された無効原因（争点）に限定して審理判断がなされ、③確定審決の判断事項について、対世的に一次不再理の効果が発生する、④特許無効原因の「新規性の有無」について公知事実ごとに各別に問題発明と対比して判断され、引用された特定の公知事実に示される具体的な技術内容と対比して個別的に判断される、⑤法律が行政審判の場合、専門性を理由としてその第一次判断を尊重せよとしているのなら裁判所はこれに拘束される、としている。

第三者の原告適格　第9章

I　問題の所在

　処分取消訴訟の原告となる者は、当該処分の取消しを求めるにつき、法律上の利益を有する者でなければならない（行訴9条）。処分の名宛人が法律上の利益を有することに問題はないから、名宛人以外の第三者の「法律上の利益」（原告適格）が問題となる。

II　行政事件訴訟法9条1項（原告適格）

　行政法は公益を保護し、かつ、第三者の利益を保護していることが多いことから、民事訴訟と異なり、原告適格を行政庁と処分の相手方に限定して考えることは不十分であり、第三者の原告適格が問題となる。一方で、濫訴を防止し、真に救済を必要とする者を保護する必要があることから、争う資格を制限し、訴訟提起には「法律上の利益」が必要であるとされる。仮処分または裁決の取消しによって回復すべき法律上の利益があれば、訴えの利益は残る（行訴9条1項）。

III　行政事件訴訟法9条2項（考慮事項）

　行訴法9条2項は「法律上の利益」を判定するにあたり「考慮事項」を以下のとおり規定した。
　① 根拠法令の規定文言のみによらないこと
　② 法令の趣旨・目的や処分において考慮されるべき利益の内容・性質を

81

考慮すること
③　当該法令と目的を共通にする関係法令の趣旨・目的を斟酌すること
④　当該処分によって害されることとなる利益の内容・性質や、これが害される態様・程度をも勘案すること

これらの考慮事項は限定されたものではなく例示であり、原告適格の拡大を企図したものである。

Ⅳ　「法律上の利益」の意味

法律上の利益の意味については、次の2つの考え方がある。
①　法律上保護される利益説
　　処分の根拠となる法律が直接保護している利益に限るとするものである。
②　法律上保護に値する利益説
　　法的保護に値する利益とするものである。

最高裁判例は、上記①説に立つが、最判平成17・12・7民集59巻10号2645頁〔小田急線高架訴訟事件判決〕は、「当該処分により自己の権利若しくは法律上保護された利益を侵害され、又は必然的に侵害されるおそれのある者をいうのであり、当該処分を定めた行政法規が、不特定多数者の具体的利益を専ら一般的公益の中に吸収解消させるにとどめず、それが帰属する個々人の個別的利益としてもこれを保護すべきものとする趣旨を含むと解される場合には、このような利益もここにいう法律上保護された利益に当たり、当該処分によりこれを侵害され又は必然的に侵害されるおそれのある者は、当該処分の取消訴訟における原告適格を有するものというべきである。そして、処分の相手方以外の者について上記の法律上保護された利益の有無を判断するに当たっては、当該処分の根拠となる法令の規定の文言のみによることなく、当該法令の趣旨及び目的並びに当該処分において考慮されるべき利益の内容及び性質を考慮し、この場合において、当該法令の趣旨及び目的を考慮

するに当たっては、当該法令と目的を共通にする関係法令があるときはその趣旨及び目的をも参酌し、当該利益の内容及び性質を考慮するに当たっては、当該処分がその根拠となる法令に違反してされた場合に害されることとなる利益の内容及び性質並びにこれが害される態様及び程度をも勘案すべきものである（同条2項参照）」として、原告適格の範囲を拡張する方向にある。

V　判例で問題とされた第三者

　最高裁判例は、法律上保護される利益説に立ちながらも、「法律上の利益」概念を拡張してきた（前掲最判平成17・12・7〔小田急線高架訴訟事件判決〕参照）。
　また、新潟空港訴訟判決（最判平成元・2・17民集43巻2号56頁）では、「当該処分を定めて行政法規が、不特定多数の具体的利益を専ら一般的公益の中に吸収解消させるにとどめず、それが帰属する個々人の個別的利益としても、これを保護するべきものとする趣旨を含むと解される場合には、かかる利益も右にいう法律上保護された利益に当たる」とした。
　判例で問題とされた第三者としては、①競業者・競願者、②地域住民、③空港周辺住民、④周辺住民、⑤被害が直接的に及ぶことが予想される地域住民、⑥環境影響評価の対象地域内の住民である。

VI　違法事由制限

　抗告訴訟は私人の権利保護を目的とするから、原告適格を有する者が自己の法律上の利益に関係のある違法を主張して提起することが必要であるとされている（行訴10条1項）。行訴法9条1項と10条1項の「法律上の利益」は、同一であると考える説と、異なるとする説がある。10条1項では、可能な限り、「法律上の利益」を狭く解釈するのが通説である。

訴えの利益 第10章

I　民事訴訟の目的の比較

　民事訴訟の目的は、①権利保護請求および②法秩序維持が基本とされる。その対象は、私法の法律関係と、私法請求権である。行政訴訟は違法な行政作用から国民の人権を守ることを目的とする制度である。それぞれの目的を達成する必要がある場合を「訴えの利益」があるとされる。

II　司法確定利益

　行政訴訟における訴えの利益は、法律上の利益の存否によって判定される（行訴9条1項）。法の適用によって解決し得ない紛争は司法審査の対象とならない。

　司法によって確定する利益があるかどうかは、①訴えの利益、②原告適格の2つの場面で問題となるが、本章では、①の訴えの利益について検討する。

　訴えの利益は、ⓐ将来の給付訴訟、ⓑ過去の法律関係の確認、ⓒ事実の確認、ⓓ法律行為の無効確認、の各訴訟類型において特に必要とされる。勝訴判決を得ても原告の救済に無意味なときは訴えの利益は認められない。たとえば、判例は違法処分による名誉・信用の毀損は、勝訴判決によっても回復し得るものではないことから、法律上の利益ではないとする。

III　裁判を受ける権利

　各法領域において、「裁判を受ける権利」（憲法32条）は、それぞれ、次の

ように理解される。

　刑事事件においては、裁判所の裁判によらなければ刑罰を科せられない権利であり自由権の一種である。一方で、民事事件においては、①自己の私法上の権利または利益が不当に侵害されたとき、裁判所に対して損害の救済または原状回復を求める権利であり、裁判請求権または訴権であり、②法律および事実問題について、裁判所による十分な事後審査が保障されるような裁判手続形式が保障されなければならず、③権利侵害の除去の早期実現、仮救済による実効的保障がなされるべきであり、④裁判へのアクセスの実質的保障を求める権利も含まれる。

　そして、行政事件では、上記②から④のほか、行政事件における公法上の権利保護（実効性を伴う権利保護）を求める権利であるとされる。

Ⅳ　行政訴訟における訴えの利益

　行政訴訟において、訴えの利益が問題となるのは、①訴訟係属中に処分が取り消されたとき、②出訴期間が経過したとき、③処分に関する法令の改廃があったとき、④処分の執行が完了したとき、⑤禁止された行為について代替的措置が存するとき、⑥違法な処分によって発生した現状の回復可能性がないとき、⑦建築確認取消訴訟継続中に建築工事が完了したとき、⑧再入国不許可を争っている場合に、入国許可期間が消滅したとき、⑨生活保護拒否処分取消訴訟において被保護者が死亡したとき、⑩運転免許停止処分の期間が満了したとき、⑪運転免許取消処分取消訴訟継続中に更新時期が到来したとき、のような場合である。

　行政処分について取り消すべき法的効果が消滅すれば、取消訴訟の必要性はなくなる。しかし、処分等の取消しによって回復すべき法律上の利益があれば、訴えの利益は残る。抗告訴訟における訴えの利益とは、当該訴訟において求めている行政処分を現実に取り消す必要性をいう。行訴法9条1項カッコ書は、「処分又は裁判の効果が期間の経過その他の理由によりなくなっ

た後においてもなお処分又は裁決の取り消しによって回復すべき法律上の利益を有する者」が取消訴訟の提起要件である「法律上の利益を有する者」に含まれるとする。

仮の救済　　　第11章

I　公権力の行使に対する仮処分の禁止

　行訴法44条は、「行政庁の処分その他公権力の行使に当たる行為については、民事保全法に規定する仮処分をすることができない」としている。行政庁の公権力行使行為については、抗告訴訟が予定されており民事訴訟は排除されている（抗告訴訟の排他性というのが一般的解釈であるが、明文規定がなく仮処分だけ民事保全法の仮処分を禁止している）。

　しかし、行政処分その他の権力行使の効力が生じ、その執行が終了すると、後に裁判でその行政処分が違法であるとされても、もはやその違法な行政処分によって侵害されてしまった権利利益の回復は困難なことになる。憲法32条は、国民に対し、「裁判を受ける権利」を保障するが、仮の救済がなされなければ、本案判決が意味のないものになる場合が多いことから、仮の救済も憲法32条による保障範囲にあるというべきである。

　平成16年の行訴法改正により、仮の救済制度（仮の義務付け、仮の差止め）が認められたことに伴い、同法44条は行訴法上の仮の救済制度を利用できるときは民事法全法による仮処分の利用はできないことを規定しているものと解すべきである。

II　執行不停止の原則

　行政庁による不利益処分がなされた場合、取消訴訟で最終的に決着がつくまで、行政処分を執行しないとすると、公益を害する状況が本案判決が確定するまで放置されることになる。そこで、行政処分は即日に効力を発生し強

87

制執行できるとされている。これを執行不停止の原則といい、行訴法は、44条においてこの原則をとっている。

III 執行停止

1 執行停止の必要性

しかし、執行不停止の原則をとることにより、国民に回復し得ない被害を与えることとなってしまう場合もあることから、取消訴訟や無効等確認訴訟が提起されても、「処分の効力、処分の執行又は手続の執行を妨げ」ず、「処分、処分の執行又は手続の続行により生ずる重大な損害を避けるため緊急の必要があるときは、裁判所は、申立てにより、決定をもって、処分の効力、処分の執行又は手続の続行の全部又は一部を停止」する（行訴25条1項・2項、29条、38条3項）としている。

2 執行停止の要件

執行停止の申請は、処分の取消訴訟を適法に提起してからでなければできない（本案訴訟提起要件。25条2項）とされており、その他執行停止が認容されるためには、積極要件として、「重大な損害を避けるため、緊急の必要があるとき」（行訴25条2項）が必要とされている。

また、消極要件として、「本案について理由がないとみえるときに当たらないこと」、「公共の福祉に重大な影響を及ぼすおそれがあるとき」が認容要件としてあげられる。

3 執行停止の限界

執行停止はこれを停止しても申請状態に戻るだけで、その利益がない。第三者効に関する行訴法32条は執行停止に準用されているが、拘束力に関する同法33条2項は準用されていない。しかし、かかる不備な状況は仮の義務付

け制度を利用すれば解消される。
　また、執行停止には遡及効がない。
　さらに、執行停止に対して内閣総理大臣が異議を述べれば、これを取り消さなければならない（行訴27条）。かかる制度は憲法32条に違反するというのが学説の多数意見とされている。

Ⅳ　仮の義務付け・仮の差止め

　平成16年改正行訴法により義務付けの訴えと差止めの訴えが創設されたことに伴い、処分の執行停止とは異なる形で仮の救済を与える制度も創設された。
　義務付けの訴えの提起があった場合において、処分・裁決がされないことにより生ずる「償うことのできない損害を避けるため緊急の必要があり」、かつ、「本案について理由があるとみえるとき」は、裁判所は申立てにより決定をもって、仮に行政庁がその処分・裁決をすべき旨を命ずること（仮の義務付け決定）ができる（行訴37条の5第1項）。仮の差止め決定も、仮の義務付けと同じ要件の下に認められる（同条2項）。
　仮の義務付け・仮の差止めについては、執行停止に関する規定が準用される（行訴37条の5第4項）。仮の義務付けも仮の差止めも、公共の福祉に重大な影響を及ぼすおそれがあるときは、することができない（同条3項）。

行政訴訟の判決

I 判決の種類

　行政訴訟の判決には、①却下判決、②請求棄却判決、③事情判決がある。
　却下判決とは、訴訟要件を満たさない場合、訴えは却下される判決をいい、請求棄却判決とは、本案審理を経て原告の請求に理由がないとされたときは、請求棄却判決がなされるものをいう。そして、事情判決とは、処分を取り消すことにより、公の利益に著しい障害を生ずる場合、裁判所は請求を棄却することができる。事情判決は処分を違法と判断して損害賠償等の可能性を残すものである（行訴31条）。

II 取消判決の効力

1 無効と取消し

　行訴法において、処分の違法事由には取消事由の瑕疵と無効事由の瑕疵があるとし、無効事由たる瑕疵ある行政処分は、出訴期間を経過しても訴訟提起が可能とされている。

2 取消判決の対世効（第三者不利益効）

　行政処分は第三者にも効力を及ぼすものが多い。そのような行政処分を取消判決で取り消した場合、第三者にも請求認容判決の効力を及ぼすとしている（行訴32条）。この対応的措置として、訴訟の結果により権利を害される第三者は、訴訟参加が認められる（同法22条）。また、自己の責めに帰する

ことができない理由により、訴訟に参加することができなかったため、判決に影響を及ぼすべき攻撃または防御の方法を提出することができなかった者は確定の終局判決に対し、再審の訴えを提起することができる（第三者の再審の訴え。行訴34条）。

3　第三者利益効

処分等の取消判決があったとき、原告と同じ立場にある第三者のために有利な効力を及ぼす規定はない。しかし、取消理由が一般的であり、勝訴した原告だけが取消判決の利益効を享受するというのは、不都合な場合が多い。原告と同じ立場にある第三者は、平等な取扱いがなされなければならないから（憲法14条）、当該取消判決の利益効を援用できるというべきであろう。行政処分が広く第三者を規律していることおよび法治主義の理念から第三者の援用権を認めるべきである。国家は、違法状態を発見したときは、常にこれを是正する法的義務があるとするのが法治主義である。

4　取消判決の拘束力

取消判決は、処分または裁決をした行政庁を拘束する（行訴33条1項）。この拘束力は次の3つの内容があるとされている。

(1)　反復禁止効

取り消された処分と同一処分を同一の事情と理由の下で繰り返してはならないとする積極的禁止効である（行訴33条1項）。反復禁止効は処分の違法性一般に及ぶのではなく具体的な違法にのみ及ぶ。

(2)　違法性を共通にする処分の取消義務

差押処分と公売処分のように一連の手続を経て完成する数個の行政処分の場合、一方が判決を取り消されれば、関係行政庁は他方を取り消さなければならない。

(3)　不整合処分の取消義務

競願のような場合、第三者に対する免許と自己に対する拒否処分があると

き、自己に対する拒否処分が判決で取り消されたときは、申請状態に戻り、処分庁は第三者に対する免許を職権で取り消さなければならない。

損失・損害の救済と行政上の不当利得　第13章

I　損失補償

　損失補償とは、適法な公権力の行使によって加えられた損失を償うことである。損失補償は、適法な行政の行為に基づく損失に対するものであるから、違法な行為に対する損害賠償と区別される。

　損失補償については、一般的な法律がなく、個別の法令（土地収用法など）により、損失補償をなすべき旨が定められているにすぎない。憲法29条は財産権の不可侵を定め、公共のために私有財産を用いる場合、正当な補償を与えなければならないとする。判例は、公共のために私有財産が用いられた結果、損失を生じたときは、補償に関する規定がなくても、憲法29条を直接の根拠として、補償請求できるとしている（最判昭和43・11・27刑集22巻12号1402頁、最判昭和50・3・13判時771号37頁）。

II　国家賠償

　国または公共団体が行政上の違法行為によって生じた損害を償うことを国家賠償という。損失補償は、適法行為にも基づくものであるが、国家賠償は違法行為に基づくものである。国家賠償については、憲法17条と、一般法として国家賠償法が存在する。

　国家賠償法は、公権力の行使によって生じた損害について、1条において「国又は公共団体の賠償責任」を定め、2条において「公の営造物の設置管理の瑕疵に基づく損害についての国又は公共団体の賠償責任」を明確にしている。

国家賠償は、過失責任を基礎とし、違法な行政作用によって加えられた損害を償うものである。しかし、「無過失の違法な行政作用によって生じた生命・身体に対する損害」については、損害賠償、損失補償のいずれの制度によっても救済されない。このような結果責任に基づく国家補償責任を国や公共団体に負担させる立法例や判例が現れている。

III　行政上の不当利得

1　公法上の不当利得が発生する場合

　公法上の不当利得発生には、①原始的瑕疵ある行政行為に基づく不当利得、②後発的事由による不当利得、③行政行為に基づかない不当利得、が考えられる。
　①原始的瑕疵ある行政行為に基づく不当利得とは、たとえば、法律の適用を誤り、所得計算の誤りがある更正処分に基づいて徴収された税のような場合である。
　②後発的事由による不当利得とは、処分時以降に新たな事由により不当利得が発生する場合をいい、例として、債権の後発的貸倒れのケースがあげられる。
　③行政行為に基づかない不当利得とは、行政財産の目的外使用について、行政庁が利益の分配を受けるような場合である。

2　行政処分と不当利得適用の法理

　東京地判昭和41・6・30判タ195号136頁は、行政処分の存在は、法律上の原因とみることはできないと判示した。また、利得の保有が正義・公平の基本原理に照らし是認し得ない場合に対する個別的救済の法理として不当利得の法理が適用されるべきと判示した。
　また、東京高判昭和42・12・26判時416号47頁は、私法上の不当利得であ

っても、給付行為が無効あるいは取り消されなくても成立するが、公法関係も同じというべきであるとし、課税処分は法律上の原因ではないと判示している。

3 後発的貸倒損失の発生

上記②の後発的事由による不当利得には、例として、債権の後発的貸倒れのケースがあげられるが、この後発的貸倒損失の発生については、以下、3つの考え方がある。

① 課税処分を法律上の原因とみる説
  課税処分を取り消さない限り、不当利得は発生しないとするものである。
② 課税処分を法律上の原因とみない説
  前掲東京地判昭和41・6・30の考え方である。
③ 後発的一部無効説
  後発的に発生した貸倒れが不当利得発生の原因であるから、課税処分の効力は、不当利得返還請求と無関係であるとする考え方である。

実務上は先行する賦課決定処分を取り消さなくても、課税処分が違法なら還付請求を認める方向にある（東京高判平成18・10・31判時1978号3頁）。

〔図4〕 損害・損失・不当利得の清算

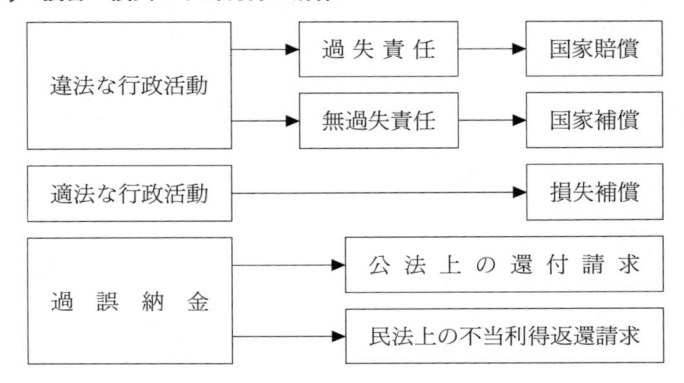

違法な行政活動	→	過失責任	→	国家賠償
違法な行政活動	→	無過失責任	→	国家補償
適法な行政活動	→		→	損失補償
過誤納金	→		→	公法上の還付請求
過誤納金	→		→	民法上の不当利得返還請求

過誤納金納付の要否について、過誤納金還付請求を課税庁の還付決定処分にかからしめている制度がある。所得税法や法人税法における「更正の請求」である（最判昭和49・3・8民集28巻2号180頁参照）。

行政手続法の利用　第14章

I　事前の手続的救済

　違法行政に対する事後的救済は十分な権利利益の救済とならない。行政手続法は、行政運営における公正の確保と透明性の向上を図り、もって国民の権利利益の保護に資することを目的とする。

　行政手続法は、第1に処分を行う前に、審査等の基準を設定・公表し、または、相手方等に有利な主張・立証の機会を与えること等により処分の発動を慎重にし、違法・不当な行政活動を未然に防止しようとする（公正の確保）。

　第2に、行政上の意思決定について、その内容および過程が国民にとって明らかにされるべきとする（透明性の向上）。法治行政の要請は、行政に対する立法的統制や事後的行政的統制や司法的統制だけでは不十分で、行政に対する事前の手続的統制が確立されることが必要である。

II　告知と聴聞の法理

　違法な行政処分を未然に防止し、処分の相手方や利害関係人の権利・利益を保護するため、これらの者にあらかじめ処分内容を告知し、自己に有利な主張・立証の機会（聴聞・弁明）を付与し、行政庁がこの聴聞の結果を尊重して処分を行うことが必要になる。この告知・聴聞の法理は、イギリスにおいて自然的正義の要請として確立され、アメリカでは、憲法修正5条および14条の適正手続条項を根拠として形成され、ドイツでも法治国原理と民主主義の要請として確立された普遍法といえる。

III　行政手続法の構成と利用

　行政手続法は、「申請に対する処分」「不利益処分」「行政指導」「届出」「意見公募手続」等から構成され、行政庁の違法・不当な処分を未然に防止して国民の権利利益の保護を図るものである。申請に対する審査基準や不利益処分に対する処分基準を公にしておく義務が定められており、また、不利益処分をする場合、事前告知・弁明の機会付与・聴聞手続がなされるべきとされ、これらの手続利用によって違法な不利益処分等を未然に防止することができる。広義では、行政の行動過程を規制する手続に関する法を意味するが、狭義では、平成5年11月制定の行政手続法をいう。

IV　申請に対する処分手続

　申請に対する処分とは、法令に基づき行政庁の許可、認可、その他の自己に対し何らかの利益を付与する処分を求める申請に対して行政庁が行う諾否の処分をいう（行手2条3号）。
　申請に対する処分手続について、行政庁には次の義務が定められている。
① 審査基準を定め、原則としてこれを公にしておかなければならない（行手5条）。
② 申請が到達してから処分をするまでに通常要すべき標準的な処理期間を定めるよう努め、これを定めたときは公にしておかなければならない（行手6条）。
③ 申請が到達したときは、遅滞なく審査を開始し速やかに応対しなければならない（行手7条）。
④ 拒否する処分をする場合、原則としてその理由を示さなければならない。書面による拒否処分は理由も書面で示さなければならない（行手8条）。

V 不利益処分

1 不利益処分とは

「不利益処分」とは、行政庁が法令に基づき特定の者を名宛人として、直接にこれに義務を課し、またはその権利を制限する処分をいう（行手2条4号）。事実上の行為（行政強制、土地・家屋への立入りなど）は、不利益処分から除かれている。

2 不利益処分の手続

不利益処分をするにあたっては、以下のような手続が定められている。
① 行政庁は不利益処分をするかどうかの判断の処分基準（行手3条8号ハ）を定め、これを公にしておくよう努める（同法12条）。
② 行政庁は不利益処分をする場合には、あらかじめ予定される処分の内容、根拠となる法令、処分の原因となる事実などを通知する（行手15条1項）。
③ 許認可等の取消しなど資格・地位を剥奪する重い処分については聴聞手続をとり、その他の不利益処分については、弁明の機会の付与の手続をとらなければならない（行手13条）。

3 聴聞手続

上記2③の聴聞は、以下のような手続によって行われる。
① 聴聞は行政庁の指名する主宰者が主宰する。主宰者は、通常は行政庁が指名する職員であろうが、聴聞の当事者等と特別の関係にある者は、主宰することができない（行手19条）。
② 当事者等（当事者・参加人）は、聴聞の通知があった時から聴聞が終結するまでの間、不利益処分の原因となる事実を証する資料の閲覧を求

めることができる（行手18条）。
③　聴聞手続においては、聴聞期日の冒頭において、行政庁の職員は処分の内容、根拠、法令の条項、その原因となる事実を説明する（行手20条1項）。
④　当事者等は、出頭して意見を述べ、証拠書類等を提出し、主宰者の許可を得て、行政庁の職員に対し質問することができる（行手20条2項）。
⑤　聴聞の期日における審理は、行政庁が公開することを相当と認めるときを除き、公開しない（行手20条6項）。
⑥　主宰者は、聴聞の審理の経過を記載した調書（聴聞調書）を作成し、聴聞の終結後、当事者等の主張に理由があるかどうかについての意見を記載した報告書を作成し、聴聞調書とともに行政庁に提出しなければならない（行手24条）。
⑦　行政庁は不利益処分をするときは、聴聞調書および報告書を十分に参酌してしなければならない（行手26条）。参酌するとは、主宰者がした認定判断に不合理な点がない限り、行政庁は主宰者の意見を十分尊重しなければならないという意味である。行政庁が、合理的理由がないにもかかわらず、主宰者の意見を尊重しなかったときは、当該不利益処分は瑕疵を帯びる。
⑧　当事者等は不利益処分の原因となる事実を証する資料、聴聞期日の審理の進行に応じて必要となった資料、聴聞調書および報告書の閲覧を求めることができる（行手18条、24条）。

4　弁明の機会の付与手続

上記2③における弁明の機会の付与は、以下の手続により行われる。
①　弁明は原則として弁明書を提出してする。弁明をするときは証拠書類等を提出することができる（行手29条）。
②　弁明の機会を付与する場合には、不利益処分の内容、根拠法令の条項、処分の原因となる事実等を書面により通知しなければならない（行手30

条)。

5　理由の提示

不利益処分をする場合には、行政庁は、その名宛人に対し、理由を示さなければならない。不利益処分を書面でしようとするときは、書面により理由を示さなければならない（行手14条）。

6　不服申立ての制限

聴聞を経てされた処分については、当事者・参加人は、原則として行政不服審査法による異議申立てをすることができない（行手27条2項）。聴聞を経てされた処分について、同一の行政庁に対し異議申立てを認めることは手続の重複になるので、異議申立てを制限することとされた。審査請求については、これを提起することを防げない。

Ⅵ　行政指導手続

1　行政指導とは

行政手続法にいう行政指導とは、「行政機関がその任務又は所掌事務の範囲内において一定の行政目的を実現するため特定の者に一定の作為又は不作為を求める指導、勧告、助言その他の行為であって処分に該当しないもの」をいう（行手2条6号）。

2　行政指導に関する定め

行政指導について、行政手続法には、次のような規定がおかれている。

(1)　一般原則

行政指導の一般原則として、①行政指導に携われる者は、その行政機関の任務および所掌事務の範囲を逸脱してはならず、②行政指導に従うのも従わ

ないのも任意であり、③行政指導に従わないからといって不利益な取り扱いをしてはならない（行手32条）とされている。

(2) 申請に関する行政指導

許認可等の申請の取下げ、または内容の変更を求める行政指導にあたっては、申請者が不服従の意思を表明したにもかかわらず、指導を継続してはならない（行手33条）。

(3) 許認可等の権限に関連する行政指導

許認可等の権限を背景として、相手方に行政指導に従うことを余儀なくさせるようなことをしてはならない（行手34条）。

(4) 行政指導の方式

行政指導をするときは、趣旨・内容・責任者を明確にし、かつ求めがあったときは、上記(1)～(3)の事項を記載した書面を交付しなければならない（行手35条）。

(5) 複数の者を対象とする行政指導

同一の行政目的を実現するため、一定の条件に該当する複数の者に対し行政指導をしようとするときは、あらかじめ事案に応じ、行政指導指針（行手2条8号ニ）を定め、行政上特別の支障のない限り、これを公表しなければならない（同法36条）。

VII 届出手続

1 届 出

行政手続法にいう届出とは、「行政庁に対し一定の事項の通知をする行為（申請に該当するものを除く。）であって、法令により直接に当該通知が義務付けられているもの（自己の期待する一定の法律上の効果を発生させるためには当該通知をすべきこととされているものを含む。）」をいう（行手2条7号）。

2　届出の種類

届出には2つの種類がある。第1は、一定の事実が生じたとき、または一定の行為をしたときには、その旨を行政庁に通知しなければならない場合である（事後届出）。事後届出は、届出が到達した時に届出義務を果たしたことになる。第2は行為前に事前に届け出ることが要求されている場合（事前届出）で、運用次第により実質的に許認可制と同様の性質をもつ可能性がある。したがって、行政手続法も、このような性質の事前届出は、申請に該当するものとして、届出の定義から除いている（行手2条7号）。

3　届出の効果

行政手続法は、法令に定められた届出の形式上の要件が満たされていれば、提出先とされている機関の事務所に到達した時に、当該届出の手続上の義務が履行されたものとした（行手37条）。

Ⅷ　意見公募手続等

1　意見公募手続とは

意見公募手続（パブリック・コメント手続）とは、命令等制定機関（命令等を定める機関。閣議の決定により命令等が定められる場合にあっては、当該命令等の立案をする各大臣）が命令等を定める場合に、命令等の案や関連資料をあらかじめ公示し、広く一般の意見を求め、提出された意見を十分に考慮して命令等を定める手続をいう。この手続は、平成17年、行政手続法の改正により法制化された。

2　命令等の意義

意見公募手続の対象となる「命令等」とは、内閣または行政機関が定める

次のものをいう（行手2条8号イロハニ）。

① 法律に基づく命令（政令、府省令、独立機関の規則・処分の要件を定める告示）
② 審査基準・処分基準・行政指導基準

ただし、行政機関の内部組織・相互の関係等を定める一定の命令や地方公共団体の機関が定める規則は、意見公募手続等の規定は適用されない（行手3条2項・3項）。

3　命令を定める場合の一般原則

命令等制定機関は、命令等を定めるにあたっては、根拠法令の趣旨に適合するものとなるようにしなければならない（行手38条1項）。また、命令等を定めた後においても、社会情勢の変化等を勘案し、命令等の内容について検討を加え、その適正を確保するよう努めなければならない（同条2項）。

4　意見公募手続

意見公募手続は次のとおりである。
① 命令等制定機関は、命令等の案・関連資料をあらかじめ公示し、広く一般（法人・外国人を含む）の意見を求めなければならない（行手39条1項）。公示する命令等の案は具体的かつ明確なものであって、題名・根拠法令の条項が明示されたものでなければならない（同条2項）。
② 意見提出機関は、公示の日から起算して30日以上でなければならない（行手39条3項）。
③ 命令等制定機関は、意見公募手続を実施して命令等を定める場合には、提出された意見を十分に考慮しなければならない（行手42条）。命令等制定機関は、命令等の交付と同時期に「命令等の題名」、「案の公示日」、「提出意見」、「提出意見を考慮した結果及び理由」を公示しなければならない（行手43条1項）。
④ 命令等の性質や個々の具体的事情などから意見公募手続を義務づける

必要性や合理性が認められない一定の場合（緊急の必要、事務執行の支障、軽微な変更など）には、意見公募手続は適用されない（行手39条4項）。

IX　行政手続法の適用除外

1　適用除外

　行政の作用は多種多様であるため、行政手続法の定める手続になじみがたいものもある。そこで、行政手続法も「この法律に規定する事項について他の法律に特別の定めがある場合は、その定めるところによる」と規定している（同法2条2項）。このように個別法律において、本法の定める手続の適用を除外している場合（税通74条の2など）のほか、行政手続法の中で多くの適用除外が定められている（同法3条）。同法は申請の拒否処分（不許可等）が不利益な内容であるにもかかわらず不利益処分の概念に含めず、聴聞等の手続を排除していることは問題とされている。

2　地方公共団体の機関の処分

　地方公共団体の条例・規則に基づく地方公共団体の機関がする処分・行政指導・届出・命令等制定行為については、行政手続法第2章から第6章までの規定は適用されない（行手3条3項）。しかし、地方公共団体は、適用除外された処分・行政指導・届出・命令等制定行為に関する手続について、この法令の趣旨に則り、行政運営における公正の確保と透明性の向上を図るため必要な措置を講ずるよう努めなければならないとされる（同法46条）。すでに多数の地方公共団体において、行政手続条例が制定されている。

X 弁護士法72条（紛争性のある法律事務の有償独占）

弁護士法72条は、弁護士または弁護士法人の法律事務に関する有償独占を定めている。しかし、他の法律によって、以下のような例外の定めがある。

1 行政書士法1条の3第1号

平成19年における行政書士法1条の3の改正により、行政書士が「許認可等に関して行われる聴聞又は弁明の機会の付与の手続きその他の意見陳述のための手続きにおいて当該官公署に対してする行為」をなしうることとされた。しかし、この行政書士の聴聞弁明代理権には、「弁護士法第72条に規定する法律事件に関する法律事務に該当するものを除く」との限定がなされている。聴聞手続において権利主張する程度の紛争は、弁護士法72条の「法律事件」に該当しないと解釈し、違法行政の防止に行政書士が関与することは、法治主義の促進となるというべきである。

2 司法書士の業務範囲

司法書士法3条1項は司法書士が次の事務を行えるものとしている。
① 登記・供託に関する審査請求手続の代理（3号）
② 裁判所へ提出する書類の作成（4号）
③ 認定司法書士は簡易裁判所が管轄する訴額140万円以内の訴訟に関して代理人となることができる（6号）。

3 社会保険労務士の業務範囲

社会保険労務士法2条は、社会保険労務士について次の事務を行えるものとしている。
① 労働社会保険諸法令に基づく申請、届出、報告、審査請求、異議申立

て、再審査請求等について代理すること
② 個別労働関係法令に関するあっせん手続について紛争の当事者を代理すること

4 税理士の業務範囲

税理士法2条の2は、税理士が租税に関する事項について裁判所において補佐人として弁護士である訴訟代理人とともに出頭し、陳述することができるとしている。

行政訴訟以外の行政救済制度 第15章

I 行政不服申立て

1 行政不服申立て

　行政庁に対し、違法または不当な処分その他公権力の行使にあたる行為に関し、損害賠償とは別に、その行為の取消しその他の是正を求める制度が、行政不服申立てである。行政不服申立てについて定める行政不服審査法（以下、「行審法」という）の目的は次の2つである。

① 権利利益の救済
② 適正な行政の確保

　行政不服申立ては、行政庁に対し、違法・不当な処分の取消しその他是正を求める制度である。不服申立てと訴訟は、いずれも、ⓐ国民の権利利益の救済、ⓑ行政の適正な運営の確保を目的とする（行審1条）点では共通している。行政の自省を求めるしくみが不服申立てである。

　不服申立ては、行審法によって取り扱われるが、行審法に基づく不服申立てと個別法に基づく不服申立ての2つが存在する。個別法に基づく不服申立てについては行審法が適用されないことも多い。

2 行政不服申立てと行政訴訟の関係

　行政不服申立ては、行審法に基づいて処理される。処分庁による「弁明書」の提出、不服申立人による「反論書」の提出等が行われ、裁決の形式で審査結果が示される手続である。

　行政不服申立ては、処分庁に対する不服申立て（異議申立て）と処分庁以

外の行政庁（上級行政庁等）に対する不服申立て（審査請求）に分けることができる。異議申立てよりも中立性の高い審査請求が原則とされている。

　不服申立ては、簡易・迅速な手続であり、違法な行政処分のみならず、不当な処分も争えることになっている。しかし、行政庁自身が自らの行為をチェックするのだから、中立性や公正性の観点からみると、国民からみて信頼性がない。不服申立てを行ってから訴訟を提起するか、それとも不服申立てを経ずに直接訴訟を提起するかは、原則として自由であるが（自由選択主義。行訴8条1項本文）、例外的に、不服申立てを経なければ訴訟ができないとされている場合（税通115条）がある。

　一方、行政訴訟は、行訴法によって処理される。行政訴訟を提起する場合、①誰が訴訟を提起できるか（原告適格）、②誰に対して訴訟を提起するのか（被告適格）、③いつまでに訴訟を提起しなければならないか（出訴期間）、④何を対象にどのような訴訟を提起すべきか等に関し、一定の要件を満たす必要がある。

　行政訴訟は、抗告訴訟、当事者訴訟、民衆訴訟および機関訴訟に大別され、最も重要である抗告訴訟は、公権力の行使に対する不服の訴訟であり、行政処分の取消しを求める場合（取消訴訟）が典型例である。

3　不服申立ての種類

　行審法による不服申立てには、①異議申立て、②審査請求、③再審査請求の3つがある。異議申立ては、処分庁に対する不服の申立てであり、審査請求は、処分庁以外の行政庁（上級行政庁や第三者機関）に対する不服申立てである。

　再審査請求は、審査請求の裁決に不服がある場合に、さらに行う不服申立てであり、特別の法律の定めがある場合に限り認められる。

4　異議申立てと審査請求

　不服申立ては、処分庁に上級行政庁があるときは、原則として、審査請求

〔図5〕 不服申立ての構造

【審査請求】

上級行政庁（審査庁）

②審査請求　③裁決

行政庁（処分庁）
①処分
↓
国民（審査請求人）

【異議申立て】

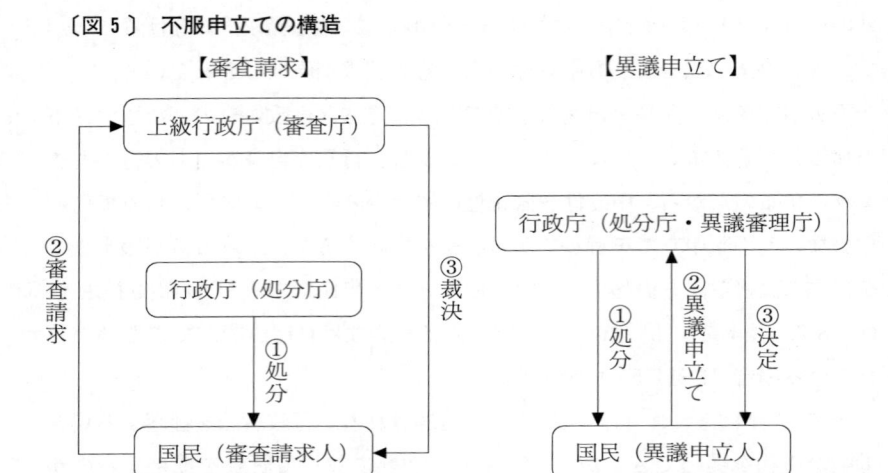

行政庁（処分庁・異議審理庁）
①処分　②異議申立て　③決定
↓
国民（異議申立人）

のみが認められ（行審5条1項）、異議申立てを提起することはできない。審査請求が原則とされているのは、処分庁以外の行政庁のほうが、公正な判断を期待できるためである（審査請求中心主義）。

　ただし、知事や大臣が処分を行った場合には、上級行政庁がないから、異議申立てをすることになる（行審6条）。また、法令の特別の定めにより、異議申立てと審査請求が両方とも認められている場合には、原則として、まず異議申立てを提起しなければ審査請求をすることができない（異議申立前置。行審20条）。

　不作為に対する不服申立てについては、異議申立てと審査請求のいずれか1つをすることができるとされており、どちらを選択してもよい（行審7条）。

　異議申立ては、処分庁に対し行う不服申立手続であるから、救済手続の中で、処分庁に直接自省を求め、処分庁と直接協議できる最後の機会といえよう。

5　不服申立提出先

　異議申立ては、処分庁に対し提起すべきものであるのに対し、審査請求の場合には、原則として直近上級行政庁が不服申立庁となる（行審3条2項）。ただし、特別の法律の定めにより、第三者機関が不服申立庁とされている場合もある（地自202条の2第5項、地税434条）。

6　不服申立期間

　行審法によれば、不服申立てをすることのできる期間は、原則として処分を知った日の翌日から起算して60日とされている（同法14条1項）。また、処分の翌日から1年を経過すると、「正当な理由があるとき」を除き、処分を知っていたか否かにかかわらず、不服申立てをすることができない（同条3項）。

　特別の法令の定めにより、行政訴訟の前に不服申立てをすべきものとされている場合（不服申立前置）には、不服申立期間を徒過すると訴訟もできなくなってしまう。

7　申立人適格

　不服申立てをするには、不服申立ての利益がなければならない。自己の利益と全く関係のない、他人に対する処分を争うことはできない。不服申立ては行政のセルフ・コントロール手段であるから、訴訟の場合よりも広く不服申立てを認めることが、制度の趣旨に合致する。行審法も、処分に「不服がある者」に不服申立てを認めているが（同法4条）、判例および実務は、不服申立てを提起するためには、処分取消訴訟の場合と同様に、法律上の利益が必要であると解している（最判昭和53・3・14民集32巻2号211頁）。

8　教　示

　行政庁が処分を書面でする場合、処分の相手方に対し、①その処分につき

不服申立てができる旨と、②不服申立庁、③不服申立期間を「教示」しなければならない。また、利害関係人は、教示を請求できるとされている（行審57条）。

9 審理手続

不服申立ての審理手続は以下のとおりである。
① 不服申立ての審理にあたっては、書面審査が原則であるが、申立てにより公開を求めることができる制度がある（都計50条3項）。
② 審査庁は職権証拠調べおよび職権調査ができる。争点外事項についても調査が可能であり、裁決の基礎とすることができる（最判昭和29・10・14民集8巻10号1858頁）。
③ 不当な裁量処分についても審査可能である（行審1条1項）。違法性の主張をすれば、不当についても判断しなければならないというべきである。
④ 不服申立ての審理は、書面審理が原則であるが、不服申立人が希望すれば、口頭で意見を述べる機会を与えなければならない（行審25条）。
⑤ 不服申立庁が不服申立てを受理したときは、処分庁は弁明書を提出し（行審22条）、不服申立人はこれに対する反論書を提出することができる（同法23条）。不服申立人は、処分庁から提出された書類の閲覧を求めることができる（同法33条）。
⑥ 不服申立ての場合には、広く職権審理主義が行われる。不服申立庁は、当事者の申立てがなくとも職権により、参考人の陳述・鑑定の要求（行審27条）、物件の提出要求（同法28条）等をすることができる。

10 不服申立対象事項

不服申立ては、原則として、行政庁のすべての処分に対してすることができる（一般概括主義）。行審法にいう行政処分には、継続的な事実行為も含まれる（行審2条1項）。また、法令に基づく申請に対し、相当の期間が過ぎて

も何らの処分も行われない場合には、当該不作為に対する不服申立てをすることができる（同条2項、3条、7条）。

不服申立てにおいては、不当処分（違法とまではいえないが、不適切な処分）も争うことができる。不服申立制度は、裁量の範囲内の処分を見直すことのできる機会である。

行審法4条1項または個別法により不服申立てができないとされている事項（除外事項）がある。行政手続法に基づく聴聞を経て行われた不利益処分についても不服申立てをすることができないが（行手27条2項）、これは、慎重な手続で行われた処分について、手続の重複を避けるためである。

11　審査構造

異議申立ては、異議審理庁と異議申立人とが対面して審理する対面審理制度である。審査請求は、審査請求人と処分庁が対面する審理手続ではなく、処分庁以外の行政庁に対し、行政処分等の審査を求める制度である。

12　不服申立ての判断

(1) 却下・棄却

不服申立てがそもそも不適法であるときは、その不服申立ては「却下」される。不服申立てそのものは適法ではあるが、処分が違法でも不当でもないときは、その不服申立ては、理由がないとして「棄却」される。

例外的に、処分が違法または不当であるにもかかわらず、処分の取消し・撤廃によって公の利益に著しい障害を生ずる場合には、申立てが棄却されることがある。これを「事情裁決・事情決定」という（行審40条6項、48条）。

(2) 認　容

不服申立人の不服申立てに理由があるときは、不服申立てが認容される。処分（事実行為を除く）が違法または不当であるときは、その処分の全部または一部が取り消される。不服申立てが行政内部のセルフ・コントロールのしくみであることから、審査庁（上級行政庁の場合に限る）および異議審理庁

は、不服申立人の不利益にならない限度で（不利益変更の禁止）、その処分を変更することができる（行審40条5項、47条3項）。

不作為に対する不服申立ての場合には、審査庁は、当該不作為庁に対し、速やかに申請に対する何らかの行為をすべきことを命じることができる（行審51条3項）。異議申立ての場合、当該不作為庁は、異議申立てのあった日の翌日から起算して20日以内に、申請に対する何らかの処分をするか、または書面で不作為の理由を示さなければならない（同法50条2項）。

13　裁決・決定の効力

不服申立てに対してなされる裁決や決定は、争訟裁断行為であるから、不服申立庁自らも裁決・決定に拘束され、職権による取消し・変更ができなくなる。また、裁決は、関係行政庁をも拘束する（行審43条1項）。さらに、裁決・決定がなされると、審査庁、異議審理庁自らもこれに拘束されるとされている（最判昭和42・9・26民集21巻7号1887頁）。裁決や決定について、関係行政庁が拘束され、矛盾処分や矛盾措置を是正しなければならないのは、法治主義の実効的確保の要請から根拠づけられる。

14　執行不停止

不服申立てをしても、その結果が出るまでには時間がかかる。しかし、不服申立てをなしただけでは、原則として処分の執行等は停止されない（行審34条1項。執行不停止の原則）。不服申立庁は、「必要があると認めるときは」、申立てまたは自らの判断（職権）により、処分の執行を停止することができる（行審34条2項・3項）。さらに、処分の執行等により生ずる重大な損害を避けるため緊急の必要があるときは、原則として、執行停止をしなければならないとされている（同条4項）。これに対し、行政訴訟の場合には、必要があるというだけでは執行停止をすることができず、「重大な損害を避けるため緊急の必要がある」という場合に初めて、申立てにより執行停止をすることができるにとどまる（同法25条2項）。不服申立ては、訴訟の場合よりも

執行停止が広く認められているのである。

15 行政審判

　行政委員会（公正取引委員会等）等の独立性の高い機関が、司法手続に準ずる行政手続により審判（当事者双方が出頭する対審）の形式で行うものがある。これは「行政審判」とよばれている。

　行政審判の特徴は、審判機関に通常の審査庁よりも高い独立性が与えられ、合議制がとられている点にある。また、不服申立てでは原則として書面審理が行われるのに対し、行政審判では、口頭審理が行われる。さらに、行政審判は、準司法手続により行われる判断であるため、第1審を省略して、東京高等裁判所に対して提起するものとされている場合がある（独禁85条等）。また、行政審判による事実認定に、実質的証拠があるときは、その事実認定に裁判所を拘束する力が認められることがある（同法80条1項等。実質的証拠法則）。この場合、裁判所は、行政審判の認定事実について、独自の立場で新たに認定をやり直すのではなく、審判で取り調べられた証拠から当該事実を認定することが合理的であるかどうかの点のみを審査する。

16 苦情処理（行政相談）

　不服申立てよりも、さらに簡易迅速な紛争処理の手法として、「苦情処理」がある。これは、市民のさまざまな苦情に対し、行政機関が何らかの対応をすることをいう。この手続には、行政相談委員法が定められている。行政相談委員は、苦情を関係行政機関に通知したり、必要な助言をするが、強制力のある対応がなされるわけではない。

　条例により、オンブズマン制度を導入する地方公共団体がある（川崎市市民オンブズマン等）。オンブズマンは、市民の苦情を受け付け、中立的立場から原因を究明し、是正勧告等を行う。この制度は、苦情処理のみならず「行政監視」を含む制度である。

〈表4〉 行政訴訟以外の行政救済制度の種類

苦情相談……苦情申立てであり、行政相談員等が何らかの苦情処理または苦情対応を行うものである。

不服申立て……違法・不当な行政活動に関し、行政機関に対する救済申立てである。

行政審判……準司法手続が行われている行政救済機関の裁断のことである。

行政監査……オンブズマン制度等による行政監視の制度である。

II ADR（裁判外紛争解決方法）の利用

1 ADRの意味

ADR（Alternative Dispute Resolution）とは、訴訟手続に代わる裁判外の代替的紛争解決のことである。裁判手続は、費用と時間がかかり、必ずしも最適な方法ではない。ADRは、簡易・迅速に紛争を解決しようとするものであり、専門ADRの方法は、裁判手続よりもすぐれた救済手段といえよう（専門調停・専門仲裁など）。ADRは、主として民事事件について利用されているが、行政事件についても簡易・迅速な救済をなす必要性は大きい。

2 ADRの類型

ADRには、下記4つの類型があげられる。

① 司法型ADR

家事調停や民事調停がある。裁判所の負担軽減が重視されている。

② 行政型ADR

公害紛争処理法、労働組合法等の個別法によるものである。

消費者利益、環境利益の保護、集団的・公共的な性格を有する紛争解決方法である。

③ 民間型 ADR

　私的自治の再生という側面が重視されるもので、業界団体が運営するもの（PLセンター等）と、民間団体が行うもの（弁護士会仲裁センター等）がある。

④ 行政苦情相談

　各省庁や自治体が行政苦情相談の窓口を設置して行われるものである。数十万件の行政苦情相談があり、弁護士はこの処理にほとんど関与していないが、ここに弁護士の関与するべき必要性は大きい。

3　ADRの手法

　ADRの中核手続は、当事者の主張を聴聞し、弁明の機会を付与するとともに協議することによって和解条件を発見するプロセスである。裁断型ADRと調整型ADRがある。裁断型は、仲裁や裁定が第三者によって行われ、紛争当事者がこれに従うことによって紛争を解決するものである。調整型はあっせんや調停が第三者によって行われ、紛争当事者がこれに従う場合のみ紛争が解決されるものである。

4　行政機関による特別なADR

　労働委員会、建設工事紛争審査会、公害紛争処理機関、その他があるが、個別法によって構築された専門性の高い手続である。
　手法としては、①あっせん、調停や、②簡易な行政上の苦情相談がある。
　特徴として、消費者利益、環境利益の保護が目的とされており、専門性、中立性が重視されていることがあげられる

5　裁判外紛争解決手続の利用の促進に関する法律

　平成19年4月から施行された裁判外紛争解決手続の利用の促進に関する法律（以下、「民事ADR法」という）により、各業界などで民間ADR機関を設けることができるようになった。

しかし、医療事件などでは、患者ら関係者を参加させるかが問題になるなど課題も多い。

民事 ADR 法が志向するのは、民間 ADR であることから、行政庁と私人間の紛争について民事 ADR 法は射程の範囲外である。しかし、行政調査手続において行政庁と私人間において事実上の和解が多く行われている。また、行政訴訟においても、訴訟上の和解がなされた例もある（東京都銀行税条例事件）。

6　行政苦情相談と行政争訟における協議・和解

国民の公法上の権利が争いとなる紛争は、相手方が国や自治体となるが、かかる場合にもドイツやアメリカでは協議と和解が行われている。ドイツ行政手続法55条、ドイツ行政裁判所法106条は、事実および法的問題について不確実性が存する場合、行政機関は和解できるとしている。

7　原子力損害賠償紛争センター

文部科学省は、東京電力福島第一原子力発電所事故の賠償紛争について、無料で和解を仲介する「原子力損害賠償紛争センター」を開設し、業務を開始した。同センターは、政府（行政）による ADR（裁判外紛争解決手続）のための公的組織である。同センターは、文部科学省が原子力損害賠償法18条に基づき設置する「原子力損害賠償紛争審査会」の下に設置されたものである。平成23年3月11日の、いわゆる東日本大震災に伴い発生した東京電力福島原子力発電所事故の損害賠償については、同センターによる和解仲介活動の成果があがっている。

証拠その他の情報の収集　第16章

はじめに

本章においては、行政訴訟手続を遂行するのに必要な証拠その他の情報収集の方法を解説する。

I　行政訴訟の審理

1　審理の内容

行政訴訟では、事実認定（処分の根拠となる事実の認定）と法解釈（事実の法律へのあてはめ）が審理される。事実認定は証拠に基づき、裁判官の自由心象主義によるとされている（民訴247条、行訴7条）が、証拠の評価は経験則や論理法則に違反してはならず、かかる違反は「重要な法令違反」であり、上告受理申立理由となる。

私的独占の禁止及び公正取引の確保に関する法律80条2項、電波法99条は「準司法機関が認定した事実にこれを立証する実質的証拠があるときは、裁判所を拘束する」としている。これらの委員会や審議会の認定については、裁判所が「実質的証拠の有無を判断する」ことになり、「委員会等の認定事実の合理的基礎となりうる証拠」かどうかが、裁判手続の中で審理される。

2　主張責任

行政訴訟において原告は違法と考える行政処分を特定し、違法と考える処分理由を主張しなければならない。一方、被告は、当該行政処分の法的根拠

を主張しなければならない。被告である行政庁は、処分をなす前に行政調査を行うが、法律に基づく調査権限を行使して行政処分をなしたのであるから、その根拠を説明する義務があるといえよう。

3　職権証拠調べ

行訴法24条は、職権証拠調べの制度を規定しているが、職権探知（人訴20条）と異なり、当事者の主張に現れたが立証しない事実を裁判所が職権で証拠調べするものである。

4　立証責任

行政庁は、法律に基づく事実調査権限を行使して行政処分を行う。調査収集資料に基づいて行政庁は行政処分を行うのだから、不利益処分や申請拒否処分の適用性の立証責任は原則として被告である行政庁にあるとするのが法治主義の要請に適う考え方である。

ただし、証拠との近接性から、被処分者が容易に立証できる事項については、処分庁の立証責任は相当程度軽減されよう。たとえば、課税減免規定の適用を求めたが、これを拒否する更正処分がなされた場合、減免規定の適用要件として、減免要件該当を証明する資料の添付が法律によって納税者に要求されていることが多い。

しかし、行政処分は、法律の規定に基づき行政調査権限を行使して公正に行われるべきもので、恣意的になされてはならないことから、不利益処分訴訟も申請拒否処分訴訟でも原則として被告である行政庁が処分の適法性について主張・立証責任があるというべきであろう。

行政法の不確定要件に基づく裁量処分についても、行政手続法は処分基準や審査基準の公表義務を定めており、裁量処分の前に行われる行政調査は国民の権利根拠資料のみならず、権利障害根拠資料にも及ぶのが通常であるから、被告である行政庁に原則として（原告に証拠の近接性がない限り）立証責任があるというべきであろう。

なお、出訴期間の徒過に関して「起算日」や「正当な理由」などの訴訟要件は職権事項であり、裁判所が十分な職権発動をなして訴訟当事者の協力を促したうえで事実認定をするべきである。

II 証拠・収集の方法と手続

1 情報公開法・情報公開条例の利用

行政情報は税金によって収集された国民の共有財産で、行政機関の保有する情報である。行政情報公開は、行政運営の公正化と透明化を図り、行政活動が国民の十分な理解と批判にさらされ、政策への国民参加を促進させる意義を有している。行政訴訟において、行政機関が保有する情報が必要な場合が多いので、情報公開法や情報公開条例に基づく情報公開請求も効果的である。

2 個人情報保護法・個人情報保護条例による本人開示請求権の利用

個人情報は、本人開示請求によって取得が可能である。何人も行政機関の長に対し、本人についての個人情報の開示を請求できる（行政機関の保有する個人情報の保護に関する法律12条）。

3 民事訴訟法（行訴法7条「民事訴訟の例による」）の利用

民事訴訟法に定められた下記規定により、証拠の収集を図ることも可能である。
① 証拠保全申立て（民訴234条）
② 民事保全法7条
③ 文書提出命令申立て（提訴後）（民訴219条）
④ 文書送付嘱託申立て（提訴後）（民訴226条）

⑤　当事者照会制度（民訴132条の2、163条、訴訟係属前後）の利用
⑥　調査嘱託（民訴186条）の申立て
⑦　鑑定嘱託（民訴218条）の申立て
⑧　釈明権（民訴149条、151条）行使の申立て

4　行政事件訴訟法（提訴後）の利用

(1)　釈明処分の特則の利用

　裁判所は訴訟関係を明確にするため、必要があると認めるときは被告（国または行政庁）または被告以外の行政庁に対して、「処分・裁決の内容」、「処分・裁決の根拠となる法令の条項」、「処分・裁決の原因となる事項」、「その他処分・裁決の理由を明らかにする資料の全部又は一部」の提出を求め、またはその送付を嘱託することができる（行訴13条の2）。

(2)　職権証拠調べの申立て

　裁判所は必要があるときは、職権で証拠調べをすることができる（行訴24条）。

5　行政不服審査法その他の個別行政法上の手続法の利用

　行審法やその他の個別行政法上の手続法にも下記のような証拠の収集を図ることができる規定が設けられている。

①　証拠調手続立会権（行審27条～30条）
②　閲覧請求権（行審33条）
③　都市計画法50条～52条の不服申立手続
④　行政手続法18条による文書閲覧請求権

6　弁護士法23条の2による照会請求手続の利用

　弁護士法23条の2による照会請求は、所属の弁護士会へ申請し、単位会の弁護士会庁の名前で行政官庁へその保有する行政情報を照会するもので、公務署はこれに答える法的義務がある。

しかし、照会請求に対してあらゆる情報開示がなされるものではなく、京都弁護士会事件の判決（最判昭和56・4・14民集35巻3号620頁）では、照会を必要とする事由としては照会申出書に「中央労働委員会、京都地方裁判所に提出するため」とあったにすぎないのに、漫然と照会に応じ、犯罪の種類、軽重を問わず、前科等のすべてを報告することは、公権力の違法な行使にあたるとしており、照会事項（犯罪履歴など）には制限がある。

7 条例・要綱による方法

条例や指導要綱などには住民説明会の要求をなしうる規定があることが多く、これにより証拠の収集ができる場合もある。

8 国会・地方公共団体に対する権限発動を求める方法

以下の規定に基づいて証拠の収集を図ることが可能である。
① 国政調査権（憲法62条）
② 地方議会における調査権（地自100条）
③ 住民監査請求（地自242条1項）

住民監査請求とは、住民は自ら居住する地方公共団体の財務会計上の行為について、監視委員に対して監査を求め、その行為に対し必要な措置を講ずべきことを請求することができるとするものである。

9 危険施設の調査を求める方法

(1) 行政介入請求

環境破壊等の危険施設または危険活動に関し、関係法令が、規制権限を監督庁へ認めている場合、監督官庁へ防止措置要求の職権発動を求めることができる。危険が予見でき、監督官庁が危険を阻止することができる場合、裁量はゼロに収縮し、権限を発動しないのは違法となる（行訴37条の2第5項、37条の3第5項）。

(2) その他の行政調査の発動を求める方法

監督官庁は、個別の法律（たとえば、介護保険法23条および24条）によって行政調査の権限が付与されており、かかる発動を求め、後日、行政調査の結果について情報公開を求めることができる。

10　建築基準法93条の2の利用

建築確認に関する情報の開示が義務づけられている。その範囲の指定は、国土交通省令に委任されている。

11　都市計画法の利用

都市計画の図書（都計14条）は公告・縦覧に供され（同法17条）、開発登録簿の写しを請求できる（同法47条）。

12　事実上の手段の利用

わが国では、行政訴訟において証拠の事前開示がほとんど行われていないが、専門的知見を補完する方法には、下記のものがある。
① 専門家への鑑定依頼
② 関与建築士などに対する質問
③ 開発業者担当者への説明要求
④ インターネットによる情報入手（公開情報のみ）
⑤ 依頼企業の担当者や専門的知見を有する者の活用

13　関係法令等のリサーチ

行政処分には必ず根拠法があり、行政訴訟の遂行には関係法令のリサーチが不可欠である。法令検索は関係資料収集とあわせてインターネットを通じて無料でリサーチすることができる。
① 関係行政庁などのホームページ（電子政府総合窓口〈http://www.e-gov.go.jp〉）

② 総務省のホームページ 〈http://www.soumu.go.jp〉
③ 法務省のホームページ 〈http://www.moj.go.jp/〉
④ 最高裁判所判例検索サイト 〈http://www.courts.go.jp/search/jhsp0010?action_id=first&hanreiSrchKbn=01〉
⑤ 指導要綱

許認可庁事務窓口ホームページなどからリサーチできる。たとえば、東京都は 〈http://www.metro.tokyo.jp/〉。

14 教示の確認

行訴法46条は、処分または裁決を書面でする場合、当該処分または裁決の相手方に対し、被告、出訴期間、審査請求前置主義、裁決主義について教示しなければならないこと、また、形式的当事者訴訟において被告と出訴期間を教示しなければならないこととしている。利害関係人は行審法（同法57条）では教示を求めることができるが、行訴法ではできない。

15 民事訴訟法上の釈明処分の特則の利用

釈明処分の制度を拡充し、当事者の申立権はないものの、裁判所は訴訟関係を明瞭にするため、必要があると認めるときは職権で釈明処分を行うことができる（民訴151条1項3号）。

釈明処分の対象となるのは、「処分又は裁決の原因となる事実その他処分又は裁決の理由を明らかにする資料」であって、行政庁の引用文書や所持文書に限定されない。釈明処分の特則は、処分の要件事実を示す文書や関係記録のみならず、裁量基準などを明らかにする資料を含むもので、また、処分庁以外の行政庁にも釈明することができる。

16 文書提出命令の利用

処分の根拠や証拠は処分庁側が保有するから、原告が処分の違法を立証することは一般的に困難である。そこで、原告は処分庁等が有する文書を入手

して処分違法を明らかにするため、文書提出命令の申立てをすることができる（民訴180条1項）。

民事訴訟法には、「引用文書」「引渡し・閲覧請求権がある文書」「利益文書」「法律関係文書」の4つを文書提出義務の対象としている（民訴220条1号～3号）。

また、一定の例外を除き（黙秘権がある場合や公務員の職務上の秘密文書、自己使用文書など）に該当しなければすべて提出しなければならない（民訴220条4号）。

文書提出命令に従わない場合、当事者であれば相手方の主張を真実と認めることになる。第三者であれば20万円以下の過料に処される（民訴224条、225条）。

文書提出命令制度の下において、裁判官だけが証拠を見る手続（インカメラ手続）が導入されている（民訴223条6項）。情報公開訴訟では、当該情報提出命令の利用は請求の対象そのものであるから、インカメラ制度は適用されない（情報公開審査会はインカメラ手続を行える）。

国際取引と公法の準拠法 第17章

I 経済取引等のグローバル化

　経済取引等のグローバル化に伴い各国の公法の適用が問題となる事件が増加している。国際取引に適用される法の法源として、わが国においては国内法、国際条約があり、法の適用に関する通則法（以下、「法適用通則法」という）を経由して外国法も法源としてあげられる。

　また、グローバル化に伴い、行政調査も企業や個人の海外活動を対象にする必要が出てくる。国際条約の情報交換規定があれば、企業や個人の域外経済活動等の情報を相互に利用できるが、そのような規定がなければ情報入手は困難である。

　各国の公法の適用は、各国が独自に国家権力を行使するものとして、独立的に行われる。諸国家は、独自に、国家高権を行使する。したがって、1つの企業や個人の経済活動について、2カ国以上から課税権等の公権力を行使されることがありうる（国際的二重課税）。このような外国公法と内国公法の二重適用を回避するためには、国際条約の締結によって回避策を実現する以外にない。

II 国家管轄権

　国家が人・物・行為に対して統治作用を及ぼす権限を国家管轄権という。その種類として、立法管轄権・執行管轄権・司法管轄権がある。管轄権が及ぶ範囲は、通常自国の領域内のみ（属地主義）であるが、例外的に領域外でも主権を行使できる場合がある。

国家管轄権として、執行管轄権は、原則として自国領国内に限り認められ、属地主義がとられる。したがって、執行権の域外行使は、国際法上禁止されているが、相手国の主権を侵害せず、相手国の同意があれば、域外で執行権行使が可能である。

一国の法は、当該国の領域内において属地的に適用されるのが原則である。しかし、諸外国においては、当該国の国内法によって域外適用を深めるもの（過剰適用）があり、他国に影響を与えるものがある。アメリカやイギリスの外国公務員贈賄防止罪は、日本企業に対する域外適用をなしており、通商政策にも重大な影響を与えている。

III　法の国際的抵触

法の国際的抵触には、私法の抵触と公法の抵触がある。前者は国際私法によるが、後者は独立主義に基づく。

国家間の紛争は、条約または国際慣習法によって規律されるが、場合によっては、戦争に至ることもある。

そこで、たとえば、1つの国際取引について、各国の租税法が独立主義により二重に適用されるとすれば、自由貿易が阻害されるので、二重課税防止条約が締結されることになる。

IV　行政法と準拠法

1　借用概念

個別行政法は多くの場合、私法で一般に使用されている用語を使うことが多く、このような法的用語を借用概念という。個別行政法が使用する法概念が私法分野の借用概念である場合は、当該借用法における概念の意味と同様に解釈することになるが、その法概念の準拠法は、当該借用私法ということ

になる。したがって、法秩序の統一の視点から、行政法独自の立場から解釈するべきではない。

2　国際取引

経済のグローバル化に伴い、国際取引が飛躍的に増大し、行政庁が国際取引を対象に処分を行う場合も多く発生する。

このような場合、外国法を準拠法として海外で取引がなされることも多いであろうが、行政法における借用概念は、当該外国準拠法によって解釈されるべきである。その意味や法律効果も外国準拠法によって解釈されることになる。

しかし、当該借用概念が日本法の中に存在しない場合は、法適応調整問題（わが国の類似制度などを検討し、わが国における適応する解釈に調整すること）または公序適用問題（わが国の公序に反する者として無効と判定し、近似法や日本法を参考にして解釈すること）として処理することになる。

3　法の適用に関する通則法と租税法

外国における私法取引に対し、法適用通則法が適用され、その結果外国私法が準拠法となる場合、これによって、先決的私法法律関係の確定がなされる。たとえば、ニューヨーク州の投資組合へ出資した日本人に対する損益の分配は、まずニューヨーク州私法によって確定されることになり、これを所与のものとしてわが国税法の適用が後続問題として考えられることになる。

課税要件事実の認定をなす場合、これは租税法によって行うものではなく、法律効果の発生を規律する法によって、判定される。課税要件事実すなわち、「財産の取得」や「所得の発生」などは、その準拠法たる私法によってその存否が判定されるものである。

先決問題たる事実確定の準拠法は、外国私法も含まれる。わが国において経済活動をなす外国法人の性質決定は、当該外国法人の設立準拠法によることになる。したがって、当該外国法人の事業活動から生じた損益が構成員に

帰属することが準拠法たる外国法によって定められていれば、これを所与のものとしなければならない。

しかし、「課税要件を充足するかどうかの判定」は、「課税要件事実の認定」とは別であり、前者は租税法の解釈であるから、日本租税法独自の立場で行うことになる。

V 国際私法上の弱者保護（社会法）

法適用通則法は、当事者自治の原則を定めている。しかし、保険契約や附合契約などにおいては、弱者保護を図る必要がある。

弱者保護は、労働法や消費者保護法などの強行規定によってなされる。特に強行性の強い法規（絶対的強行法規）は、法適用通則法によらず日本の裁判所で適用される。法廷地の絶対的強行法規は、法廷地の法秩序を守るための積極的公序として、準拠法のいかんにかかわらず適用される。しかし、かかる強行法規が当事者が締結した契約を無効とするかどうかは、当該強行法規の解釈として判定される。

VI アメリカ LLC の性質決定

アメリカ各州が制定する LLC 法に基づいて設立された事業体は、Limited Liability Company とよばれ、事業体ごとの法人課税を受けるか、その出資者を納税主体とするパス・スルー課税を受けるのかの選択が認められている。

わが国の国税庁は、これを外国法人とみなす取扱いを原則とし、アメリカ各州の LLC 法いかんによっては例外扱いとする。所得の帰属は、LLC とそのメンバーの法律関係であると性質決定するのか、LLC の権利能力の問題と性質決定するかが問題である。

わが国でアメリカ LLC を外国法人と扱うべきかどうかは、わが国税法の

解釈問題であるが、「所得の帰属がいずれか」とは関係がなく、後者は、所得発生原因となった私法上の契約に依拠して決せられるから、LLCとそのメンバーの法律関係であると性質決定するべきであろう。

いずれにせよ、国際私法上、所得の帰属問題は、設立準拠法によって、解釈されることになる。準拠外国法でパス・スルーが選択されている場合、メンバーに所得が帰属するのだから、わが国税法は、これを否定できないというべきであろう。

Ⅶ　疑似外国会社

日本に本店を設けまたは日本で営業を行うことを主な目的とする外国会社は、日本において継続して取引を行うことができない（会82条1項）。これに違反して取引をした者は、取引の相手方に対し会社と連帯して当該取引によって生じた債務を弁済する責任を負う（同条2項）。

当該外国法人の法人格を肯定し、取引を行った者に連帯責任を負わせることにしているのである。行政法適用をなす前の先決問題である私法取引が存する場合、多様な事業体が出現し、外国法の適用やわが国の外人法の適用が考慮されなければならない。

Ⅷ　条約や外国公法の適用と考慮

わが国は条約によって、公法規範の適用義務を負う場合があり、かかるときは、わが国裁判所は、当該公法を適用しなければならない。条約が、たとえば、課税要件や課税減免要件を定め、自動執行力があると解釈されるときは、条約が国内公法としてわが国裁判所で適用される。条約が締結された場合、それに従って、国内公法が制定されることが多いが、未制定の場合や、当該条約の規定に違反する国内公法が制定されたときは、条約が優先適用される。一般的には、外国公法は、不適用であるのが原則である。しかし、法

適用通則法によって、外国私法が準拠法として選択された場合、当該外国の私法のみならず同国の公序として公法も考慮することが必要である。

IX　条約の自動執行性

日本国憲法98条2項は、「日本国が締結した条約及び確立された国際法規は、これを誠実に遵守することを必要とする」と定めている。また、批准された条約は主権者たる国民の代表により構成された国会で承認を得ているので、その条約は国内的効力を有し、裁判所で直接適用されるべきである（自動執行原則説）。

しかし、わが国政府は「締結国の意思」（主観的要件）と「国内適用が可能な内容であること」（客観的要件）を充足する条約のみが自動執行力があるとする（自動執行例外説）。しかし、政府は沖縄基地問題について、国際法優位一元論を前提としており一貫しない。国際慣習法として確立している条約法に関するウィーン条約27条は「当事国は条約の不履行を正当化する根拠として自国の国内法を援用することができない」と規定している。

X　腐敗の防止に関する国際連合条約

公正な自由貿易を危うくする腐敗の防止には、国際協力が必要である。

1997年成立の「国際商取引における外国公務員に対する贈賄の防止に関する条約」（OECD贈賄防止条約）は、1999年2月に発効し、同条約の国内法化として、不正競争防止法18条および21条2項に「外国公務員贈賄罪」が制定された。

日本企業が国内外で、外国公務員へ贈賄行為を行った場合、個人と法人を別個に処罰するものである。

この不正競争防止法18条および21条2項は、国際取引に適用される重要な行政法規と行政刑法である。

（参考資料） 行政訴訟実務の基本概念と構成

1 国と公共団体の役割

　憲法は、国民主権の原理の下に国民に対し自由権と生存権を保障する。民主主義国家における行政は、国民や市民に対し、公共サービスを提供する国と公共団体の作用といえよう。

2 行政の意義

　行政の意義について、控除説（国家の作用から、立法と司法を除いたものとする考え方）と、積極説（行政の意義を憲法規範などから積極的に定義する考え方）がある。

　民主主義国家における国と公共団体の役割から、行政の意義を考えた場合、行政は、国民や市民に対する公共サービスを積極的に提供する行政主体の作用というべきであろう。

3 活動原理と行政主体

私的活動：私的自治によって行われる。

行政活動：法治行政によって行われる。

行政主体：行政権を行使する者で、国と公共団体がある。

行政活動は、行政主体のみならず、民間団体が行う場合がある。

4 公法と私法の区分

① 事件区分
　　私法関係の紛争（民事事件）：民事訴訟法によって審理される
　　行政上の紛争（行政事件）：行訴法と民事訴訟法によって審理される
② 法律区分

私法関係：対等、平等を基準として処理される法律関係である。

公法関係：権力性、公益優先性を基準として処理される法律関係である。

③　公法・私法二元論否定説
　ⓐ　行政・国民間の紛争は、すべて司法裁判所の管轄とされている。
　ⓑ　国民主権主義の下では、当然に行政の優位性は認められない。
　　　行政実定法が許容する範囲でのみ、行政の優位性が認められる。
　ⓒ　行政活動が、複雑多様化し、権力行政と非権力行政に区分することが困難であり、後者は特に私法関係と区分することができない。

5　行政法の特徴

行政法は、行政に関する法のことであり、行政組織法・行政作用法・行政救済法の3つに分かれる。行政法の特徴は次のとおりである。
①　立法の委任が多い
②　不確定概念が多用されている
③　実体法と手続法が混在している
④　憲法→行政法→政令・省令→通達→行政処分の順で階層的な構造で、行政処分が根拠づけられている。

6　行政行為の無効が争われる場合

行政行為の無効が争われる場合、次の3つの場面で無効が判定される。
①　無効確認訴訟の本問題として。
②　公法上の当事者訴訟の先決問題として。
③　私法上の当事者訴訟（争点訴訟）の先決問題として。

7　公法上の権利の発生と確定（行政処分との関係）

公法上の権利の発生は、法律の規定によって、次の3つの場合とされている。

① 法律によって<u>創造</u>されるもの
② 行政処分によって<u>発生</u>するもの
③ 行政処分によって<u>確定</u>するもの
④ 行政処分によらず法律要件の充足によって<u>自動的に確定</u>するもの

8　行政訴訟の選択

① 行政処分の是正を求めるとき、抗告訴訟が利用される。
② 公法上の法律関係を争うとき、公法上の当事者訴訟が利用される。

9　訴訟物

① 行政処分の違法性一般（取消訴訟）
② 法律関係または公法上の請求権（当事者訴訟）

10　訴訟物の範囲

① 処分の同一性で判定（取消訴訟）
② 法律関係や請求権の範囲で判定（当事者訴訟）

11　請求原因（要件事実）

① 取消訴訟
  ⓐ 行政処分の存在
  ⓑ 行政処分の違法性
  ⓒ 先決的私法法律関係
  ⓓ 事実認定の誤り
  ⓔ 私法上の法律構成の誤り
  ⓕ 行政処分の根拠法令の解釈の誤り
  ⓖ 行政法の目的からみた解釈の誤り
② 当事者訴訟
  ⓐ 公法上の請求権の存在

ⓑ 公法上の法的地位の存在

12 主張制限等

① 原告の主張制限
   ⓐ 行訴法10条1項
   ⓑ 原処分主義（行訴法10条2項）
② 被告の主張制限
   ○ 処分理由差換えの制限
③ 裁判所に対する制限
   ○ 実質的証拠法則

13 処分理由

処分理由は、次の論点との関係で問題となる。
① 処分の同一性との関係
② 処分理由差換えの可否
③ 処分理由の明確性
④ 告知聴聞手続が求められる場合の手続瑕疵と処分の効力
⑤ 処分と他の処分の関係
⑥ 違法性の承継

14 挙証責任

原・被告の挙証責任の分配を考える場合の考慮事項は、次のとおりである。
① 侵害的行政処分か授益的行政処分か
② 証拠との近接性
③ 不意打ち防止
④ 処分理由の付記の法定
⑤ 告知・聴聞手続の履行

（参考資料） 行政訴訟実務の基本概念と構成

15 法律関係発生の区分

法律関係の発生は、次のように分析される。

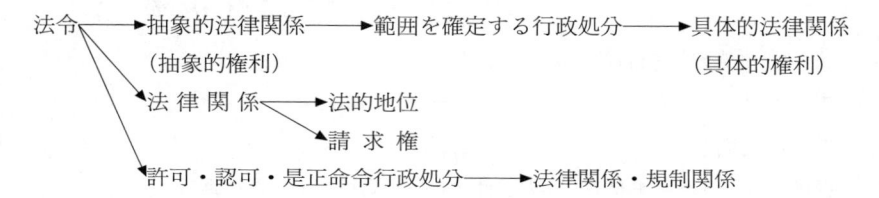

法令 →抽象的法律関係 → 範囲を確定する行政処分 → 具体的法律関係
　　　（抽象的権利）　　　　　　　　　　　　　　　　（具体的権利）
　　↘法律関係 →法的地位
　　　　　　　↘請求権
　　↘許可・認可・是正命令行政処分 → 法律関係・規制関係

16 処分と訴訟形式の関係

処分と訴訟形式の選択は次のとおりの関係である。
① 法律関係の確認（処分をアタックしないとき）
② 不作為の違法確認（処分がないとき）
③ 処分義務付け訴訟（処分をさせたいとき）
④ 処分差止訴訟（処分をさせたくないとき）
⑤ 処分取消訴訟（処分がなされたとき）

17 紛争タイプと訴訟形式

各紛争の種類に応じて選択されるべき訴訟形式は次のとおり整理される。
① 給付受給請求訴訟

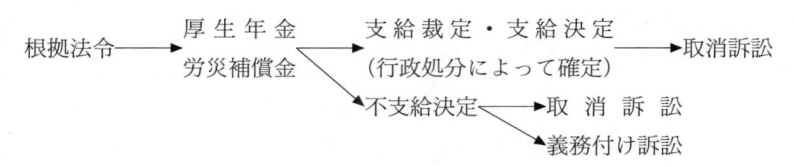

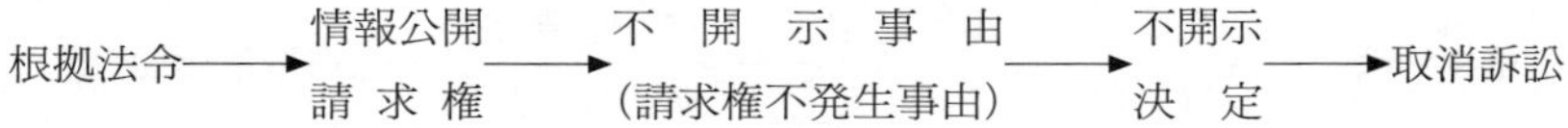

根拠法令 → 厚生年金　　支給裁定・支給決定 → 取消訴訟
　　　　　　労災補償金　（行政処分によって確定）
　　　　　　　　　　　↘不支給決定 → 取消訴訟
　　　　　　　　　　　　　　　　　↘義務付け訴訟

② 情報公開訴訟

根拠法令 → 情報公開　　不開示事由 → 不開示決定 → 取消訴訟
　　　　　　請求権　　　（請求権不発生事由）

137

③ 不許可処分取消訴訟

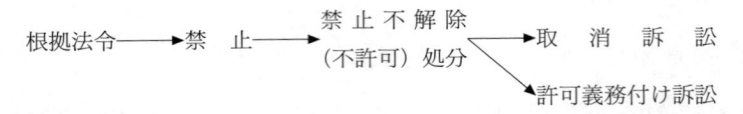

根拠法令 ──→ 禁　止 ──→ 禁止不解除　　──→ 取　消　訴　訟
　　　　　　　　　　　　（不許可）処分　　↘ 許可義務付け訴訟

④ 許可処分取消訴訟（第三者訴訟）

根拠法令 ──→ 禁　止 ──→ 許　可 ──→ 取消訴訟

⑤ 認可訴訟

根拠法令 ──→ 私法取引の効力要件 ──→ 不認可 ──→ 取消訴訟

⑥ 住民訴訟

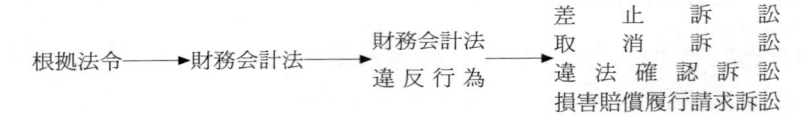

根拠法令 ──→ 財務会計法 ──→ 財務会計法　　──→ 差　止　訴　訟
　　　　　　　　　　　　　　違 反 行 為　　　　 取　消　訴　訟
　　　　　　　　　　　　　　　　　　　　　　　 違 法 確 認 訴 訟
　　　　　　　　　　　　　　　　　　　　　　　 損害賠償履行請求訴訟

⑦ 租税・保険料訴訟

根拠法令 ──→ 課税要件　　──→ 行 政 処 分　──→ 取消訴訟
　　　　　　　 賦課要件　　　　 によって確定

⑧ 選挙権確認訴訟

根拠法令 ──→ 選挙権 ──→ 権利確認訴訟

⑨ 公務員訴訟

根拠法令 ──→ 任命処分 ──→ 懲戒処分　　──→ 取消訴訟
　　　　　　　　　　　　　　分限処分

⑩ 行政庁同意請求訴訟

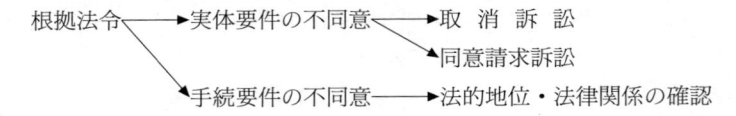

根拠法令 ──→ 実体要件の不同意 ──→ 取　消　訴　訟
　　　　　↘　　　　　　　　　　　　 同意請求訴訟
　　　　　　 手続要件の不同意 ──→ 法的地位・法律関係の確認

⑪ 入管訴訟

根拠法令 ──→ 入管法違反事実認定　──→ 退去強制処分　──→ 取消訴訟
　　　　　　　 難 民 不 認 定　　　　　　 収 容 処 分

138

(参考資料) 行政訴訟実務の基本概念と構成

⑫ 附款訴訟

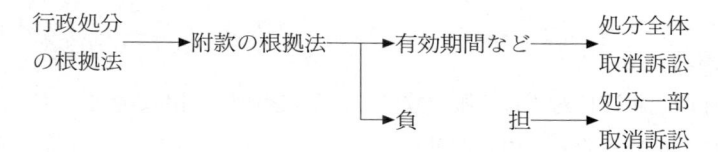

行政処分の根拠法 → 附款の根拠法 → 有効期間など → 処分全体取消訴訟
　　　　　　　　　　　　　　　　　→ 負　　担 → 処分一部取消訴訟

⑬ 行政計画訴訟

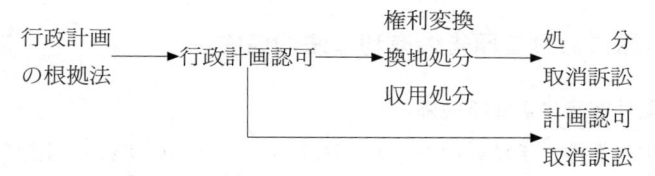

行政計画の根拠法 → 行政計画認可 → 権利変換／換地処分／収用処分 → 処　分取消訴訟
　　　　　　　　　　　　　　　　　　　　　　　　　　　　　　→ 計画認可取消訴訟

⑭ 憲法訴訟

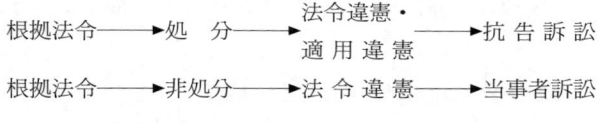

根拠法令 → 処　分 → 法令違憲・適用違憲 → 抗告訴訟
根拠法令 → 非処分 → 法令違憲 → 当事者訴訟

⑮ 処分基準等審査訴訟

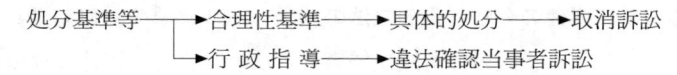

処分基準等 → 合理性基準 → 具体的処分 → 取消訴訟
　　　　　→ 行政指導 → 違法確認当事者訴訟

18　仮救済と本案訴訟の対応

仮救済と本案訴訟の対応関係は次のとおりである。
① 取消訴訟：執行停止申立て
② 差止訴訟：仮の差止め申立て
③ 義務付け訴訟：仮の義務付け申立て
④ 民事訴訟：民事仮処分申立て

19　不服申立て

不服申立手続の利用方法は次のとおりである。
① 異議申立て

処分行政庁に対する不服申立てで、行政庁との協議・和解に利用できる。
② 審査請求
行政庁の上級庁に対する不服申立てで、争点整理に利用できる。
③ 不服申立前置主義と自由選択主義
行訴法は、自由選択主義を原則としている。

20 行政訴訟における原告の有利な法的構成

(1) 手続要件懈怠による不失権

憲法31条は、実体要件と手続要件の両方が法定され、そのいずれも適正であることを要求し、手続要件は実体内容（権利の消滅・失権要件など）を定めるものではないから、手続要件の懈怠によって国民の権利が失権することはない。
① 東京高判平成7・11・28行集46巻10・11号1046頁
② 大阪高判昭和63・9・30判時1304号82頁

(2) 実体法構成要件の分離（委任立法の制限・法律事項の委任制限）

憲法31条、41条、84条は、国民の財産を侵害する法規は、その実体法構成要件が法律によって法定され明確でなければならないとする。
① 東京高判平成7・11・28行集46巻10・11号1046頁
② 大阪高判昭和63・9・30判時1304号82頁
③ 京都地判昭和62・3・23判時1232号77頁
④ 最判平成3・7・9民集45巻6号1049頁

(3) 先決的私法法律関係の分離（私的自治優先の法理）

憲法29条は、私有財産を保障しており、私人間における取引は、私的自治の原則の下に自由に行えるものとし、国家は基本的にこれに干渉し得ない。
① 東京高判平成11・6・21判時1685号33頁
② 名古屋高判平成17・10・27税資255号順号10180

(4) 侵害規範拡張解釈の禁止

憲法31条から当然に導かれる。

(5) 権限行使要件の厳格な分析

侵害規範の権限行使要件に該当しない場合、侵害的行政処分をなすことはできない。

(6) 公法上の請求権の非排他性

公法上の請求権と他の公法上の請求権や私法上の請求権は原則として併存する。

最判平成17・4・14民集59巻3号491頁は、このことを示唆する。

(7) 授益規範縮小解釈の禁止

授益規範の適用範囲を縮小解釈して国民を不利益に扱うのは、解釈による立法であって認められない。

(8) 信憑性原則

行政庁が原告が示す証拠よりも信憑性のある証拠を示せなければ、原告の主張が正しいと認めなければならない（最判昭和60・4・23民集39巻3号850頁参照）。

21 行政立法の司法審査

行政立法の司法審査は次のとおり行う。

① 委任範囲の明確化

授権法の目的・趣旨から侵害要件を明確にし、委任範囲を限定する。

② 実体要件と手続要件の分離

授権法の実体要件と手続要件を分離し、授権法の実体要件から、授権法の手続要件の委任が授権法の実体要件を損なうものであってはならない。

③ 授権基準審査

憲法および授権法自体の侵害要件、または授益要件を明確にして授権基準の審査を行う。包括的・一般的委任は禁止されている（法治主義）。

④ 委任範囲の限定解釈の法理

　委任範囲が不明確な場合は、できるだけ侵害範囲を限定して解釈するべきである。

⑤ 裁量審査と行政立法審査の同質性

　不確定概念による裁量行為の審査と同様に審査の深度を深めるべきである。

⑥ 審査タイミング

　処分があるまで待つべきかという審査のタイミングが問われる。

⑦ 処分性

　行政立法自体に処分性がある場合は、その取消訴訟や無効確認訴訟が可能である。

22　処分審査（審査方法）

行政処分の司法審査の方法は、行政処分の根拠法令のどの部分を審査するかによって司法審査の方法が異なるが、これを図示すると以下のとおりとなる。

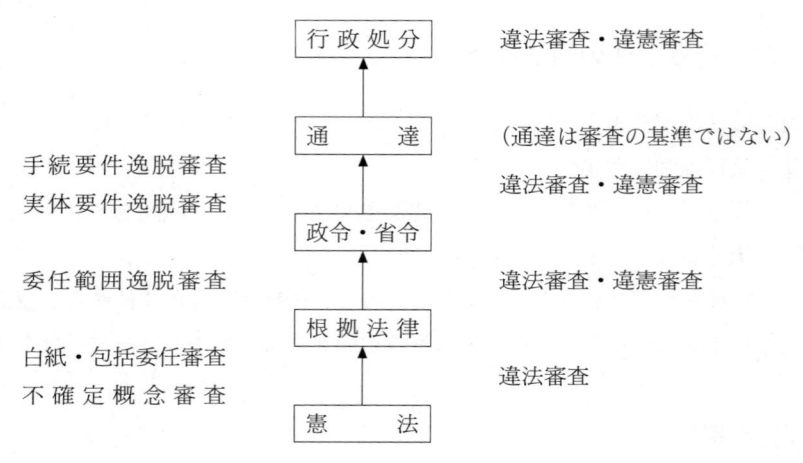

	行政処分	違法審査・違憲審査
	↑	
手続要件逸脱審査	通　達	（通達は審査の基準ではない）
実体要件逸脱審査	↑	違法審査・違憲審査
	政令・省令	
委任範囲逸脱審査	↑	違法審査・違憲審査
	根拠法律	
白紙・包括委任審査	↑	違法審査
不確定概念審査	憲　法	

（参考資料） 行政訴訟実務の基本概念と構成

23　通達審査

① 直接審査

通達に処分性がある場合は、通達審査を直接行う。

② 間接審査

通達に依拠してなされた処分等を審査する場合は、当該通達の根拠法令を審査することになる。

③ 通達に従う義務のないことの確認訴訟（当事者訴訟）の可能性も考えられる。

④ 「通達に違反しても何らの制裁処分をしてはならない」とする差止め訴訟（抗告訴訟）の可能性も考えられる（東京地判平成18・9・21判時1952号44頁〔国旗国歌事件〕参照）。

⑤ 処分基準や審査基準について

違法性審査をする場合、これらの基準自体の合理性審査をなすことになるが、それとは別に事実認定の合理性審査をなすことが必要である。

24　処分を審査対象としない法律関係の審査

行政処分が存しない場合、次のような法律関係等の存否の判定を裁判所に求める。

① 法律関係の確認の可否

② 法的地位の確認の可否

③ 公法上の義務不存在確認の可否

④ 確認の利益と補充性の検討が必要となる。

25　行政指導の審査

行政指導は一般的に法的効果がないとされるが、これの司法審査は次のような司法判断を求めることになる。

① 法律関係確認訴訟

② 義務不存在確認訴訟
③ 勧告や調査要求通知などに処分性があれば、抗告訴訟を提起することができる。
④ 行政指導を排して、法定地位が存することの確認を求めることも可能である。

26 裁量行為の審査方法と審査基準

(1) 行政行為

① 羈束行為
　法に一義的に拘束され、判断余地のない行政行為である。
② 裁量行為
　法規（羈束）裁量は経験則など客観基準によって審査が可能な行為である。自由（便宜）裁量は、処分庁の政策的・行政的判断に委ねられた行為で、裁量権を濫用逸脱した場合には違法となる。
③ 要件裁量
　要件判断に余地がある裁量である。
④ 行為裁量
　行為余地や行為選択余地がある裁量である。

(2) 裁量審査方法

裁量行為の審査方法には次のようなものがある。
① 権限逸脱濫用審査方法（行訴30条）
② 判断代置審査方法
③ 手続審査方法
④ 判断過程審査方法

(3) 審査基準

裁量行為の審査基準は次のようなものがある。
① 実体要件審査
② 手続要件審査

③　判断過程合理性審査
④　代替措置審査
⑤　高度技術審査
⑥　費用便益審査

(4) 判　例

行政裁量の司法審査に関する最高裁判決として次のものがある。
①　小田急事件（最判平成18・11・2民集60巻9号3249頁）
②　目黒公園事件（最判平成18・9・4判時1948号26頁）

(5) 権限逸脱濫用基準の補充基準

行訴法30条は、行政庁が根拠を逸脱したり、権限を濫用した場合、裁量行為が違法となるとするが、「根拠逸脱濫用」の内容を明確にする補充基準は次のとおりである。
①　重大な事実誤認
②　明白な合理性を欠く事実評価
③　要考慮事項の欠如
④　平等原則違反
⑤　比例原則違反
⑥　上記項目によって著しく社会通念に反する行政行為を違法とする。

27　違法行政の防止措置

違法行政の防止は、行政手続法を利用し、以下の活動が効果的である。
①　情報公開請求
②　事前照会請求手続の利用
③　理由付記要求
④　告知・聴聞・弁明の機会付与要求
⑤　処分基準等の事前公表要求

28 行政訴訟審理の特色

(1) 不服申立前置主義

　処分等について不服がある場合、訴訟に訴えるか行政不服申立てをなすかは原則的に自由である。大量に行われる処分、行政の統一性を図る必要性がある処分、専門性のある処分、第三者機関が判断するものなどについて、不服申立前置をしないと、行政訴訟の提起を認めない制度がとられている（行訴8条1項ただし書）。

(2) 原処分主義と裁決主義

　処分取消訴訟と裁決取消訴訟の両方をなしうる場合、裁決取消訴訟においては、原処分の瑕疵を争えないのが原則である。例外として、原処分について、裁決を待って裁決を争わせる立法がある。

(3) 被告適格

　抗告訴訟でも原則として被告は行政主体とされた（行訴11条10項）。

(4) 管轄（特定管轄）

　原告の住所地の高等裁判所所在地の地方裁判所の管轄が認められている（行訴12条4項）。

(5) 訴えの変更、訴えの併合、関連請求

　同じ行政訴訟の間では関連請求でなくても民事訴訟法143条による訴えの変更は可能である。取消訴訟は損害賠償訴訟に変更できる（行訴21条）。行政訴訟と民事訴訟の併合は、原則として許されない取扱いである。行政訴訟では、取消訴訟を中心として関連請求であることを要件として（同法13条）、客観的併合、主観的併合、訴えの追加的併合が認められている（同法16条～19条）。

Part

Two

第 II 編
各 論

建築基準法訴訟（不受理・不作為・同意拒否） 第1章

≪事案≫

1．建築主事の不受理

　　A社（建設会社）は、B市内でマンションの建築を計画し、B市建築主事に建築確認申請書を提出しようとした。同主事はB市の建築指導要綱上、近隣住民の過半数の承諾書がない限り申請書を受理することはできないとして申請書を受領しない。

2．建築主事の不作為

　　B市建築主事は申請書を最終的に受理した。しかし、申請から6カ月近く経過しているが、連絡がない。

3．県知事の同意拒否

　　A社が開発行為を予定している地域の近隣に、D県知事が管理している公共施設があった。都市計画法32条1項に基づき、A社がD県知事の同意を求めたところ、同知事は同意を拒絶した。D県知事は、A社による開発許可申請を不許可にする手段として、正当な理由なく同意拒否をしている。

4．近隣住民の不承諾

　　B市にはB市建築指導要綱と同趣旨の建築紛争予防条例がある。建築確認申請を行ったA社に対し、B市建築主事は、申請書を受理すると同時に同条例に基づき近隣住民の過半数の承諾書の添付をするよう求めた。

【設問】

　A社は、事案1．ないし4．について、どのように対応すればよいか。行政機関にどのような法的主張をすればよいか。また、それぞれの時点で提訴を

考える場合、どのような訴訟提起を行えばよいか。

【論点】
① 行政機関による不受理・不作為への対応方法
② 行政機関の行為の法的根拠（法律、施行令・施行規則、条例等）
③ 建築確認（建築基準法）と開発許可（都市計画法）の関係
④ 都市計画法上の公共施設管理者の同意拒絶の処分性
⑤ 建築指導要綱および建築紛争予防条例と建築基準法との関係
⑥ 近隣住民の承諾書の添付を求めること（行政指導）の法令上の根拠

【関係法令】
・建築基準法6条
・都市計画法32条

【参考判例】
・岡山地判平成18・4・19判タ1230号108頁

解説

I 建築確認

1 建築確認の要件

　建築確認については、建築基準法6条に規定がある。同条1項は、建築主は、一定の建築物を建築しようとする場合、当該工事に着手する前にその計画が建築基準関係規定（建築基準法並びに同法に基づく命令および条例の規定その他建築物の敷地、構造または建築設備に関する法律並びにこれに基づく命令お

よび条例の規定で政令で定めるものをいう）に適合するものであることについて、申請書を提出して、建築主事の確認を受け、確認済証の交付を受けなければならないと規定している。そのうえで、同条7項は、確認済証の交付を受けた後でなければ、建築物の建築はすることができないと規定している。

確認済証の交付を受けずに工事を施工した場合、刑事罰が定められている（建基99条1項1号・4号）。また、違反建築物については建築行為の中止命令を出しうる制度（同法9条1項）がある。

2 受理要件

法律上、建築確認を受けずにマンションの建築工事に着手することはできない（建基6条1項）。

建築基準法は、建築確認申請の受理に関しては「建築主事は、第1項の申請書が提出された場合において、その計画が建築士法第3条から第3条の3までの規定に違反するときは、受理することができない」（同法6条3項）と規定しているが、周辺住民の同意書を要求する規定はない。

3 確認対象法令

建築基準法6条は、確認対象法令として建築基準法並びに同法に基づく命令および条例の規定その他建築物の敷地、構造または建築設備に関する法律並びにこれに基づく命令および条例の規定において政令で定めるものをあげている。

建築基準関係規定の範囲は、建築基準法9条で定められているが、法律またはこれに基づく命令または条例に限定されており、建築指導要綱は記載されていない。

II　周辺住民の同意書

1　行政指導の根拠法

　本事案で問題となっている住民の過半数の同意書を添付せよという要求は、法令に基づくものではなく、行政指導である。行政手続法2条6号は、「行政機関がその任務又は所掌事務の範囲内において一定の行政目的を実現するため特定の者に一定の作為又は不作為を求める指導、勧告、助言その他の行為をいうもの」を行政指導としている。事業活動等、人の行動に対する規制を目的として行われる行政指導は、行政機関が単にその希望を表明するにとどまるものであって相手方を法的に拘束しない。

2　周辺住民の同意書

　本事案で問題とされている周辺住民の同意書の添付は、確認申請に伴う行政指導であり、A社を法律的に拘束できない。
　したがって、建築確認申請は、周辺住民の同意書を添付しなくても、適法なものであり、B市建築主事が建築確認申請書を不受理とすることについては、明確な法的根拠がない。

III　不受理への対応

1　行政指導

(1)　判　例

　最判昭和60・7・16民集39巻5号989頁は、建築主事が地域住民の要求に応え、生活環境の維持等のために建築計画の変更をするように求める行政指導を行うことを容認し、社会通念上合理的と認められる期間建築確認を留保

しても、直ちに違法とはいえないとする。さらに、業者が確認処分を留保されたままでの行政指導には従わないとの意思を真摯かつ明確に表明した場合には、特段の事情がない限り、当該指導を理由に建築確認を留保することは違法となるとしている。

(2) 行政手続法33条と適用除外

行政手続法33条は、「申請の取下げ又は内容の変更を求める行政指導にあっては、行政指導に携わる者は、申請者が当該行政指導に従う意思がない旨を表明したにもかかわらず当該行政指導を継続すること等により当該申請者の権利の行使を妨げるようなことをしてはならない」と規定している。

ただし、この規定は、<u>地方公共団体の機関が行う行政指導については、適用されない</u>こととされている（行手3条2項）が、確認申請の留保が適法となるわけではない。

(3) 行政手続条例

行政手続法と同様な行政手続条例を制定している地方公共団体も多く、業者が行政指導に従わないことを表明している場合にまで確認の留保を行うことは、原則として違法になるものと考えられる。

A社としては、行政機関への対応として、A社が行政指導に従う意思があるか否かを確認し、従う意思がないということであれば、建築主事に指導に従う意思がないことを表明させ、行政手続条例や前記の判例の趣旨等から不受理が違法であるとして、行政機関に受理を求めることになろう。

2　訴訟手続

(1) 不受理と取消訴訟

行政手続法は、私人の申請について、受理という概念をとっておらず、申請書が事務所に到達したときは、直ちに審査を開始することを義務づけている（同法7条）。申請の不受理が処分性をもち、取消訴訟の対象となる場合もあるが、一般的には、いったん申請書が到達すれば、法律上は審査中となるものと考えられ、不受理や申請書の返戻といった行為を拒否処分として構

(2) 不作為の違法確認訴訟

　申請書を提出したにもかかわらず、審査を行わず、かつ、何らの処分をしないという点を不作為の違法確認訴訟（行訴3条5項）で争う方法が考えられる。

　しかし、不作為の違法確認訴訟は、<u>申請をした者のみ</u>が提起できることとされているから（行訴37条）、申請書の返戻を任意で受けている場合、申請をしているのか否かが問題となる。このため、再度確認申請を提出し申告書を到達させることが訴訟要件具備のために必要となろう。到達の事実の証明は、客観的になしうることが必要で、受領書取得、写真等による撮影、録音など、また、郵便小包、宅急便など、到達の記録が残る送付方法をとることも効果的である。

Ⅳ　処理期間

1　一般的申請の処理期間（行政手続法）

　行政手続法は、申請書が到達した場合には、遅滞なく審査を開始することを義務づけている（同法7条）。また、行政庁は、申請がその事務所に到達してから当該申請に関する処分をするまでに通常要すべき標準的な期間を定めるように努めるとともに、これを定めたときは、これらの申請の提出先とされている機関の事務所における備え付け、その他の適当な方法により公にしておくことが義務づけられている（同法6条）。

　行政手続法は一般法であるが、個別の法令において、申請に対し、より国民の権利利益を保護するため一定の期間内に申請に応答すべきことを義務づけているものがあるが、建築基準法もその例である。

2 建築基準法の処理規定

建築基準法は、建築確認申請の処理について6条1項1号から3号までの特殊建築物および大規模建築物については、受理した日から35日以内に、その他の建築物については7日以内に審査し、建築基準関係規定に適合することを確認したときは、申請者に確認済証を交付しなければならないこととしている（同法6条4項）。この期間内に申請に係る計画が建築基準関係規定に適合しないことを認めたときや申請書の記載によっては建築基準関係規定に適合することを決定することができない正当な理由があるときは、その旨をこの期間内に申請者に通知しなければならないことになっている。

これに対する法的対応としては、一般的に建築主事に対し、指導要綱に従わないことを明らかにし、建築基準法が35日以内に確認について何らかの処分・通知をすることを定めていることや、前記のような判例の存在を指摘することで問題が解決することが多い。

V 訴訟による救済方法の選択

1 不作為の違法確認訴訟

申請をなした後の行政の不作為については、不作為の違法確認訴訟（法定抗告訴訟）が第一次的に考えられる。申請が先行していない場合は、<u>無名抗告訴訟としての不作為の違法確認訴訟</u>となる。

2 義務付け訴訟

(1) 2つの類型

平成16年の行訴法の改正により義務付け訴訟が法定された（行訴3条6項）。義務付け訴訟として、次の2つの類型がある。

① 行政庁が一定の処分をすべきであるにもかかわらずこれがされないと

き（行訴3条6項1号。非申請型義務付け訴訟）
② 行政庁に対し一定の処分または裁決を求める旨の法令に基づく申請または審査請求がされた場合において、当該行政庁がその処分または裁決をすべきであるにもかかわらずこれがされないとき（行訴3条6項2号。申請型義務付け訴訟）

義務付け訴訟は、行政庁がその処分または裁決をすべき旨を命ずることを求める訴訟をいうものとされており、本事案で考えられるのは行訴法3条6項2号の<u>申請型義務付け訴訟</u>である。

申請型の義務付けの訴えの要件は、

ⓐ 当該法令に基づく申請または審査請求に対し相当の期間内に何らの処分または裁決がされないこと（行訴37条の3第1項1号）

ⓑ 当該法令に基づく審査または審査請求を棄却しまたは棄却する旨の処分または裁決がされた場合において、当該処分または裁決が取り消されるべきものであり、または無効もしくは不存在であること（行訴37条の3第1項2号）

のいずれかに該当することが必要であり、行訴法37条の3第1項1号の訴えには、当該処分または裁決に係る不作為の違法確認の訴えを、同項2号の訴えには、同号に規定する処分または裁決に係る取消訴訟または無効等確認の訴えを<u>併合して提起</u>しなければならない（行訴37条の3第3項）。

(2) 羈束行為と羈束裁量

本事案におけるＡ社が義務付け訴訟を提起した場合、訴えに係る請求に理由があると認められ、かつ、その義務付けの訴えに係る請求につき、行政庁がその処分もしくは裁決をすべきことがその処分もしくは裁決の<u>根拠となる法令の規定から明らか</u>であると認められまたは行政庁がその処分または裁決をしないことがその<u>裁量権の範囲を超えもしくはその濫用</u>となると認められるときは、裁判所は、原則として、その義務付けの訴えに係る処分または裁決をすべきことを命ずる判決をすることとなる（行訴37条の3第5項）。

建築確認は、建築基準法6条の規定をみれば、客観的な要件の充足があれ

ば、必ず確認しなければならないから、裁量行為ではなく、覊束行為である。義務付けは、当該申請に係る建築が建築基準関係規定に適合していることが立証されれば建築主事は建築確認をすべきこととなるから、建築計画そのものに違法事由がない限り、義務付け判決が下されなければならない。

VI　建築確認と開発許可との関係

1　開発許可

土地の開発については、無秩序な市街化を放置すると深刻な都市問題等を生ずるため、都市計画法が制定され、都市計画区域内または準都市計画区域内において行う建築物の建築または特定工作物の用に供する目的で行う開発行為（土地の区画形質の変更。都計4条12項参照）には、都道府県知事（政令指定都市または特例市、中核市等においては市長）の許可を必要とする開発許可制度（同法第3章第1節）が定められている。

したがって、A社がB市内でマンション建設のために行う土地の区画形質の変更（整地行為等）について事前に開発許可が必要となる。

2　開発許可と建築

開発許可が必要な場合、これを取得せずに開発行為に着手すると都市計画法違反となるばかりか、建築確認の際も開発行為関係の都市計画法の規定は建築基準関係規定に含まれているため（建基令9条14号）、建築確認も取得できないこととなる。

また、開発許可制度の実効性を担保するため、開発許可を受けた開発区域内の土地においては、工事完了の公告があるまでの間は、原則として、建築物を建築し、または特定工作物を建築してはならないこととされている（都計37条）。このため、開発許可を受けた土地において建築確認を得ようとする場合、工事完了公告がなされていない限り、建築確認がなされない。

A社は開発許可を取得し、開発行為に関する工事を完了して検査を受け、工事完了公告がなされない限り、マンションの建築そのものには着手できない。

3　開発指導要綱による行政指導

　この開発許可の分野においても、多くの地方公共団体において乱開発の防止や周辺住民との紛争の防止のために、行政指導の根拠となる開発指導要綱が定められている。多くは都市計画法、建築基準法が定める規制よりも厳しい規制を定めているので、それを開発業者が遵守しない場合に何らかの制裁を課すことができるかをめぐって争われる事件が発生した。武蔵野市給水拒否事件（最決平成元・11・8判時1328号16頁）、武蔵野市教育施設負担金事件（最判平成5・2・18民集47巻2号574頁）等の裁判例がある。

　なお、条例と法律の関係が問題となったケースとして、横浜地判平成20・3・19判時2020号29頁（控訴審：東京高判平成22・2・25判時2074号32頁）がある。

Ⅶ　都市計画法32条の公共施設の管理者の同意

1　都市計画法32条1項の同意の趣旨

　都市計画法32条1項は、開発許可を申請しようとする者は、あらかじめ、開発行為に関係がある公共施設の管理者と協議し、その同意を得なければならないと規定しており、同法30条2項は、開発許可の申請書に同意を得たことを証する書面を添付しなければならないと定めている。同法33条1項は、開発許可について申請に係る開発行為が同項各号の定める許可の基準に適合しており、かつ、その申請の手続が同法または同法に基づく命令の規定に違反していないと認めるときは開発許可をしなければならないと定めているが、同意書面が添付されていなければ、申請は不適法ということになるから必然

的に開発許可は取得できない。

　この都市計画法32条1項の規定は、開発行為が開発区域内に存する道路、下水道等の公共施設に影響を与えることはもとより、開発区域の周辺の公共施設についても、変更、廃止等の影響を与えることが少なくないことから事前に開発行為による影響を受けるこれらの公共施設の管理者の同意を受けることを開発許可申請の条件とすることによって開発行為の円滑な施行と公共施設の適正な管理の実現を図ったものだとされている。

2　正当な理由のない不同意の法的意味

　本事案によれば、D県知事が同意しない行為は、正当な理由がないとのことである。

　この都市計画法32条1項の規定についていえば、行政機関が管理する公共施設は、私人が管理する施設とは異なり、それぞれの公共施設管理法令（道路法、都市公園法、下水道法等）により管理されるものであり、法的に無制約なものはあり得ない。公共施設の機能に支障が生じないような場合において、同意を拒絶し得ないものとみるべきである（阿部泰隆「判批」判評359号7頁）。

　正当な理由なく（公共施設の機能に影響が発生しないにもかかわらず）、D県知事が同意をしないのは違法ということになる。

Ⅷ　同意拒絶に対する訴訟

　違法な同意拒絶について、次のような訴訟が考えられる。

1　取消訴訟

　不同意を行政処分と構成して、取消訴訟を提起する方法が考えられる。しかし、同意拒絶について処分性を否定した最高裁判例（最判平成7・3・23民集49巻3号1006頁）は、同意の拒否を抗告訴訟の対象となる処分にはあた

らないと判示している。

これに対して、処分性ありとする見解（山村恒年「判批」判自131号66頁）と、処分性はないとする説（宇賀克也「判批」ジュリ1061号121頁）がある。平成16年の行訴法の改正においても、処分性を取消訴訟の訴訟要件とする行訴法3条1項の規定は改正されていない。前掲最判平成7・3・23を前提とすれば、同意の拒否を処分と構成して取消訴訟を提起して遂行するのは、困難といえよう。しかし、最高裁判所は、最判平成17・4・14民集59巻3号491頁、最判平成17・7・15判時1909号25頁などによって処分性に関するいくつかの判決をなし、行政処分の範囲を拡大している。したがって、前掲最判平成7・3・23は、改変の可能性がある。

2　民法414条2項ただし書により意思表示に代わる裁判を求める方法

処分性が認められず取消訴訟ができないとすると他の手段を考えなければならない。

行政庁に民法414条2項ただし書に基づき同意を求める訴え（民事訴訟）を提起し、その勝訴判決の正本を開発許可申請書に添付することで都市計画法30条2項の同意を得たことを証する書面の添付の要件を満たすとすることができるという見解（宇賀・前掲123頁）がある。

しかし、民法414条2項ただし書は、<u>法律行為の成立に必要な同意</u>もしくは承諾、債権譲渡の通知、登記の申請などをなす債務についてこのような行為をすべきことを命ずる裁判があるときは、これによって<u>意思表示ないし準法律行為があったと同一の効果</u>を生じさせることとして、これらの行為の強制履行に代えることとしたものである。つまり、開発行為をしようとする者が、関係公共施設の管理者に対する同意履行請求する場合、その実体上の根拠となる規定ではない。また、<u>権利義務の帰属主体</u>となり得ない行政機関に対し「同意義務」の履行を請求することができると解することは、<u>困難である</u>。

3 公法上の当事者訴訟（確認訴訟）

そこで、都市計画法32条１項の同意をする義務の確認の訴えも可能性がある。

確認訴訟を提起しようとするためには、確認の利益が必要である。確認の利益の判定は、「確認訴訟の適否（対象適格性）」、「即時確定の利益の存否（即時確定性）」、「確認訴訟によることの適否（補充性）」の３要件によって判断される。

行政庁の同意は自由裁量ではなく、法規裁量（行政庁の判断が法規に拘束されている行為）であると解するとすれば、A社に確認の利益が認められるであろう。

4 国家賠償請求訴訟

違法な公権力行使があれば、国家賠償請求ができるが、公物管理者の違法な不同意に対し、国家賠償請求が許されるにすぎないという見解がある（齊木敏文「公物管理権の性質」（藤山雅行編・新・裁判実務体系(25)〔行政訴訟〕）365頁）。しかし、国民の権利救済方法としては、極めて不十分な考え方であり、事後救済ではなく建築確認を実現する方法がないとするのは、公務員の違法な行政活動を放置することになる。

5 岡山地判平成18・4・19判タ1230号108頁

都市計画法施行規則60条書面（適合書面）の交付申請について、不交付通知を受けた原告が、同通知の取消訴訟と同適合書面の交付を求めた事案について、岡山地方裁判所は不交付通知の処分性を認め、適合書面の交付を義務づける判決をなした。

Ⅸ　法律と条例

1　条例と法律との関係

　建築指導については、長く一般的に行政指導の根拠となる指導要綱などの行政内部のマニュアル文書にとどまっていたが、最近これを「条例化」する地方公共団体が増加している。

　条例は地方公共団体の自治立法であり、各地方の生活環境の保護のために必要な規制を定めることができることも明らかであるが、法律と条例が「同一目的」で「同一対象」を規定している場合には、両者の「抵触関係」が問題となる。

2　法律と重複する条例

　同じ分野に国の法令として建築基準法があり、建築確認に際して近隣住民の同意書を要求する条例を制定することは、同一事項について国の法令と条例が併存していることになる。

　条例により法律よりも強度の規制を行うには、それに相応する合理性とこれを行う必要性が存在し、かつ、規制手段がその必要性に比例した相当なものであることがいずれも肯定されなければならない。このような必要性と相当性がない場合には、当該条例の規制は、「比例原則」に反し、法律の趣旨に背馳するものとして違法、無効となるというべきである。

3　行政指導の法律適合性

　最近宅地開発指導要綱等を条例化することが多いが、開発行為の建築物の建築等に関しては、都市計画法、建築基準法との適合性の関係で禁止や許可制よりも、協議や同意といったより緩やかな制度をとるものが多く、このような規定例は、市町村長の措置はあくまでも行政指導の性格を有すると解さ

161

れるものが多い。また、罰則もほとんどおかれず、市町村長が必要と認める場合の氏名の公表等の措置が実効性確保のための手段としておかれているものが多い。

本事案においては、建築基準法との適合性を十分検討すれば、近隣住民の承諾書の添付は、建築確認申請の法律上の要件でないから、近隣住民が建築確認を左右することはできないというべきである。

4　当事者訴訟（条例審査訴訟）

本事案のような条例は、建築基準法と抵触すると考えられるから、建築確認の却下処分の取消訴訟において、同意書の添付がなくても、建築確認申請は適法であることを主張し、「当該承諾書を添付する義務のないことの確認を求める訴え」を提起することができよう。

「行政指導に携わる者は、その相手方が行政指導に従わなかったことを理由として、不利益な取扱いをしてはならない」（行手32条2項）とされているが、各自治体も同様の行政手続条例を有するのが一般的である。

〔図6〕　建築基準法と都市計画法の許認可手続の流れ

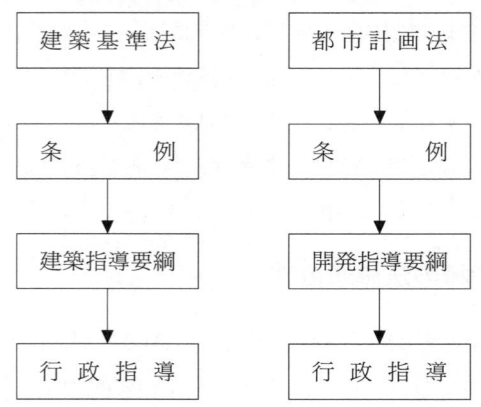

```
建築基準法              都市計画法
   ↓                      ↓
  条  例                 条  例
   ↓                      ↓
建築指導要綱           開発指導要綱
   ↓                      ↓
 行政指導              行政指導
```

X 本章における分析の手法

　行政行為に処分性が認められる場合には、「処分探し → 根拠法令探し → 処分実体法要件の分析 → 処分手続法要件の分析」をしたうえで、抗告訴訟を選択することになる。
　行政行為に処分性が認められない場合には、「非処分行政活動 → 法律関係・法的地位探し → 根拠法分析」したうえで、当事者訴訟を選択することになる。

行政調査訴訟（実地調査応諾要求通知） 第2章

≪事案≫

　原告Ｘは、社会福祉法人であるが、被告Ｙ市より平成22年7月2日付けで、目的を「介護保険給付対象サービスの質の確保および保険給付の適正化を図ること、実施場所をＸ施設内」とする介護保険法23条に基づく「実地指導」を行う旨の通知を受領した。

　平成22年7月30日に、Ｙ市担当者が同施設を訪れたが、Ｘ理事長および施設長はこれに応じなかったので、Ｙ市担当者は施設には立ち入れなかった。Ｙ市担当者は、Ｘに対し、さらに実地指導を強く求め、これに応じなければ、何らかの不利益があると示唆した。Ｙ市担当者がＸに要求する内容は、実地調査（施設立入りと関係書類などの検査）に応ずることを求めるものであった。

【設問】

(1)　Ｘはどのような行政訴訟を提起して救済を求めることができるか。

(2)　本件実地指導を求める要求通知は、行政指導か行政調査に応ずることを求める命令か。

(3)　本件実地指導にＸは応諾する義務があるか。

【論点】

　Ｘは、①主位的に、行訴法4条後段に基づく公法上の法律関係の確認の訴えとしての本件実地指導に応じる義務がないことの確認、②予備的に行訴法37条の4に基づく差止めの訴えとして、本件実地指導を行ってはならないことを求める訴訟を提起することができるか。

【関係法令】
・介護保険法23条、65条、90条、92条
・厚生省令第39号（平成11年3月31日制定）33条3項

> <u>指定介護老人福祉施設</u>は、提供した指定介護福祉施設サービスに関し、<u>法第23条の規定による</u>市町村が行う文書その他の物件の提出若しくは提示の求め又は当該市町村の職員からの<u>質問</u>若しくは<u>照会</u>に応じ、入所者からの苦情に関して市町村が行う<u>調査</u>に<u>協力</u>するとともに、市町村から<u>指導又は助言</u>を受けた場合は、当該指導又は助言に従って<u>必要な改善</u>を行わなければならない。

・行政手続法3条14号・16号

【参考判例】
・長野地判平成23・4・1判例集未登載

> 解説

I 行政指導

1 行政指導の意義

　行政指導とは行政機関がその任務または所掌義務の範囲内において一定の行政目的を実現するために、特定の者に一定の作為、不作為を求める指導、勧告、助言その他の行為であって処分に該当しないものである（行手2条6項）。
　行政需要は複雑・多様化しており、急速に流動するものであるので、行政需要に対応してすべての実定法が完備されているわけではない。法の不備を

165

補い、臨機応変かつ弾力的に対応することが要求されるところに、行政指導の必要性の根拠がある。

行政指導の特徴としては、①事実行為、②強制的なものではなく、相手方の任意的な協力を求めるもの（＝非権力的行為）、③具体的な行政目的達成のための1つの手段、といった点があげられる。行政指導は、事実行為だから有効・無効と評価できず、違法・適法と判断できることになる。

2　行政指導の分類

(1) 助成的・受益的指導

行政が私人に対し、その福祉の向上などを目的として、知識または情報を提供するものをいう。福祉事務所や保健所が児童・妊産婦の福祉・保健に関して行う指導など、社会保障行政の分野において多くみられる。

(2) 規制的指導

行政が、①私人の行為の適法性確保のため、②私人の違法行為是正のため、③独自の規制目的達成のため、④私人間の利害の調整のため、などの目的達成のために行う指導は規制的行政指導である。

3　行政指導の内容

行政指導は、相手方の任意の協力によってのみ実現（行手32条1項）し、指導への不服従に対して不利益な取扱いを禁止（同条2項。法令で定められている不利益取扱いには及ばない）している。

また、申請（許認可に伴う）にかかわる行政指導にあっては、相手方が不服従の意思を表明した後、それを継続する等により不利益を与えてはなら（行手33条）ず、許認可権をもつ機関が、許認可をする意思もないのに行政指導をしてはならない（同法34条）。

さらに、行政指導にあたっては、相手方に対して、行政指導の趣旨、内容、責任者を明示しなければならず、相手方は、上記について書面交付請求権を有する（行手35条）。

なお、最判昭和60・7・16民集39巻5号989頁〔品川マンション事件〕も参照のこと。

4 違法な行政指導の是正

特に上記2(2)の規制的行政指導には、法律による行政の原理を空洞化させる危険性が内在する。行政指導は法的には全く強制力がないといっても、行政指導が半ば威嚇的になされ、国民は内心不満であっても、これを拒否することが困難な場合があり、行政庁が法律の根拠なしに、国民の権利自由を制限することができることになる（最決平成元・11・8判時1328号16頁〔武蔵野マンション事件〕、最判昭和56・7・16民集35巻5号930頁〔申込拒絶事件〕、最判平成11・1・21民集53巻1号13頁〔福岡県志免町給水拒否事件〕も参照）

5 本事案における通知

本事案の通知の根拠法は、介護保険法23条であるとされている。同条によれば、サービス供与者にも調査要求でき、また同法92条1項10号により施設指定の取消しをなしうる。

本事案のモデルとなった長野地判平成23・4・1判例集未登載は、本事案の通知を命令と解しながら差止訴訟によらず、当事者訴訟として判決したが、施設指定の取消しの不利益を受ける可能性があるところを重視して、処分性があるとの解釈もありうる。

II 行政指導に対する司法審査

1 取消訴訟の可否

原則行政指導は行政処分ではないため、取消訴訟は提起できない。ただし、行政指導でも処分性を有するものについては、訴訟提起が可能である。

処分性が認められた行政指導としては、関税定率法に基づく税関長の通知

（最判昭和54・12・25民集33巻7号753頁〔税関長通知事件〕）、医療法30条の7の規定に基づく病院開設中止の勧告（最判平成17・7・15民集59巻6号1661頁〔病院開設中止勧告〕）がある。

2　国家賠償請求の可否

行政指導に対して国家賠償請求訴訟を提起することができる（最判平成5・2・18民集47巻2号574頁）。

公権力の行使の意義（国家賠償法1条参照）については、一切の行政活動を含む。通説・判例は、純粋な私経済作用と営造物の管理作用を除くすべての行政活動を公権力の行使と考える。したがって、行政指導も行政庁が行政目的達成のために行う行政活動の1つであり、公権力の行使に該当する（前掲最判平成5・2・18）。

III　行政調査

行政指導は、行政調査手続の中で行われる。

行政調査は、行政上の必要な資料を収集することを目的とするものである。個別法に質問検査権や立入調査権を規定し、調査拒否に対し罰則を適用するものがある（法人税法153条等）。

また、即時強制は、義務を命ずるいとまのない場合、または義務を命ずることによって目的を達しがたい場合、人の身体や財産に実力を加える作用である。警察法による職務質問や保護措置や立入調査は即時強制とされている。

行政調査は、即時強制とは別の行政活動であるが、国民生活へみだりに介入することを防止するため、「調査の必要性」と「調査方法の合理性」が行使要件である。行政調査の与える影響を考える場合、特段の事由がない限り、事前通知や理由の告知の必要性もあるといえよう。

行政調査の内容が、国民の権利・利益に対する著しい侵害のおそれが予想される場合、黙秘権の保障（憲法38条1項）や令状主義の保障（同法35条）が

168

及ぶと考えられる（最大判平成4・7・1民集46巻5号437頁）。

Ⅳ　長野地判平成23・4・1判例集未登載

本事案のモデルとなった長野地判平成23・4・1判例集未登載は、以下のとおり事実認定のうえ判示している。同判例は、設問に対する回答と論点に対する法的分析を示しているので以下紹介する。

1　確認の利益の有無

(1)　確認の利益

確認の訴えの利益については、原告の権利または法的地位に危険、不安が現に存在し、その危険、不安を除去するために確認の訴えが必要かつ適切な手段といえる場合に認められると解すべきであるとする。

(2)　当事者訴訟と差止訴訟の関係

公法上の法律関係の確認の訴えについては、後に予想される不利益処分等の予防的不作為訴訟という側面もあるため、後に不利益処分等がされるのを待ってその適否を争わせることが適当というべき場合もあり、また、一定の不利益処分の予防については、処分の差止めの訴えが法定されていることに照らせば、公法上の法律関係の確認の訴えにおいて確認の利益が認められるためには、行政の活動、作用等により、原告の有する権利または法的地位に対する危険、不安が現に存し、これを後の時点で事後的に争うより、現在、確認の訴えを認めることが当事者間の紛争の抜本的な解決に資し、有効適切といえることを要すると解すべきである、とする。

(3)　長野地判平成23・4・1の確認の利益と本件通知の性質

前掲長野地判平成23・4・1においては、被告は介護保険法23条を根拠とする実地指導を行う旨通知しており、原告はこれに応じる義務があると主張しているところ、原告はこれに応じる義務がないことを争っているのであるから、原告には実地指導に応じるべき法的義務を課されるという法的地位に

169

ついての危険、不安が現に存在するといえる。

　また、原告に介護保険法23条を根拠とする実地指導に応ずるべき義務があるとすると、被告が原告に対して実地指導を行う旨通知したことは、被告が原告に対し、同法23条に基づく命令を行ったことになるというべきである、とする。そのうえで、原告は実地指導に応じることを拒絶することにより、同法92条1項10号によって介護福祉施設の指定の取消し等を受ける可能性があるといえ、前記取消し等によって原告が受ける不利益の程度および前記取消しについて都道府県知事の行為裁量性があり、原告が不安定な状況におかれることからすれば、取消しが行われた時点で事後的に争うより、現在実地指導に応ずべき義務についての確認の訴えを認めることが当事者間の紛争の抜本的な解決に資し、有効適切であるというべきである、とする。

2　実地指導に応じる義務

(1)　23条調査

　介護保険法23条は、保険給付に関して必要があると認めるときに、被保険者もしくはサービス事業者に対し、文書その他の物件の提出を求め、当該職員に質問もしくは照会をさせることができる、と規定する。

　介護保険法65条が、介護給付等を受ける者が同法23条に基づく調査に応じない場合の介護給付等を受ける者への制裁を規定する反面、施設サービスを担当する者について特段の規定をおいていないことからすると、同法23条に基づく調査は、被保険者の介護保険の不正受給等といった、もっぱら被保険者の保険受給状況についての調査と考えるべきである、としている。

(2)　費用請求と調査応諾義務

　介護保険法48条1項が、被保険者が都道府県知事から指定を受けた介護福祉施設によって行われるサービスを受けた場合に、当該介護福祉施設から請求あったときには、当該被保険者に対する介護保険支給額の限度で施設に当該サービスに要した費用について支払うことができる、と規定することから、サービス事業者は被保険者の保険受給状況に関し、同法23条に基づく調査に

応ずる義務があるというべきである、とする。

(3) 23条調査の範囲

しかし、介護保険法23条が調査方法について同条に定めるほかに政令等に委任を行っていないことからすれば、市町村は、同条に定める調査方法およびこれと同視できる調査方法以外の方法で同条に基づく調査を行うことはできないと解すべき、としている。

(4) 通知内容

前掲長野地判平成23・4・1においては、被告は実地指導が介護保険法23条に定める文書等の提示や職員への質問を施設内で行うことを予定していたにすぎないと主張するが、本件通知の内容が原告の施設内において実地指導を行うとなっていることからすれば、被告が原告施設に立入り調査を行ったうえで、実地指導を行うことを予定していたものというべき、であるとする。

そのうえで、介護保険法23条に基づく調査は、同条に定める方法およびこれと同視できる調査方法以外では実施できないのであるから、本件実地指導は、同法23条に基づく調査としては、調査方法を逸脱するものであり、違法である、とする。

(5) 本件実地指導

厚生省令39号33条3項は、指定介護福祉施設に対して、その入居者等から保険受給に係る苦情が行われた場合に、市町村長が当該施設に対して行政指導としての指導、助言を行うことができることを明確化したものと解すべきであるとし、本件実地指導もこのような行政指導と解する余地があるものの、そのように解したとしても、行政指導とはあくまでも相手方の任意の協力によってのみ実現されるものであるから（行手32条1項参照）、原告にはこれに応じる義務はない、とする。

(6) 施設運営調査と保険受給調査

介護保険法90条1項において、市町村長に単に「必要があるとき」と同法23条と比較して（同法23条は保険給付に関して必要があるとき、と規定している）より緩やかな要件で、指定介護福祉施設の運営に関して、立入り調査を

含むより広範な調査権を付与していることに照らせば、23条は、<u>被保険者の保険受給についての調査</u>を超えて、同条が規定する方法およびこれと同視すべき方法以外の方法による調査権を付与し、サービス事業者にこれに応じる義務を課していると解することはできない、とする。

　厚生省令39号33条3項は、サービス事業者に対して、被保険者の保険受給状況について23条所定の方法による調査に応ずべき義務があることを明らかにするとともに、被保険者の保険受給に関する指定介護福祉施設への苦情等について行政指導としての指導または助言を行えることを明確化したものと解すべきである（被告の主張は採用できない）、とする。

(7) 差止訴訟

　「予備的請求について判断するまでもなく、原告の（主位的）請求に理由があるからこれを認容する」、とした。

　予備的請求は、実地調査の差止めを求める訴えであったが、違法確認請求を優先して認容し、この場合には、差止判決を不要と解したものといえよう。

V　実質的当事者訴訟

1　実質的当事者訴訟の意義

　公法上の法律関係に関する確認の訴えその他公法上の法律関係に関する訴訟は、抗告訴訟の対象とならない行政作用に対する権利救済の代替的手段として活用が期待される。ただし、法定差止訴訟が存在するので、それとの利用区分が問題となり、次の「確認訴訟の要件」（確認の利益）の検討が必要となる。

2　確認訴訟の要件

　上記長野地判は、公法上の法律関係の確認の訴え（または公的義務の不存在確認の訴え）について、次の2つの要件をクリアしていなければならない

とした。
① 行政の活動、作用等により、原告の有する権利または法的地位に対する危険、不安が現に存すること
② これを後の時点で事後的に争うより、現在、確認の訴えを認めることが当事者間の紛争の抜本的な解決に資し、有効適切といえること

3　介護保険法23条の調査権の範囲

都道府県知事は、指定介護施設の指定権限があり、市町村は介護保険給付をする者である。介護施設の指定や保険給付という行政活動をなすにつき、行政調査の必要性を生じる。しかし、少なくとも23条の文書等の提出要求は、同上の文言上、介護保険受給者の受給状況についての調査に限られる。そして、その方法も文書その他の物件の提出、職員への質問照会に限られている。同条は立ち入り調査について触れるところがないから、同条に基づいて実地調査はできないといえよう。

4　介護保険法90条の調査権の範囲

介護施設において利用者に対する虐待等があると、利用者から市町村に対して苦情が寄せられた場合、市町村長が事実確認を行うために、施設に立ち入るには介護保険法90条に基づく調査によって行うことになる。この場合、これを拒否すれば、市町村長から当該介護施設へ施設指定の取消し等の制裁をすることができる（同法92条1項）。

5　公的義務の不存在確認訴訟

公的義務に従うことを求める行政指導がなされた場合、当該公的義務の不存在確認訴訟の利用が考えられる。最判平成24・2・9民集66巻2号183頁は、国歌斉唱義務不存在確認事件について、職務命令に従う義務の不存在確認訴訟は、無名抗告訴訟であり、法定差止訴訟との関係で事前救済訴訟として補充性要件が必要であると判示した。すなわち同最判は、公的義務の不存

在確認訴訟が、何らかの行政処分を予定して提起される場合は、無名抗告訴訟であり、当該行政処分が予定する法的不利益以外の不利益を排除するための公的義務不存在確認訴訟は、公法上の当事者訴訟と考えていると思われる。

情報公開訴訟（審議検討情報と法人情報）　第3章

＜事案＞

　A弁護士は、東京都知事に対し、東京都情報公開条例に基づき、B社が東京都へ提出した開発許可申請関係書類の開示を求めた。東京都知事は、「問題の開発許可については、現在その許否を審査中であり、その結論が出る前に開示をすることは行政事務に支障を生じさせるおそれがある」と東京都情報公開条例の不開示事由にあたるものとして、不開示決定をした。A弁護士はこれを不服として、不開示処分の取消訴訟を提起した。

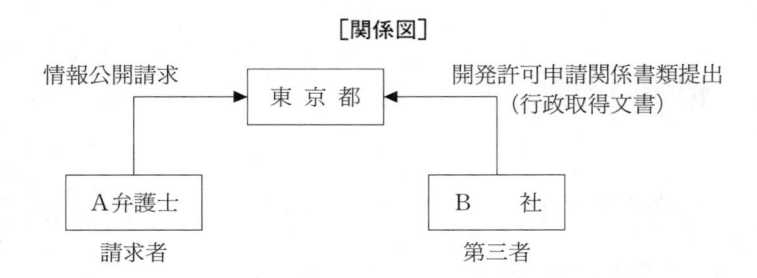

［関係図］

```
情報公開請求 →  東 京 都  ← 開発許可申請関係書類提出
                              （行政取得文書）
  A弁護士                       B　社
   請求者                       第三者
```

【設問】
(1) 同処分の取消訴訟が提起された後、開発許可がされたとした場合、このことは、訴訟の結論に何らかの影響を及ぼすか。
(2) 東京都知事は、同処分の取消訴訟において、「問題の情報は、法人情報にあたり、この点からも開示することができない」との主張を追加することができるか。
(3) 不開示決定に関して、取消訴訟以外の方法をとることはできないか。
(4) 第三者であるB社が不開示決定取消訴訟に参加したり、開示決定をさせ

ないための方策にどのようなものがあるか。

【論点】
① 不開示（非公開）事由の判断──審議検討情報と法人等情報の場合
② 違法判断の基準時
③ 取消訴訟における処分理由追加の可否
④ 抗告訴訟としての義務付け訴訟
⑤ 第三者の訴訟参加とその他の救済方法

【関係法令】
・行政機関の保有する情報の公開に関する法律13条

▶ 解説

I 情報の探究

1 情報の探究法

(1) 公開情報の収集

　行政機関の保有する情報の公開に関する法律（以下、「情報公開法」という）によって情報を入手する方法は、時間がかかるので必ずしも効率的とはいえない。一定程度の情報は、行政庁が刊行物やインターネットのウェブサイトなどですでに公開している。情報公開法による方法が簡便であるといっても、請求してから開示されるまでに1カ月以上かかり、閲覧・謄写に費用が必要である。

　まず、公開済みの情報をインターネットなどで入手し、必要な未公開情報を情報公開法で請求すべきである。

(2) インターネットの利用

　情報公開請求の前に、まず既刊・公表済みの文献にあたるか、インターネットを利用して調査できる範囲のことを調べることが必要である。現在、社会的に問題となっていることについては、その多くが、インターネットのウェブサイトで調査できる。インターネットには検索サイトなどがあることから、URL を知っている必要はない。いくつかのウェブサイトにアクセスすると関連リンクが表示され、必要な情報にアクセスすることができる。行政機関のウェブサイトや、大学などの研究機関、必要調査事項に関連する分野で活動をしている NPO のウェブサイトもある。

　また、現在では、インターネット版イエローページも分野別に各種作製されている。

　国が提供している「電子政府の総合窓口システム」のウェブサイト〈http://www.e-gov.go.jp/〉もある。

　ウェブサイトは国内に限らず、海外にも目を向ける必要がある。アメリカでは、情報は市民から請求を受けて初めて公開するのではなく、市民が必要とする情報は行政が自動公開すべきであるという考え方が徹底している。

(3) 非政府情報の利用

　行政機関が公開している情報は行政に都合のよい情報であったり、情報の整理の仕方がわかりにくい傾向がある。

　NPO のウェブサイトでは、行政の発表した情報を市民にわかりやすくまとめたものや、独自に集めた情報を提供しているものがある。これらのグループに直接連絡をとって必要な情報や蓄積された経験を学ぶことも効果的な方法である。

　アメリカでは、政治の不正を追及する「ジュディシャル・ウォッチ」、「市民の情報公開請求を支援するパブリックシチズン」など、情報公開に関する NPO が多く存在する。

(4) 情報センター

　各都道府県に情報公開の総合案内所が設けられている。行政機関は、情報

を適切に分類し、請求者が容易・的確に請求できるよう義務づけられている（情報公開法37条、38条）。情報のインデックスが整備されれば、複数のキーワードを and or not で絞っていくことによって、必要な情報の有無や検索数が即座にわかる。担当者は個々の情報の専門家ではないが、必要な情報の名称やその所在を、おおよその案内はしてくれる。この段階で、必要な情報がすでに公開されており、情報公開法によらなくても入手できることがわかる。本来、行政機関の有する情報は、市民から請求を受けるまでもなくすべて公開されるべきものである。90％以上の情報が公開されていて、さらに詳しい情報が必要な場合に情報公開法を活用するというのが情報公開制度の本来の姿であるといえよう。アメリカでは、同じ情報について数回、情報公開請求を受け公開した場合は、reading room（情報閲覧室）に備え置くようにされている。こうすれば情報公開請求の手間が省ける。

2 請求の方法

行政庁に情報の公開を求める場合には、請求書の記載事項、開示された情報の閲覧、複写の方法、費用などについては、情報公開法およびその施行令で規定されている（情報公開法4条、同法施行令5条〜14条）。

(1) 情報保有行政庁のリサーチ

情報公開請求をするには、請求しようとする情報を管理している行政庁を探さなければならない。同じような情報を複数の行政庁で管理している場合もある。

(2) 行政文書の特定

請求は行政機関が用意する用紙を使用するが、請求人が用意したものに必要事項を記入して行うことも可能である。

請求する情報の内容・題名の欄で、情報の特定をする必要がある。最初から情報の名称まで完全に特定することは困難である。情報センターの窓口で担当者に相談して特定するのが効率的である。

情報公開法は、「行政文書の名称その他の開示請求に係る行政文書を特定

するに足りる事項」を記載するよう規定している（同法4条1項2号）。具体的な情報名よりも「……に関する文書（情報）」というように、内容を特定するほうが確実である。具体的な情報名で特定すると、「そのような名称の情報はない」という理由で拒否される可能性がある。

　請求書の記載に形式的な不備があるとの指摘を受けたときは補正をする必要がある。関係省庁は、この場合、請求者に対し補正の参考になる情報を提

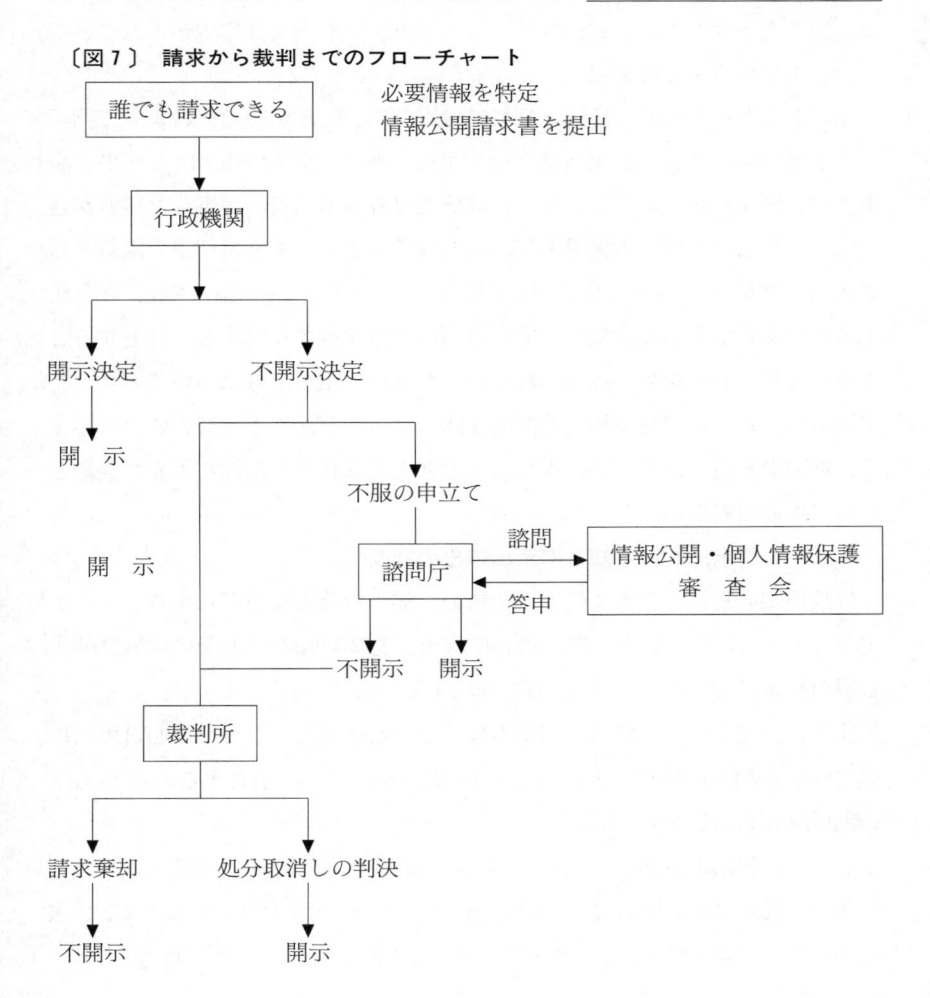

〔図7〕　請求から裁判までのフローチャート

```
┌─────────────┐     必要情報を特定
│ 誰でも請求できる │     情報公開請求書を提出
└──────┬──────┘
       ↓
┌─────────────┐
│   行政機関    │
└──────┬──────┘
    ↓      ↓
 開示決定   不開示決定
    ↓         │
  開 示       ↓
           不服の申立て
              ↓
           ┌──────┐  諮問  ┌──────────────┐
  開 示    │ 諮問庁 │ ──→  │情報公開・個人情報保護│
           │      │ ←──  │   審 査 会    │
           └──┬───┘  答申  └──────────────┘
            ↓    ↓
          不開示  開示
    ↓
┌──────┐
│ 裁判所 │
└──┬───┘
  ↓     ↓
請求棄却  処分取消しの判決
  ↓        ↓
 不開示    開示
```

179

供することが義務づけられている(情報公開法4条2項)。

(3) 請求書の提出先

請求書は郵送でも提出できる。宛先は情報を保有する府省の情報センターである。

3 開示された情報の閲覧、複写

上記「電子政府の総合窓口システム」のウェブサイトに案内がされている。

(1) 開示までの期限

請求がなされた日から原則として30日以内に、行政機関の長によって開示するか否か決定され、請求者に書面で通知される(情報公開法10条1項)。請求された情報の量が多かったり、行政機関以外の第三者の提供した情報が含まれていた場合の第三者保護手続に必要な期間など、事務処理上の困難その他正当な理由があるときは30日以内に限り延長できる(同条2項)。また請求された文書が著しく大量で、60日以内にそのすべてを開示しようとすると事務に著しい支障を生ずるおそれのあるときは、相当部分についてとりあえず開示し、残りの部分を相当期間内に開示することが許されている。このように期限を延長したりするときは、その理由と延長する期間が書面で通知される(情報公開法11条)。

(2) 開示決定の通知と開示の申出の期間

行政機関の長は、請求を受けた情報の全部または一部を開示することを決定したときは、その旨と、開示の日時場所、必要書類など開示の実施に関する事項を書面で通知をする(情報公開法9条1項)。

開示の決定を受けた場合、請求者は、その通知があった日から30日以内に、その求める開示の実施の方法などを行政機関の長に申出をする必要がある(情報公開法14条2項・3項)。

(3) 開示の方法

開示される情報の形式は、文書、図画(写真、マイクロフィルム)および電磁的記録(フロッピーディスク、CD-ROM、録音テープ、ビデオテープなど)

である（情報公開法14条1項）。電磁的記録は、できるだけ電磁的情報の状態のままで複写されるのが、費用の面でも望ましい。また電子情報の状態であれば、情報の並び替え、キーワードの検索、他の情報との組み合わせ、電子メールによる情報の送信が簡単にできる。

　情報の交付も電子メールの方法が最も効率的である。わが国でも最近ほとんどの情報はコンピュータに入力されているので、開示の方法は電子情報化社会に対応したものになっていく。

4　手数料の額

(1)　複写の費用

　情報公開請求をするには、実費の範囲内で、請求したことによる手数料と、その情報を閲覧・複写（以下、「コピー」という）する費用が必要である。金額は政令で定められる（情報公開法16条1項）。詳細が情報公開法施行令13条および別表第1に定められている。数万枚に及ぶ情報の公開請求をする場合には、紙によるコピーとなると、数十万円も費用がかかってしまう。フロッピーディスクやCD-ROMによれば、紙のコピーに比べてはるかに費用を低減できる。

(2)　手数料減免

　経済的困難、その他特別の理由があると認めるときは手数料を減免できるとし（情報公開法16条3項）、情報公開法施行令は開示実施手数料を減免できると定めている（同令14条1項）。ただし、減免するかどうかは行政機関の長の裁量に委ねられている。

　情報公開請求は、社会のために公益的目的で行うことも多い。情報公開法は「経済的困難その他特別の理由があるとき」としたが、「特別な理由があるとき」の中にNPOの活動の一環として情報公開を請求する場合も当然含まれる。

　情報公開法施行令は、「行政機関の長は、開示決定に係る行政文書を一定の開示の実施の方法により一般に周知させることが適当であると認めるとき

は、当該開示の実施の方法に係る開示実施手数料を減額し、又は免除することができる」と規定している（同令14条4項）。ここでは経済的困難の場合のように、減免額を限定していない。

アメリカの情報自由法では、学術的目的、非営利団体の公益的目的や報道機関の請求の場合は費用の減免が権利として認められている。

II 不開示決定と争い方・手続

1 不開示決定

(1) 書面通知義務

行政機関の長が、請求された情報を全面不開示や一部不開示とするとき、さらに存否応答拒否処分をするとき、情報が存在しないとするときは、その旨を書面で請求者に通知しなければならない（情報公開法9条2項）。

存否応答拒否処分とは、請求された情報が「あるともないとも答えない」という処分である。しかし、情報公開法8条は例外的であり、その処分が適法になされたか否かをチェックしにくく、濫用のおそれがある。

(2) 不開示理由

行政機関の長は、その理由を不開示決定の通知といっしょに請求者に十分に知らせることが義務づけられている（行手8条）。単に不開示の根拠規定を示すだけでなく、開示することによって、いかなる他の利益が害されるかを具体的に示す必要がある。自治体によっては紋切り型の理由しか示さないために、市民の不信を招き、異議の申立てが増えているケースがある。

(3) 存否応答拒否処分

存否応答拒否処分の場合、理由の示し方が概要にとどまるおそれがある。請求者としては、具体的でない理由の場合、そのような行政機関の対応を批判する必要がある。この処分を受けたときは、あきらめずに不服申立てをすることも重要である。情報公開審査会では、インカメラ手続で、その情報を

182

直接見て、適法に存否応答拒否処分がなされたかをチェックすることが期待できる。

(4) 情報不存在処分

情報が存在しないとする処分の場合も、存在しない理由を請求者に合理的に説明する必要がある。文書管理規程からするとあるはずの情報がないということでは許されない。保管すべき情報を廃棄していた場合は公用文書毀棄罪（刑法258条）に該当することもある（東京地判平成22・4・9判時2076号19頁〔沖縄機密協定事件〕。控訴審：東京高判平成23・9・29判時2142号3頁）。

情報名の表示が少し誤っていたために存在しないとされることがあり得ることから、公開請求にあたっては、情報の名称よりも情報の内容で特定したほうがよい。情報の名称が行政機関によって異なる場合もあり、少しずつ変更されることもある。

2 不開示決定の争い方

(1) 処分の変更を求める方法

公開請求した情報が全面不開示や一部不開示になった場合、その処分の変更を求める2つの方法がある。1つは行審法による不服申立てによる方法で、この場合、情報公開・個人情報保護審査会（以下、「審査会」という）に諮問される（情報公開法18条）。もう1つは裁判により不開示決定の行政処分の取消しを求める方法（同法21条）である。

(2) 自由選択主義

まず不服申立てをし、それでも開示が認められないときに初めて裁判を提起するか、最初から裁判を提起するか、どちらでも自由に選択できる。裁判を提起する前に不服申立てをする必要は必ずしもない。

審査会は全国で1つしかない。不服申立てをしても、先に多くの事件が申し立てられている場合には、なかなか順番がこない。裁判の場合はそのようなことはないが、手続が厳格であるため、市民にとって利用しにくい面がある。

(3) 方法の選択
㋐ 審理する場所

　不服申立ては<u>処分庁</u>か<u>直近の上級行政庁</u>に対してするが、その後、審査会に諮問される。審査会は<u>総務省</u>が<u>所管</u>するので東京になる。他方、裁判は、不開示決定の<u>処分をした行政庁の所在地を管轄する地方裁判所</u>（行訴12条、ほとんどの場合は東京地方裁判所になる）か、または<u>請求人が居住している地域の高等裁判所所在地の地方裁判所</u>になる。札幌、仙台、東京、名古屋、大阪、広島、高松、福岡の各地方裁判所8カ所である（行訴86条1項）。

　不服申立書、訴状の提出は郵送でできるので、どちらでも変わりない。その後、不服申立ては実際に出頭することはほとんどないが、裁判の場合は、毎回出頭することが原則となるので、どこに管轄があるかは重要となる。なお、裁判においても、主張の整理の段階は、電話会議による方法を活用することにより出頭しなくてもよい場合がある。

㋑ 結論が出るまでの期間

　<u>行審法の方法によるか、裁判によるか</u>、どちらが早いかは、事件の内容による。不服申立ての場合、審査会の合議体で審査されるだけであるので、多くの申立てが集中し、順番待ちで長期間待たされることが予想される。裁判では、全国8カ所の地方裁判所で行われるため、ほとんどが1年前後で判決が出ている。

㋒ 手続の簡便

　不服申立てのほうが裁判に比較して手続が簡便である。不服申立てでは申立書、意見書、資料を提出し、口頭による意見陳述をする程度である。裁判では行訴法、民事訴訟法による厳格な手続が行われる。

㋓ 手続の公正さ

　不服申立てでは、<u>審査会</u>に行政庁がした判断の違法性、当否を諮問するが、あくまでも行政サイドの審査であり、手続の公正さという面では、どうしても不安がある。<u>審査会</u>の委員は、衆議院と参議院の同意を得て内閣総理大臣が任命する。人選はそのときの政権の情報公開に対する姿勢を反映するので、

184

必ずしも中立性が期待できないこともある。重要な防衛外交情報についても審査を行うわけであるから、地方自治体の審査会委員よりも行政寄りの人選が行われることも予想される。

審査会の審理は非公開で、書面審査中心の手続である。当事者としての立会権もない。主張・立証の面でも行政庁の意見に対し、適切に反論する機会が十分確保されるとはいいがたい面がある。提出資料の閲覧が原則的に認められているが、本来、判断資料は共通化されるべきであり、副本の提出を義務づける必要がある。どのような審査が行われているのか、次にいつどんな手続が行われるのか、結論が出るのがいつなのか、手続上明確ではない。

　㈱　審理の内容

審査会の審査にはインカメラ審理が設けられているが、裁判では認められていない。インカメラ審理とは、不開示となった情報を審査会ないし裁判所が直接見ることができるが、請求者側は見ることはできない手続である。すなわち、審査会が不開示となった情報を直接見て判断できる点では裁判よりすぐれている。

しかし請求者が積極的に証拠を収集したり相手方の証拠を弾劾したりする面は弱いといわざるを得ない。裁判では、裁判所が相手方に対し文書提出を命じたり（民訴220条）、証人尋問をするなど積極的な証拠調べを行うことができる。

情報を開示すべきかどうかを判断するにあたっては、その情報を直接見るのが最も効果的であり、逆にいえば見ないでは正しい判断がなされないおそれがある。そこで審査会でも裁判でもインカメラ審理が認められるべきであるが、民事訴訟法は、裁判手続にインカメラ審理を認める明文を設けなかった（最判平成21・1・15民集63巻1号46頁）。

審査会の審理にインカメラが認められている点を除けば、ほとんどの点で、裁判によるほうが主体的に手続が進められると思われる。

同じ争点あるいは類似のパターンの不開示処分で、請求者に有利な不服申立ての審査の先例がある場合は、裁判を起こす必要はない。

3 不服審査の申立てとその手続

(1) 制度の概要

　開示決定等について不服のある当事者は、行審法に基づき、処分庁か直近の上級庁に対し不服の申立てをすることができる。その期限は開示決定等があったことを知った日の翌日から起算して60日以内である（行審14条）。2カ月以内ではないことに注意されたい。

　なお、不服を求める当事者の中には開示により権利利益が害される第三者（たとえば開示決定された情報の中に企業秘密に関する情報が含まれていた場合の企業）も含まれる。

　不服の申立てをすると、開示請求者の言い分を認めて請求した情報を全部開示する裁決または決定をするとき以外は、行政機関の長は情報公開審査会（会計検査院の場合は、別に定める審査会）に諮問する。実際上、不服申立てされた不開示決定を取り消したり変更することは考えられないので、ほとんどすべて審査会に諮問されることになる。審査会は、諮問を受けて調査・審議をしたうえで、諮問庁に答申をし、不服申立人等に答申書の写しを送付し、答申の内容を一般に公表する（情報公開・個人情報保護審査会設置法（以下、「審査会設置法」という）16条）。なお、調査・審議の手続は非公開である（同法14条）。

(2) 情報公開・個人情報保護審査会の組織

　情報公開・個人情報保護審査会（以下、「審査会」という）は総務省におかれている。審査会は委員15人で組織される。委員は衆議院・参議院の同意を得て内閣総理大臣が任命する。委員の任期は3年で、審査会は委員3人で構成する合議体で調査・審議し、5つの審議体制となっている。全国からの不服申立てをわずか5つの審議体で審議することになっている（審査会設置法3条、4条、6条）。

(3) 情報公開・個人情報保護審査会の調査・審議の流れ

　審査会の調査・審議の手続は、審査会設置法に規定するほかは政令で定め

〔図8〕 不服審査の流れ

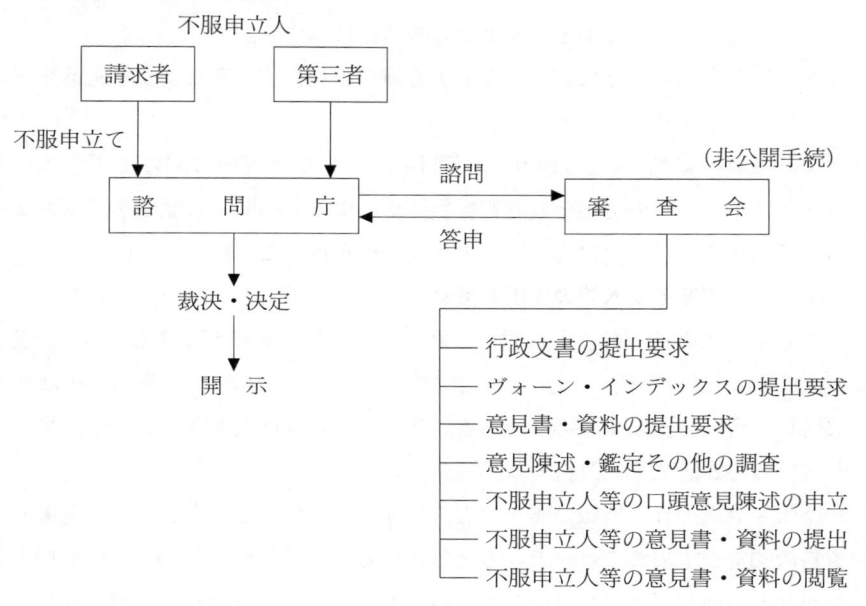

```
                    不服申立人
   ┌─────┐      ┌─────┐
   │ 請求者 │      │ 第三者 │
   └─────┘      └─────┘
不服申立て│            │
      ▼            ▼           諮問          （非公開手続）
   ┌─────────────┐ ─────────→ ┌─────────┐
   │  諮  問  庁    │            │ 審  査  会 │
   └─────────────┘ ←───────── └─────────┘
         │                 答申         │
    裁決・決定                          ├── 行政文書の提出要求
         │                              ├── ヴォーン・インデックスの提出要求
         ▼                              ├── 意見書・資料の提出要求
       開  示                           ├── 意見陳述・鑑定その他の調査
                                        ├── 不服申立人等の口頭意見陳述の申立
                                        ├── 不服申立人等の意見書・資料の提出
                                        └── 不服申立人等の意見書・資料の閲覧
```

られるが、大きな流れは〔図8〕のとおりである。

　<u>審査会</u>は、諮問を受けると、調査に入る。調査にあたって、審査会は不服申立人、参加人または諮問庁（これらを不服申立人等という）に対し、①意見書、資料の提出要求、②いわゆるヴォーン・インデックスの提出要求ができる。ヴォーン・インデックスとは、開示請求を受けている情報の内容を、<u>分類・整理した書面</u>である。最低限、不開示事由の種類と不開示部分の特定に関する記述、開示されることによって発生する障害の具体的事実および不開示を正当づける記述が記載される必要がある。

　さらに<u>審査会</u>は、諮問庁に対し、必要に応じて、不開示処分となった情報の提示を求めることができる。これらによって審査会は、不開示処分の違法性、当否について効率的に審査できる。

　ヴォーン・インデックスは、アメリカで採用されている制度で、確定した形式はないが、少なくとも次の内容が記載される必要がある。

① ヴォーン・インデックスの作成者の信用性に関する記述
② 不開示事由の種類と不開示部分の特定に関する記述
③ 開示されることによって発生する障害の具体的事実および不開示を正当づける記述

アメリカの裁判では、裁判所は不開示処分をした行政機関にまずヴォーン・インデックスの提出と公開宣誓供述書によって不開示の理由を説明させる。そのうえで、必要に応じインカメラ審理を行うことになっている。

(4) 不服申立人等の権限と活動

不服申立人等は、審査会に対し、意見書、資料の提出ができる（審査会設置法11条）。ここで不開示処分の違法性・不当性を具体的に主張し、それを裏付ける資料を提出する必要がある。そのためには行政機関がどんな主張をしているのかを知り、分析する必要がある。

不服申立人等は、情報公開・個人情報保護審査に対し提出された意見書・資料の閲覧を求めることができるとしている（審査会設置法13条）。しかし、いかなる書面が提出されているか、いつ提出されたかを知ることができない。この点は裁判手続と同様、相手方に対し副本を提出することを義務づけるべきであろう。

不服申立人等は、審査会に対し、口頭で意見を述べる機会を与えるよう申し立てることができる（審査会設置法10条1項）。この場合、審査会の許可を得て請求者と参加人は、弁護士などの専門家を補佐人につけて、いっしょに出頭することができる（同条2項）。

口頭による意見陳述の機会は、書面による主張・立証が終了した段階で行われるのが普通であるが、審査会の委員に対し、最後に重要な点を直接訴えることは非常に意義がある。

(5) 情報公開・個人情報保護審査会の答申とその後の手続

審査会は、以上の調査と審議を経て諮問庁に対し答申を出す。答申書の写しは不服申立人および参加人に送付され、さらに答申内容は一般に公表される（審査会設置法16条）。

審査会は諮問機関であるので、審査会の判断に法的拘束力はないが、行政機関はよほどの合理的理由がない以上、これと異なる裁決、決定はできない。

不服申立てでも不開示処分が覆らなかった場合、最後の手段として裁判を提起することができる。裁判を提起できる期限は、不服申立ての裁決があったことを知った日から6カ月以内である（行訴14条）。

4 情報公開訴訟の提起とその後の手続

(1) 概　要

不開示決定に対し、不服があるときは、まず不服審査の申立てをするか、あるいは直ちに裁判を起こすことができる（自由選択主義）。裁判の手続は、一般の行政訴訟の裁判と変わらない。大きく異なるのは、不開示事由の証明責任が国側にあることである。手続は、まず管轄をもつ裁判所に訴状を提出し、裁判がスタートする。裁判の期日が決まり、不開示決定をした行政機関（以下、「相手方」という）から不開示決定をしたことが正当であることを記した答弁書が提出される。その後しばらくお互いの主張・反論が繰り返される。争点が明らかとなったところで、必要に応じて証拠の提出や証人尋問が行われ、その後判決が言い渡される。通常の裁判が2、3年くらいの時間がかかることに比べれば、相手方に立証責任があるため比較的短期間で第1審の判決が出る。

第1審の判決に不服がある場合には、通常の裁判と同様に控訴、上告ができる。

(2) 提訴の期限

情報公開訴訟を提起できる期限が定められている。それは不開示決定等の処分があったことを知った日から6カ月以内である。不服申立てをした場合は、その裁決があったことを知った日から6カ月以内である（行訴14条）。

もし期限が過ぎてしまったら、もう一度情報公開請求を最初からやり直すしかない。

(3) 裁判の管轄

　情報公開の裁判を提起できるのは、不開示決定の処分をした行政庁の所在地を管轄する地方裁判所（国の行政情報の開示を求めるときは、ほとんどの場合、東京地方裁判所になると予想される）、事案の処理にあたった下級行政機関の所在地の地方裁判所、または請求者が住んでいる地域を管轄する高等裁判所所在地の地方裁判所になる。札幌、仙台、東京、名古屋、大阪、広島、高松、福岡の8カ所の各地方裁判所である（行訴12条4項）。

　情報公開訴訟の管轄を東京に集中させるのか全国に広げるのかが情報公開法の最も重要なポイントであるとして立法段階で最後まで紛糾した。その理由は、東京地方裁判所1カ所に集中させると、沖縄県民の場合、交通費等で200万円以上もかかってしまうなどの試算もあり、経済的な面から地方の人々が裁判を提起することが困難となることがあげられる。または、東京地方裁判所のみに集中し、行政事件の専門部に担当させることは、そのときの政権に従順な裁判官を配属させることにより、すべての情報公開訴訟を掌握できることになる。結果的には前記全国8カ所の各地方裁判所に限定されたが、沖縄県や日本海側の地域にも管轄を認める必要があろう。

(4) 費　用

　情報公開請求は、企業が企業活動の一環として行う場合は別として、市民・消費者がプロボノ活動（公共的ボランティア活動）として行うことがほとんどである。

　情報公開訴訟にかかる費用は大きく分けて実費と弁護士費用である。なお、実費は、訴状に貼る印紙代、書面を送達するための切手代、裁判所への交通費が主なものであり、②弁護士費用は、弁護士に支払う着手金、報酬と実費相当の交通費である。

　情報公開訴訟は普通の行政事件の訴訟に比べて、原告が勝訴する確率が高い。

(5) 訴　状
　　(ア)　当事者欄

　原告には、請求者の住所、名前、電話番号（FAX番号）、送達場所を記載する。

　被告には、不開示決定をした行政庁の住所と訴訟提起時点のその代表者（普通は担当大臣の名前）を記載する（行訴11条）。

　　(イ)　提訴の日付

　提訴する日付を記載する。

　　(ウ)　請求の趣旨

　裁判で何を求めるかという結論を端的に記載する。不開示決定処分を受けた部分の処分を取り消す旨を記載する。

　　(エ)　請求の原因

　不開示処分が違法であることの理由を書く。

Ⅲ　情報公開訴訟の概要

　情報公開法、独立行政法人等の保有する情報の公開に関する法律（独立行政法人情報公開法）、その他各地方自治体が定めているいわゆる情報公開条例に基づき、行政文書の開示に関しては、平成16年改正後の行訴法37条の3による「義務付け訴訟」、37条の4による「差止め訴訟」が可能になった。これら情報公開に関する行政訴訟についての訴訟手続上の問題点を解説する。

1　情報公開訴訟

　開示請求権が公法上の実体的請求権であれば、公法上の法律関係に関する訴訟として、「当事者訴訟」が可能である。

　しかし、実務においては、実体的開示請求権を前提とした「当事者訴訟」は行われず、不開示決定の取消しという「抗告訴訟」が当然のごとく行われてきた。これは、情報公開の請求相手が、権利義務の帰属主体とされる行政

主体ではなく「行政機関の長」であったこと（独立行政法人等にはあてはまらないが）から、当事者間の法律関係ではないとされ、不開示決定が審査の対象とされてきた（ただし、行訴5条参照）。

　不開示決定については、行政処分に特有の効力とされる公定力はあまり意味をもたない。なぜなら、あらためて開示請求をすればよいだけのことで、最初の不開示決定について出訴期間を徒過したからといって、同一の文書に対する開示請求がその後制約されることはないのであるから、開示、不開示の決定を「行政処分」として意識しなければならない理由はない。

　開示を求められた文書に第三者の情報が記録されている場合であって、その第三者の利益を尊重しながら文書の開示、不開示の判断をなすことが行政機関に求められている。行政機関の開示義務は、請求者の開示請求権との間で権利義務関係として裏腹の関係に立っているものではない。文書の開示、不開示をめぐる行政機関の権限の行使は、多数の関係者の利益を考慮してなされなければならないもので、その権限行使の結果である「決定」を争いの主題とする合理性がある。この決定に行政処分性がなければ、当事者訴訟方式で情報公開訴訟を行うことになろう。

2　情報公開訴訟手続

(1)　義務付け訴訟

　不開示決定に対する取消判決は、「取消判決の理由となった不開示事由」についての判断のみが行政庁を拘束するとされ、取消しがなされても「別の不開示事由」がある場合には、再度不開示決定ができるとされていた（大阪高判平成10・6・30判タ991号157頁）が、義務付け訴訟によって、こうした事態は避けることができるようになった。不開示事由が存在することの立証責任は行政側に存するので、不開示決定がなされた場合には、取消訴訟と同時に義務付け訴訟を併合して提起することが、これからの情報公開訴訟の主流になろう。

(2) 第三者の権利利益の保護
(ア) 第三者の救済手段

　第三者情報の開示については、当該第三者の利益を保護するために意見書提出の機会を与え、反対の意見書が提出された事案において開示決定を行うときには、反対の意思を表明した第三者が不服申立てや取消訴訟などで執行停止の手続をする機会を保障するため、開示決定と開示の実施をする日との間に少なくとも2週間をおかなければならないと定めることで（情報公開法13条）、救済手段の確保が図られていた。

　平成16年行訴法改正により、開示決定の事前の差止め訴訟、仮の差止め申立てという手段も可能になり、第三者の救済手段は、従前よりも広がることになった。

　すなわち、「個人識別情報」、「個人の権利利益を害するおそれのある情報」、「法人や個人事業者の権利・競争上の地位その他正当な利益を害するおそれのある情報」は原則的に不開示情報と定められているので（情報公開法5条）、これらの情報の開示により権利利益を侵害されるおそれがある者は、「法律上の利益」を有する者として、行訴法37条の4の差止め訴訟の要件である原告適格が認められる。また、情報が開示された場合の原状回復の不可能性から「損害の重大性」の要件も満たしている。

(イ) 差止訴訟の補充性

　意見書提出の機会が保障され、開示決定がなされたときは、取消訴訟とそれに伴う執行停止の機会があることをもって「他に適当な方法がある」といえるかどうか問題である。もともと差止め訴訟は、取消訴訟（それによる執行停止制度）があるにもかかわらず制定されたもので、「重大な損害を生じるおそれがある場合に限り（取消訴訟によることなく事前に差止め訴訟を）提起すること」を認めたものであるから、取消訴訟ができることで補充性が認められないとすることは制度の趣旨に反する解釈である。行政訴訟検討会（以下、「検討会」という）が最終的にまとめた「行政訴訟制度の見直しのための考え方」においても、「個別法において特別の救済手段等が定められて

193

いる場合など……適切な方法があるときは差止めを求めることができないこととする」とされて、一般的救済手段としての<u>取消訴訟ができることで補充性を欠くとするものではない</u>ことが明らかとされていた。ここでいう、個別法による特別の救済手段とは、国家公務員の職員団体の登録取消処分についての効力停止を定めている国家公務員法108条の3第8項などが該当するとされている。

情報公開法が、取消訴訟の提起を保障するための期間を定めていることが、個別法が定めた特別の救済手段にあたるのかということになると、2週間という期間は、開示決定の執行停止を得るために十分なものとはいいがたいと思われるので、補充性がないとして差止訴訟を否定する理由にはならないであろう。反対の意見書を提出する者は、あらかじめ訴訟の準備をするとしても行政機関が開示決定をするのか否かを見極めてから訴訟を起こすであろうから、行政機関の判断を待たずに差止訴訟を提起することが一般的になることはないと思われる。

　　　㈦　**原告適格**

第三者情報の開示については、当該第三者が開示決定を争うことがある。そのような訴訟においては、当該第三者の原告適格が問題となる。

第三者訴訟として、沖縄県那覇市が行った自衛隊施設の建築工事計画通知書およびその添付図面の開示決定に関するものがある。最判平成13・7・13判自223号22頁は、「本件条例6条1項の非開示事由の定めは、国が主張する国の私的利益（警備上の支障・外部からの攻撃に対する危険の増大を防止する建物所有者としての利益）を個別的利益として保護する趣旨を含むものとは解されないので原告適格がない」とした。また、学校法人の経理関係書類の一部開示決定に関する東京高判平成9・7・15判自178号48頁は、第三者の原告適格を認め、実体判断を下している。

　（3）　**訴訟参加**

行政機関が保有する情報をめぐって開示請求者と、不開示を求める者との利害対立が生じる場合が発生するので、<u>行訴法22条による第三者の訴訟参加</u>

がなされる場合も多い。

　義務付け訴訟や差止訴訟の認容判決、仮の義務付け、仮の差止決定の効力については、行政庁に対する拘束力の規定（行訴33条1項、37条の5第4項）は準用されているが、対世効（同法32条）は準用されていない。この判決の効力についてどう考えるべきかは今後検討されるであろうが、仮に、第三者が開示処分の差止訴訟を提起し、仮の差止めの申立ても認められたという場合には、行政機関側は開示決定（あるいは一部開示決定）が相当と考えても、情報公開法10条に定めている開示決定期限を遵守して開示決定をすることはできない。そうなると、請求者は、差止訴訟の原告となった第三者を相手方として訴訟参加をし、差止訴訟の棄却を求めて争うことになろう。この場合、請求者が義務付け訴訟を提起したうえで、差止訴訟と併合することによるいわゆる三面訴訟が可能かどうかも問題となる。

　この場合の義務付け訴訟は不作為の違法確認訴訟と併合して提起しなければならないが（行訴37条の3第3項）、法文上は不作為の違法が認定できない場合には、義務付けの判決もできないことになっている（同条5項）。しかし、この場合は、義務付け判決は許されると解すべきであろう。行政機関側が、差止訴訟で勝訴したにもかかわらず、一部開示決定を行う場合（この決定は判決の効力に抵触しない）、請求者側が不開示部分を争うことになるのでは、最終決定までに二重の手間がかかる。

　行政機関が一部開示決定をした場合においては、請求者が不開示部分の取消訴訟と義務付け訴訟を提起し、第三者が開示部分の取消訴訟を提起することが考えられる。請求者と第三者が互いの訴訟に参加して争うことができる。

(4) 移送の特例

　国や独立行政法人に関する情報開示については、「同一・同種・類似」の行政文書に対する取消し・義務付け・差止訴訟が各地の特定管轄裁判所に提起されることがあるので、併合審理が可能となるように移送の特例が規定されている（情報公開法21条）。平成15年改正前の情報公開法36条2項による移送の申立てであるが、外務省の在外公館の報償費（機密費）の支出関係文書

に関する不開示決定取消訴訟が東京と仙台の各地方裁判所に係属したときに、被告から仙台地方裁判所に対し移送申立てがなされた。仙台地方裁判所は、「原告の出訴の便宜を図る意味で特定管轄裁判所の管轄が設けられた趣旨を考えると、移送の条項に規定された各事情を総合考慮しても東京地裁に移送する相当の理由があるとは認められない」旨判断し、移送申立てを却下した（仙台地決平成14・3・29裁判所ウェブサイト（平成13年(行ク)4号）。この判断は、仙台高等裁判所により平成14年5月28日に抗告棄却決定が、最高裁判所により平成14年9月24日に抗告棄却決定がなされ支持された。

(5) 被告適格とその代表者

被告適格については、国の行政機関の長に対する開示請求については国が、地方公共団体の実施機関に対する開示請求については当該地方公共団体が、独立行政法人に対する開示請求については当該独立行政法人が被告となる。ただし、地方公共団体の情報公開実施機関が地方議会や独立の執行機関である場合には、被告の代表者が地方公共団体の長ではなく、議長（地自105条の2）や公安委員会（警察法80条）あるいは教育委員会（地方教育行政の組織及び運営に関する法律56条）など、当該執行機関が代表と定められている。

(6) 審理手続における情報公開

情報公開訴訟の審理手続について特徴的なことは、情報の開示の是非が争われているため、当該情報そのものが訴訟の場に提出されることはあり得ないことである。訴訟記録の原則公開がなされていて、民事訴訟法92条による閲覧の制限も適用が限定されているから、第三者が開示決定を争う場合であっても（双方当事者は対象となっている情報の内容を熟知している）、当該情報を書証などで提出することはできない。インカメラ審理も裁判の公開や両当事者の衡平の観点から原則的にはできないと解釈されていることから、ヴォーン・インデックスにより、どのような情報が争いの対象となっているのかを審理して判決することになる。

情報公開訴訟の原告勝訴率が他の行政訴訟に比べて高いのは、開示・不開示という判断が比較的容易だからといわれている。

Ⅳ　本事案・設問の検討

1　設問(1)――不開示事由該当性と判断の基準

(1)　不開示（非公開）事由の判断

　本事案のモデルケースにおいては、東京都知事は、弁護士（本事案ではA弁護士）の情報公開請求に対し、本件開発許可申請が現在審査中であり、結論が出る前の開示は行政事務に支障が生じるおそれがあることを理由として、不開示決定をした。

　これは、東京都情報公開条例（以下、「本件条例」という）7条6号の、「都の機関……が行う事務……に関する情報であって、公にすることにより、……当該事務……の性質上、当該事務……の適正な遂行に支障を及ぼすおそれがあるもの」であることを理由とするものであると考えられる。

　そこで、本事案における不開示決定の理由が、本件条例7条6号の不開示事由にあたるかが問題となる。

　この点、①B社の開発許可申請は、都市計画法に基づく正当な権利の行使である。これに対し、A弁護士が誰の訴訟代理人であるかは不明であるが、②開発許可の申請にあたっては、公共施設の管理者の同意や協議を要する（都計32条）が、近隣住民等、第三者の同意や協議は要求されていない。③B社が東京都に提出した申請関係書類は、確かに本件条例の「公文書」（2条2項）にあたるが、いわば部外者による審査段階での情報公開申請は行き過ぎであり、権利の濫用であるのみならず、④審査段階での情報公開を求める目的は、開発許可の阻止である蓋然性が高く、圧力等により、公正な審査ができなくなり、公務の適正な遂行に支障を来す。⑤仮に、当該開発行為によって不利益を受けるおそれがあるとしても、それは開発許可がなされた段階で、何らかの措置を講じるべきである。

　以上の理由から、本件不開示決定における不開示事由の判断に違法はない。

処分理由の程度についても不十分として、違法事由の主張をなすことも考えられる。

(2) 違法判断の基準時

上記のとおり、本件不開示決定に違法がないとすれば、取消訴訟において請求棄却判決がなされるが、取消訴訟提起後に開発許可がなされた場合、被告である東京都の主張はその根拠を失うことから、訴訟の結論に影響を及ぼすとも思える。そこで、取消訴訟における違法判断の基準時が問題となる。

この点、行訴法7条が、行政事件訴訟に関しては、特則がない限り民事訴訟の例によるとしている。そして、民事訴訟においては、判決の基準時は<u>口頭弁論終結時</u>である（民執35条2項）。

したがって、口頭弁論終結前に、本件開発許可がされた場合、本件不開示決定処分取消訴訟は請求認容判決がなされるとも思える。

しかし、取消訴訟において裁判所が行政処分を取り消すのは、行政処分が違法であることを確認してその効力を失わせるのであって、口頭弁論終結時において、裁判所が行政庁の立場に立って、いかなる処分が正当であるかを判断するのではない。

よって、違法判断は<u>処分時</u>を基準としてなすべきである。

以上から、取消訴訟提起後に開発許可がなされたとしても、訴訟の結論に影響を及ぼさない。

2 設問(2)──処分の同一性と処分理由の追加

(1) 理由の追加の可否

行政事件訴訟における<u>取消訴訟の訴訟物</u>は、処分の違法事由ごとに異なることはなく、<u>処分の違法性一般</u>であり、処分の違法性を支える理由の主張は、<u>攻撃防御方法の提出</u>となるので、口頭弁論終結時まで自由に主張できる（行訴7条、民訴156条、297条）。

また、仮に理由の追加が許されず、そのために本件取消訴訟で請求認容判決がなされても、被告としては、訴訟で主張することが認められなかった<u>新</u>

たな理由に基づいて再度不開示処分をすることになるであろう。したがって、紛争の1回的解決のためにも、理由の追加は認められる。

したがって、処分の同一性を保持している限り、理由の追加は認められる。行政の適法性確保や原告の地位の安全を考えると安易に処分理由の追加を認めるべきではない。

(2) 法人情報の不開示

取消訴訟の途中で、新たに理由を追加することが認められるとしても、法人情報であることが不開示の理由となるか。

本件条例7条3号本文は、「法人に関する情報……であって、公にすることにより、当該法人等……の競争上又は事業運営上の地位その他社会的な地位が損なわれると認められるもの」を非開示事由としており、ただし書で、公開しなければならない情報を例外的にあげている。

したがって、法人情報は、ただし書に該当しない限り、不開示事由となる。

(3) 結　論

以上から、東京都は、原則として同処分の取消訴訟において、法人情報であることを追加主張することができる。

3　設問(3)——義務付け訴訟

本件情報公開について、A弁護士が取消訴訟以外にとり得る方法として、申請満足型義務付け訴訟（行訴3条6項2号、37条の3）を提起することが考えられる。

取消訴訟では、申請拒否処分が判決によって取り消されたとしても、それは申請後処分前の状態に戻ってあらためて処分がなされるということであり、原告にとって満足のいく応答がなされるとは限らない。

これに対して、義務付け訴訟においては、義務付けの判決がなされた場合、行政庁は判決の拘束力により命ぜられた処分を行うことを義務付けられる（行訴38条1項、33条）。

よって、本件においては、義務付け訴訟を提起するほうが、より有効な手

段である。

　なお、最判平成21・1・15民集63巻1号46頁は、インカメラ方式を認めないとの判断をなした。

【書式1】　訴状——情報公開訴訟（被告国の場合）

　　　　　　　　　　　　訴　　　　　状

　　　　　　　　　　　　　　　　　　　　　　　　　平成23年7月4日

　　東京地方裁判所　御中

　　　　　　　　　　　　　原　　　告　　〇〇〇〇　㊞
　　　　　　　　　　（送達場所）
　　　　　　　　　　　　　〒000-0000　東京都〇〇区〇〇〇〇丁〇番〇号
　　　　　　　　　　　　　原　　　告　　〇〇〇〇
　　　　　　　　　　　　　〒100-8918　東京都千代田区霞が関2-1-3
　　　　　　　　　　　　　被　　　告　　　　国
　　　　　　　　　　　　　代表者法務大臣　〇〇〇〇

公文書不開示処分取消請求事件

　　訴訟物の価格　　　160万円
　　貼用印紙額　　　　1万3000円

　　　　　　　　　　　　　　請求の趣旨

1．被告が、原告に対し、平成23年6月1日付で行った「平成21年3月1日から平成16年2月28日までの間の、収集した〇〇商品に関する苦情事例に関する一切の情報」の不開示決定処分を取り消す。
2．訴訟費用は被告の負担とする。
との判決を求める。

　　　　　　　　　　　　　　請求の原因

第1　情報公開請求と不開示決定

1．原告は，被告に対し，「行政機関の保有する情報の公開に関する法律」（以下，「情報公開法」という）3条に基づき，平成23年4月10日，欠陥商品の安全性を調査するため，請求の趣旨記載の文書の開示を請求した（甲1号証）。
2．しかるに，被告は，平成23年5月10日，不開示決定通知書をもって，不開示処分（以下「本件処分」という）をした（甲2号証）。
3．不開示決定通知書には，不開示した理由について，次の通り記載されていた。

記

行政機関の保有する情報の公開に関する法律第5条1号（個人情報），同条2号（法人情報）に該当するため。
　a　個人に関する情報であって，当該情報に含まれる氏名，生年月日その他の記述等により特定の個人を識別できる（1号）
　b　公にすることにより，当該法人等又は当該個人の権利，競争上の地位その他正当な利益を害するおそれがあるもの（2号イ）

第2　本件処分の違法性について
1．個人情報の点
　（略：ここに不開示処分が違法であると主張する理由を記載する）
2．法人情報の点
　（略：ここに不開示処分が違法であると主張する理由を記載する）

第3　結語
　以上の通り，本件処分が違法であることは明らかであるから，本件処分を取り消すことを求める。

証拠方法

1．甲第1号証　　情報開示請求書
2．甲第2号証　　不開示決定通知書

附属書類

第Ⅱ編　各論　第3章　情報公開訴訟（審議検討情報と法人情報）

1．訴状副本　　　　1通
2．甲号証の写し　　各1通

都市計画訴訟（行政計画の処分性） 第4章

≪事案≫

1．S県知事Yは、昭和32年3月30日、X所有地（以下、「本件土地」という）を含む地区一帯を工業地域に指定し、同時に、そのうちで全長1320メートル、幅員11メートルを都市計画道路（以下、「本件計画道路」という）と定める旨の都市計画を決定した（以下、「本件原計画決定」という）。

2．Xは、本件土地上で病院を経営し、本件原計画決定前からその施設拡張を予定していたが、Yは本件原計画決定に際して、公聴会を開催してXなど地権者の意見を聴取する手続を履践しなかった。

3．Xは、上記原計画決定が告示されて効力を生じたことにより当該本件土地について建築物の用途、建ぺい率等について従前と異なる基準によって建築が制限されることになったため、予定していた病院の拡張が困難になった。

4．その後、本件原計画決定から約40年経過後、S県は、平成9年3月25日、増大する交通量に対応するためとして、本件都市計画道路のうち、起点I市〇〇からわずか約180メートルだけの区間を幅員11メートルから17メートルに拡幅する内容の都市計画の変更決定をなし、平成9年3月31日付S県公報第〇〇〇号によりS県告示第〇〇号をもって告示した（以下、「本件変更決定」という）。この都市計画の変更の際にも、地権者の多くが要望したにもかかわらず公聴会が開催されず、交通量の調査など一切行われなかった。本件都市計画区域の地権者のほとんどは、この本件計画道路の開設に反対している。また、既存の他の道路の交通量からみて、本件計画道路の開設は不要であった。本件土地は、変更された都市計画道路（以下、「本件変更都市計画道路」

という）予定地に含まれている。
5．Xは、平成9年7月11日、都市計画法53条1項に基づいて上記都市計画区域内に以下の建物（以下、「本件建物」という）を建築するため、S県に対し下記のとおり建築許可の申請（以下、「本件建築許可申請」という）を行った。

① 建築物の位置　　S県I市〇〇〇
② 建築物の構造　　階数2階（地下1階）鉄筋コンクリート造
③ 新築、増築、改築または移転の別　　新築
④ 敷地面積　　〇平方メートル
　　建築面積　　〇平方メートル
　　延べ床面積　〇平方メートル
⑤ 用途　　商店
⑥ 敷地の権利関係　　自己所有地

6．S県はXの本件建築許可申請について、平成9年8月11日付I市経由S第〇〇号をもって「平成9年7月11日申請のあった本件計画道路、〇〇線区域内における建築については、都市計画法54条の許可基準に合致していない為、都市計画法53条1項の規定により不許可とします」との決定（以下、「本件不許可処分」という）をなした。

【設問】

(1) Xは本件原計画決定の無効ないし取消しを求める抗告訴訟を提起したが、救済されるか。

(2) Xは、本件原計画決定の取消訴訟提起後、その訴訟手続の中で本件変更決定取消請求を追加したいと考えたが許されるか。

(3) 本件原計画決定または本件変更決定の無効ないし取消しを求める抗告訴訟ではなく、本件不許可処分取消訴訟を提起した場合、Xはいかなる主張をするべきか。

(4) 本件計画道路が開設されぬまま、40年以上も放置され、Xは本件土地の

建築制限を受けてきたが、抗告訴訟以外の方法で救済を求めることが可能か検討せよ。

（Xについて、必要な事前の行政手続はすべて履践されているものとして検討せよ）

【論点】
① 出訴期間の克服方法
② 複数処分の関係
③ 抗告訴訟以外の訴訟
④ 先行処分の不可争力の範囲

【関係法令】
・都市計画法5条、6条、8条、9条、16条、53条1項、54条

> 解説

I 都市計画法の概要と都市計画訴訟

1 都市計画法に基づく用途地域指定

(1) 都市計画区域

都市計画法5条1項は、「都市計画の内容及びその決定手続、都市計画制限、都市計画事業その他都市計画に関し必要な事項を定めることにより、都市の健全な発展と秩序ある整備を図り、もって国土の均衡なる発展と公共の福祉の増進に寄与することを目的とする」、そして、「都市計画は、農林漁業との健全な調和を図りつつ、健康で文化的な都市計画及び機能的な都市活動を確保すべきこと並びにこのためには適正な制限のもとに土地の合理的な利

用が図られるべきことを基本理念として定めるものとする」としている。そして都道府県は、市または人口、就業者数その他の事項が政令で定める要件に該当する町村の中心の市街地を含み、かつ、自然的および社会的条件並びに人口、土地利用、交通量その他国土交通省令で定める事項に関する現況および推移を勘案して、一体の都市として総合的に整備し、開発し、および保全する必要がある区域を都市計画区域として指定するものとする。

(2) 都市計画区域の整備、開発および保全の方針

都市計画法6条の2第1項・2項・3項は、「都市計画区域については、都市計画に、当該都市計画区域の整備、開発及び保全の方針を定めるものとする」とし、「都市計画区域の整備、開発及び保全の方針には、①都市計画の目標、②市街化区域と市街化区域調整区域との区域区分の決定の有無及び当該区域区分を定めるときはその方針、③前号に掲げるもののほか、土地利用、都市施設の整備及び市街地開発事業に関する主要な方針を定めるものとし」、「都市計画区域について定められる都市計画は、当該都市計画地域の整備、開発及び保全の方針に即したものでなければならない」としている。

(3) 地域地区

都市計画法8条1項1号は、「都市計画地域については、都市計画に、第一種低層住居専用地域、第二種低層住居専用地域、第一種中高層住居専用地域、第二種中高層住居専用地域、第一種住居地域、第二種住居地域、準住居地域、近隣商業地域、商業地域、準工業地域、工業地域又は工業専用地域の用途地域の必要なものを定める」ものとしている。

<u>また、都市計画法9条11項</u>は、「工業地域は、主として工業の利便を増進するため定める地域とする」としている。

(4) 公聴会の開催

都市計画法16条1項・2項は、都道府県または市町村が、「都市計画の案を作成しようとする場合において必要があると認めるときは、公聴会の開催等住民の意見を反映させるために必要な措置を講ずるものとする」とし、「都市計画に定める地区計画等の案は、意見の提出方法その他の政令で定め

新刊のご案内

―― 2016年4月 ――
(2015年10月～2016年4月刊行分)

民事法研究会

http://www.minjiho.com/
【最新の図書目録はホームページ上でダウンロードできます】

話題の新刊・近刊

4月刊 動物愛護法における動物取扱業者、行政、飼い主などの責務を解説！

動物愛護法入門(仮)―人と動物の共生する社会の実現へ向けて―

A5判・約180頁・予価 本体1900円+税　東京弁護士会公害・環境特別委員会 編

4月刊 訴訟の争点、主張立証、訴訟手続上の諸問題・留意点を網羅的に解説！

執行関係訴訟の理論と実務

A5判・約270頁・定価 本体3000円+税　内田 義厚 著

4月刊 旅行をめぐるトラブルの実情を取り上げてQ&Aで解説！

旅行のトラブル相談Q&A―基礎知識から具体的解決策まで―

A5判・248頁・定価 本体2200円+税　兵庫県弁護士会消費者保護委員会 編

4月刊 発信者を特定する手続と書式を詳説！ 平成27年省令改正対応！

発信者情報開示請求の手引―インターネット上の名誉毀損・誹謗中傷等対策―

A5判・220頁・定価 本体2200円+税　電子商取引問題研究会 編

4月刊 法体系の変革に伴い、引用判例・事例を大幅に入れ替え全面改訂！

EU競争法の手続と実務〔全訂版〕

A5判・452頁・定価 本体5000円+税　弁護士 井上 朗 著

3月刊 平成28年4月施行の新たな制度に対応するためのノウハウを解説！

新行政不服審査法 審理員のノウハウ・不服申立代理人のスキル

A5判・66頁・定価 本体1200円+税　ぎょうべんネット 編

3月刊 訴訟手続における電子メール等の電磁的記録・記録媒体の取扱いを提示！

電子証拠の理論と実務 ―収集・保全・立証―

A5判・387頁・定価 本体3800円+税　町村 泰貴・白井 幸夫 編

3月刊 システムの構築・運用、監視責任を分析し、代表訴訟の手続等を解説！

内部統制システムと株主代表訴訟 ―役員責任の所在と判断―

A5判・488頁・定価 本体5200円+税　新谷 勝 著

3月刊 電気通信事業法、個人情報保護法などの平成27年改正に対応！

消費者六法〔2016年版〕 ―判例・約款付―

A5判箱入り並製・1549頁・定価 本体5100円+税　編集代表 甲斐道太郎・松本恒雄・木村達也

2月刊 被災借地借家法の施行や最新の法令・判例に対応させて改訂！

書式借地非訟・民事非訟の実務〔全訂五版〕

A5判・581頁・定価 本体5200円+税　園部 厚 著

2月刊 示談、文書作成、上訴から裁判員裁判に取り組む戦略的視点を詳解！

実践 訴訟戦術[刑事弁護編] ―やっぱり弁護士は悩んでいる―

A5判・391頁・定価 本体3200円+税　東京弁護士会春秋会 編

2月刊 人工知能等の実用が進む中、社会はリスクとどう向き合うべきか！

新技術活用のための法工学 ―リスク対応と安全確保の法律―

A5判・428頁・定価 本体4500円+税　弁護士・工学博士 近藤 惠嗣 編著

1月刊 医療・虐待に関する問題や「親なき後」への対応などを収録！

Q&A成年後見実務全書〔第3巻〕 ―法定後見Ⅲ―

A5判・432頁・定価 本体4300円+税　編集代表 赤沼康弘・池田惠利子・松井秀樹

1月刊 金融取引法に関する基礎知識と実務を俯瞰できる基本書！

金融取引法実務大系

A5判・751頁・定価 本体7200円+税　現代金融取引研究会 編　峯崎 二郎 監修

る項について条例で定めるところによりその案に係る区域内の土地の所有者その他条例で定める利害関係を有する者の意見を求めて作成するもの」とする。

(5) **都市計画決定と建築制限**

都市計画決定により当該地域の土地所有者等は土地の利用等に関して法的規制を受けることになる。用途地域（都計8条1項1号）の指定がなされると建築する建築物の種類（建基48条）、容積率（同法52条）、建ぺい率（同法53条）等が制約されることになる。

本事案のように、工業地域に指定された場合には、建築基準法別表第2(る)項に掲げる建築物（病院、学校、老人ホーム、身体障害者福祉ホーム、ホテル、住宅、共同住宅等の建築物）は当該地域内に建築してはならないことになる。

2　都市計画決定と抗告訴訟の対象

(1) **最判昭和41・2・23民集20巻2号271頁**

行政計画に関する事業計画の処分性が抗告訴訟の対象となるか否かについては、最判昭和41・2・23民集20巻2号271頁が、そのリーデングケースとしてあげられる。

(ア) **事案の概要**

東京都知事は、東京都戦災復興計画の一環として土地区画整理事業を施行するため、特別都市計画法に基づき、昭和23年3月20日、高円寺駅付近について、事業計画を決定し、これを設計図とともに公告縦覧に供し、昭和25年6月26日、建設大臣（当時。以下同じ）より設計の認可を受け、昭和29年5月12日、この設計を一部変更して工事に着手した。ところが、工事は一向に進捗せず、昭和32年に至っても一部工事を了したのみであり、加えて、同年末をもって国庫補助が打ち切られたところから、知事は、再度、大幅に計画を変更し（第2次変更）、新たに制定された土地区画整理法の規定に基づき建設大臣に対し、設計変更の認可を申請し、昭和35年3月31日、その認可を受け、同年4月9日付けで変更決定の公告をした。しかし、工事は、依然とし

てなされないままに放置されていた。そこで、その計画の実施不能と被告である東京都知事の実施の意思の放棄により、廃止され無効となったとし、原告らが、設計の無効確認を求めた。

　　(イ)　判決の内容

　第１審（東京地判昭和35・3・10民集20巻２号291頁）は、訴えを却下した。

　第２審（東京高判昭和36・10・31行集12巻10号2161頁）は、事業計画について行政処分性を認めず、控訴を棄却した。

　そこで原告らが上告したが、上告審判決は、「土地区画整理事業計画（その変更計画をも含む。以下同じ。）は、もともと、土地区画整理事業に関する一連の手続きの一環をなすものであって、事業計画そのものとしては、単に、その施行地区（又は施行工区）を特定し、それに含まれる宅地の地積、保留地の予定地積、公共施設等の設置場所、事業施行前後における宅地合計面積の比率等、当該土地区画整理事業の基礎的事項（土地区画整理法６条、68条、同法施行規則５条、６条参照）について、土地区画整理法および同法施行規則の定めるところに基づき、長期的見通しのもとに、健全な市街地の造成を目的とする高度の行政的・技術的裁量によって、一般的・抽象的に決定するものである。従って、事業計画は、その計画書に添付される設計図面に各宅地の地番、形状等が表示されることになっているとはいえ、特定個人に向けられた具体的な処分とは著しく趣を異にし、事業計画自体ではその遂行によって利害関係者の権利にどのような変動を及ぼすかが、必ずしも具体的に確定されているわけではなく、いわば当該土地区画整理事業の青写真たる性質を有するにすぎないと解すべきである」、「事業計画が右に説示したような性質のものであることは、それが公告された後においても、何ら変るところはない。もっとも、当該事業計画が法律の定めるところにより公告されると、以後、施行地区内において宅地、建物等を所有する者は、土地の形質の変更、建物等の新築、改築、増築等につき一定の制限を受け（法76条１項参照）、また、施行地区内の宅地の所有権以外の権利で登記のないものを有し、又は有することになった者も、所定の権利申告をしなければ不利益な取扱いを受け

る（法85条参照）ことになっている。しかし、これは、当該事業計画の円滑な遂行に対する障害を除去するための必要に基づき、法律が特に付与した公告に伴う附随的な効果にとどまるものであって、事業計画の決定ないし公告そのものの効果として発生する権利制限とはいえない。それ故、事業計画は、それが公告された段階においても、直接、特定個人に向けられた具体的な処分ではなく、また、宅地・建物の所有者又は貸借人等の有する権利に対し、具体的な変動を与える行政処分ではない、といわなければならない」として、土地区画整理事業計画の決定は、それが公告された後においても、無効確認訴訟の対象とはなし得ないものであるとし、上告を棄却した。

　(ｳ)　判例の分析

　この青写真判決と称される最高裁判決に対して、「形質変更等の禁止義務のために……施行地区内において家屋等を所有している者で、現に、老朽住宅の補強や店舗の拡張の必要に迫られているものは、意のままに工事を行うことができず、また、道路予定地に指定されている宅地の所有者は、地価の下落に伴う損害を被り、それを他に処分することも事実上できなくなる等財産権の現実の行使につき種々の制約を受けるのであるから、地元民に課せられる形質変更等の禁止義務の実際上の効果は想像以上に大きいものである、と思われる」（渡部吉隆「判解」最判解民〔昭和41年〕61頁）との批判がある。また、「事業の内容に不服がある場合でも、事業計画が決定されると以後の手続は機械的に進行すること、事業計画が違法であると以後の行為は無駄な手続となること及び後続行為（具体的処分の段階）で事業計画が取り消されるとかえって混乱が増すことを考えるとむしろ事業計画決定の段階で争わせ、利害関係者の権利義務を早期に確定させるべきである」（山下竜一「判批」行政判例百選Ⅱ〔第5版〕328頁）と批判されている。

　(2)　最判昭和57・4・22民集36巻4号705頁

　　(ｱ)　判決の内容

　最判昭和57・4・22民集36巻4号705頁は、都市計画用途地域指定の決定の無効の確認ないし取消しを求めたのものである。第1審判決（盛岡地判昭

和52・3・10行集28巻3号194頁)および第2審判決(仙台高判昭和53・2・28行集29巻2号191頁)は、用途地域の決定は直接、特定の個人に向けられた具体的な処分ではなく、また施行区域内の土地、建物の所有者等の有する権利に対し、具体的な変動を与える行政処分ではない、とした。

　最高裁判所は、上告を棄却して、「都市計画区域内において工業地域を指定する決定は、都市計画法8条1項1号に基づき都市計画決定の一つとしてされるものであり、右決定が告示されて効力を生ずると、当該地域内においては、建築物の用途、容積率、建ぺい率等につき従前と異なる基準が適用され(建築基準法48条7項、52条1項3号、53条1項2号等)、これらの基準に適合しない建築物については、建築確認を受けることができず、ひいてその建築等をすることができないこととなるから(同法6条4項、5項)、右決定が、当該地域内の土地所有者等に建築基準法上新たな制約を課し、その限度で一定の法状態の変動を生ぜしめるものであることは否定できないが、かかる効果は、あたかも新たに右のような制約を課する法令が制定された場合におけると同様の当該地域内の不特定多数の者に対する一般的抽象的なそれにすぎず、このような効果を生ずるということだけから直ちに右地域内の個人に対する具体的な権利侵害を伴う処分があったものとして、これに対する抗告訴訟を肯定することはできない」とした。

(ｲ)　**判例の分析**

　土地区画整理事業計画は一連の行政作用の積み重ねによって行政目的が達成されることを予定する、いわゆる「非完結型」の計画であり、それゆえ、後続手続の進行を予定していないような「完結型」の計画である地域地区指定の決定は、前掲最判昭和41・2・23の射程外との見解もみられたが(川上宏二郎「判批」判評208号13頁)、地域地区指定の決定は、「……制約を課する法令が制定された場合におけると同様の当該地域内の不特定多数の者に対する一般的抽象的なそれにすぎず、このような効果を生ずるということだけから直ちに右地域内の個人に対する具体的な権利侵害を伴う処分があったもの(とはいえない)」という昭和41最判とは異なる(争訟の成熟性が欠けていると

210

の判断は共通）理論構成で行政処分性を否定した（草薙真一「判批」行政判例百選II〔第5版〕332頁参照）。

(3) 最判平成6・4・22判時1499号63頁

最判平成6・4・22判時1499号63頁は、兵庫県西脇市が都市計画法12条の4、13条1項1号により市北西部の地区について定めた地区計画（①地区内の道路の位置を定めて、その幅員等を規制する、②地区を住工協調地区、住商協調地区および工業地区に分けて、各エリアで一般的な建築規制を行う、③高さ10メートル超、床面積1000平方メートル超の建築物について形態、意匠を規制する等の内容）の処分性について、「区域内の個人の権利義務に対して具体的な変動を与えるという法律上の効果を伴うものではなく、抗告訴訟の対象となる処分には当らないと解すべきである」としている。

3 都市再開発法54条1項に基づく第二種市街地開発事業の事業計画決定の処分性

(1) 判決の内容

最判平成4・11・26民集46巻8号2658頁は、都市再開発法54条1項に基づく第二種市街地開発事業の事業計画の処分性を認めた原審を支持し、「再開発事業計画の決定は、その公告の日から、土地収用法上の事業の認可と同一の法律効果を生ずるものであるから（同法26条4項）、市町村は、右決定の公告により、同法に基づく収用権限を取得するとともに、その結果として、施行地区内の土地所有者等は、特段の事情のない限り、自己の所有地等が収用されるべき地位に立たされることとなる。しかも、この場合、都市再開発法上、施行地区内の宅地の所有者等は、契約又は収用により施行者（市町村）に取得される当該宅地等につき、公告があった日から起算して30日以内に、その対償の払渡しを受けることとするか又はこれに代えて建築施設の部分の譲受け希望の申出をするかの選択を余儀なくされるのである（同法118条の2第1項1号）。そうであるとすると、公告された再開発事業計画の決定は、施行地区内の土地所有者等の法的地位に直接的な影響を及ぼすものであって、

抗告訴訟の対象となる行政処分に当たると解するのが相当である」とした。
(2) 判例の分析
　前掲最判平成4・11・26は、行政計画の処分性を認めた最高裁判決として注目に値するものであった。

　都市再開発法に基づく市街地再開発事業には第一種事業と第二種事業があるが、第二種事業は、地区内の土地等を地権者から買収もしくは収用して建築施設（いわゆる再開発ビル）を建設し、その一部の権利を地権者のうちの当該地区への残留希望者に譲渡もしくは賃貸することを主たる内容とするものである。そしてその手続は、①都市計画決定、②事業計画決定、③管理処分計画の認可、④用地の買収または収用、⑤建築工事、⑥建築施設の権利取得、の順で進められる。

　本判決は上記②の事業計画決定に処分性を認めた。その理由は、以下のとおりである。

ⓐ　再開発事業計画の決定は、その公告の日から土地収用法上の事業認定と同一の法律効果を生ずるものであるから、市町村が公告により同法に基づく収用権限を取得し、その結果として施行地区内の土地所有者等は自己の所有地等が収用されるべき地位に立たされることになり、その法的地位に直接的影響を及ぼすことになること

ⓑ　施行地区内の宅地の所有者等は契約、または収用により施行者に取得される当該宅地等について公告のあった日から起算して30日以内にその対償の払渡しを受けるか、またはこれに代えて建築施設の譲受け希望の申出をするのかの選択をしなければならず、その対償の払渡しを受ける者は、事業計画決定の段階で争わなければ、救済を求める途がなくなってしまう（後続の具体的処分時に当該処分について争えばよいとする後続行為論は全く意味をもたない）。

　前掲最判平成4・11・26は、争訟の成熟性の判断を緩和し、従来の処分性概念を拡大したとみることができる（安本典夫「判批」民商法雑誌109巻1号127頁）と評釈されている。

行政計画の内容は多様であるから個々の行政計画について国民の権利・利益に与える影響いかんを重要な判断要素としてその処分性を検討すべきである。

4 都市計画を争うその他の方法

(1) 都市計画決定の処分性と処分取消しの訴え

　行政計画の代表ともいうべき都市計画について、最高裁判所は、都市計画決定の処分性を認めた（最判平成20・3・11判例集未登載〔伊東市都市計画事件最高裁判決〕）。都市計画による国民の不利益を争う場合、都市計画決定も行政処分であるとの前提に立ち、都市計画決定の無効の確認あるいはその取消しを求めるのか、その後の具体的処分について無効の確認あるいはその取消しを求めていく方法をとるのかを検討しなければならない。

　都市計画決定の変更が違法であるとしてその取消しの訴えを提起したケース（東京高判平成17・10・20判時1914号43頁〔伊東市都市計画事件二審判決〕）では、都市計画決定の変更決定のため、不許可となった建築許可申請についての不許可処分の取消しを求める訴えが、併合提起されている。さらにその後、都市計画決定の変更決定の取消しを求める訴えを取下げ、建築許可申請の不許可処分の取消しを求める訴えに絞った。そして同不許可処分取消しを求める訴えについては第1審は敗訴したものの、第2審においては建築不許可処分を取り消す旨の原告勝訴判決が出された。

(2) 東京高判平成17・10・20における変更決定処分の計画内容の違法

　伊東市都市計画事件における計画変更決定は、道路拡幅を内容とする都市計画の変更決定であり、原計画認定から、40年間も事業に着手されず放置されていた。そして突然その内容が変更されたものであり、しかもその変更の内容も、本来一体の路線である全線1320メートルのうち、わずか180メートルの区間（うち一部はすでに11メートルで拡幅済み）に限ってその幅員を11メートルから17メートルに拡幅変更するものである。

　したがって、本件変更決定の内容は、「都市計画法は、客観的、実証的な

基礎調査の結果に基づいて都市計画が策定されることを求めている」と指摘し、本件道路拡幅計画は違法と結論づけた（都計13条1項11号・19号参照）。

(3) 最高裁判所の判断

伊東市都市計画訴訟は、最高裁第三小法廷において、平成20年3月11日、伊東市の上告受理申立てが棄却され、原告側の勝訴判決（控訴審判決）が確定した。

(4) 伊東市都市計画事件における変更決定の調査の不実施および調査結果に反してなされた違法

伊東市都市計画事件の計画変更決定は、増大する交通量に対応するためということを拡幅の理由の1つとする。しかし、そもそも都市計画道路の主要箇所における交通量の調査が行われていないばかりか、逆に交通量が減少している内容の調査結果が存在していた。

したがって、前掲東京高判平成17・10・20によれば、本件変更決定は都市計画法6条1項、および21条1項の規定に反し、基礎調査をなさず、また基礎調査の結果に反してなされたものであって、違法であって取り消されるべきである。

(5) 本件変更決定の変更手続の違法

本件変更決定については、その対象となる土地の地権者のほぼ全員が反対しており、本件変更決定にはXをはじめとする関係住民の意見が全く反映されていなかった。

本件変更決定がなされるにつきY知事は、Xら関係住民が要望したにもかかわらず公聴会を開催しなかった。都市計画法16条は、「都道府県知事又は市町村は、……都市計画の案を作成しようとする場合において必要があると認められるときは、公聴会の開催等住民の意見を反映させるため必要な措置を講ずるものとする」と定めている。本件変更決定はI市の交通体系の変更を伴う都市構造に大きな影響を及ぼす根幹的都市施設の変更であり、その計画の変更には公聴会の開催が必要的である（都計15条1項3号、都市計画法施行令9条2項1号イ）。

したがって、公聴会を1回も開催しないでなされた本件変更決定は手続に重大な瑕疵があり、違法であって取り消されるべきである。

都市計画法18条1項は、「都道府県は、関係市町村の意見を聴き、かつ、都道府県都市計画審議会の議を経て、都市計画を決定するものとする」と規定し、同条2項は「都道府県知事は、前項の規定により都市計画の案を都市計画地方審議会に付議しようとするときは、前条2項の規定により提出された意見書の要旨を都市計画地方審議会に提出しなければならない」と規定しているところ、上記のような経緯に照らせば、本件変更決定は関係市町村の意見を聞くについて重大な瑕疵がある。

よって本件変更決定の手続が、都市計画法16条、18条1項・2項、17条2項、21条1項・2項、3条1項に違反する。

以上のとおり、本件変更決定についてはその計画内容についても、その計画の決定手続においても違法があり、本件都市計画変更決定は取り消されるべきものである。

5 複数処分の関係

(1) 複数処分の瑕疵

本件事案においては、複数処分が存在するので、それぞれについて瑕疵を検討しなければならない。そして、先行処分の違法性が、後続処分である建築不許可処分へ承継されるかが問題となる。

〔図9〕 伊東市都市計画訴訟における複数処分の瑕疵

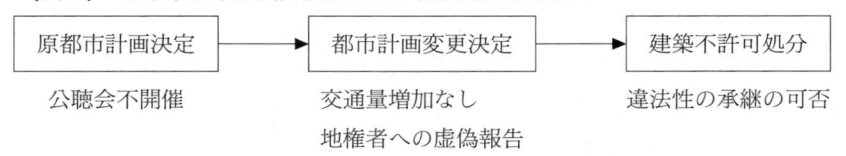

原都市計画決定	→	都市計画変更決定	→	建築不許可処分
公聴会不開催		交通量増加なし 地権者への虚偽報告		違法性の承継の可否

(2) 瑕疵の種類と違法理由

行政処分の瑕疵には、①実体的瑕疵、②手続的瑕疵、③先行処分の瑕疵、④後続処分の固有の瑕疵があるが、手続的瑕疵については、後続処分の取消

理由とならない場合もある。都市計画事件においては、都市計画決定・都市計画変更決定・都市計画事業認可・建築不許可などの複数処分が想定されるから、いずれの是正を求めるのかを明確にする必要がある。

II 設問に対する解答

1 法的分析のポイント

本章設問について法的分析のポイントを整理すると以下のとおりである。

設問(1) 行政計画の処分性
 ① 行政計画の処分性
 ② 出訴期間の克服
 ③ 無効確認訴訟の選択の可能性

設問(2) 関連複数処分の関係
 ① 本件原計画決定と本件変更計画決定の関係
  ⓐ 併存説
  ⓑ 消滅説
  ⓒ 修正処分説
 ② 訴えの変更の要件
 ③ 関連複数処分の関係と処理
 ④ 関連請求

設問(3) 違法性の承継
 ① 都市計画の決定や変更計画決定と本件不許可処分の関係
 ② 違法性の承継
 ③ 裁量審査の方法

設問(4) 救済方法の選択
 ① 損失補償請求の可能性
 ② 当事者訴訟の可能性

③　国家賠償請求の可能性

2　設問(1)

　Xは本件原計画決定の無効ないし取消しを求める抗告訴訟を提起したが、救済されるか。

　本設問では、原計画の処分性およびその決定から40年以上経過していることから、出訴期間が問題になる。

(1)　青写真判決

　抗告訴訟は、「行政庁の公権力の行使に関する不服の訴訟」（行訴3条1項）であって、抗告訴訟を提起するためには、不服の対象が「行政庁の公権力の行使」でなければならない。「行政庁の公権力の行使」（いわゆる処分性の判断）に関しては、最高裁判所は、リーディングケースであるゴミ焼却場設置条例無効確認訴訟（最判昭和39・10・29民集18巻8号1809頁）において、取消訴訟の対象となる行政庁の処分とは、その行為によって、直接国民の権利義務を形成し、またはその範囲を確定することが法律上認められているものをいうと判示している。

　そこで、都市計画に関する処分性の判断において、判例は、当初、市街地再開発事業に伴う都市区画整理事業の事業決定において、そもそも計画（非完結型）は青写真にすぎず、私権の制限は付随的なものであって、争いの成熟性を欠くとし、処分性を否定した（前掲最判昭和41・2・23〔青写真判決〕）。また、用途地域指定（完結型）に基づく建築制限においても、制約は不特定多数の者に対する一般抽象的なものにすぎず、具体的な権利侵害はないとして、処分性を否定した（最判昭和57・4・22民集36巻4号705頁）。

　これに対して、青写真判決と事案を異にすると断りながら、第二種市街地再開発事業の事業計画決定については、土地収用法上の事業認定と同様な法的効果（「収用されるべき地位」に立たされる）を生ずるものとして前倒し的に処分性を認めている（最判平成4・11・26民集46巻8号2658頁）。

(2) 遠州鉄道事件

　土地区画整理事業の事業計画の決定は、施行地区内地権者らに換地処分を受ける地位に立たせることをもって（実質的救済の観点からも）処分性を認め、「青写真判決」の判例変更を行った（最判平成20・9・10民集62巻8号2029頁）。この判決における涌井紀夫裁判官の意見では、非完結型の計画の後続処分（収用や換地）を受ける地位になったことをもって処分性の判断をするのではなく、建築制限等の効果であっても、土地の取引に影響を及ぼす限りにおいて、極めて現実的で深刻な影響があり、抗告訴訟において救済を図るだけの根拠があるとしている。

　確かに、完結型の計画の場合、非完結型のように土地収用等後続処分が予定されておらず、先行処分である建築制限等の制限の内容は一般抽象的であって、争いが成熟していない。しかし、一般抽象的な制限であっても、現実に土地取引や事業経営等に具体的な影響が生じることも否定できないのであって、実質的救済の見地から抗告訴訟の対象の可否を判断すべきである。

(3) 都市計画決定に伴う規制の効果

　都市計画決定は、都市計画法8条に基づく用途地域（同条1項1号）指定と都市計画道路（同法11条1項1号）を含む都市計画である。都市計画が決定されると、該当地域は、建築物の種類ほかさまざまな規制（同法48条、52条、53条、53条の2）を受けるのみならず、工業地域に指定された場合には、病院や学校等の建築が禁じられる（同法48条11項、別表第2(る)）。敷地、構造、建築設備に対する制限については、指定の目的等に応じ地方公共団体の条例が定められる（同法50条）。また、将来の増築・改築に際しては規制が設けられており（建基令第8章）、工業地域の建築物の増改築には床面積の制限が課される（同令137条の7の7第2号）。

(4) 制限内容

　前掲最判平成20・9・10の立場からすると、それは主に後続する処分を受ける地位に立たされたことを理由にするものである。都市計画決定について発生する法的拘束内容が建築制限などである場合、建築申請が不許可になっ

た時点で、個別に救済を図れば足りるとの判断される可能性もある。しかし、Xのように病院を経営する者にとって、いったん工業地域に指定されてしまうと、地区内の病院の新設が禁止されるほか、増改築などにおいてさまざまな規制を受けることとなり、病院経営上極めて現実的で深刻な影響があると評価できる。そして、不許可になることがわかっている建築申請が不許可になった段階でしか、訴訟を提起できないとし、実際の不許可取消訴訟を提起しても、いつまでも建築できない蓋然性が高いとすると、実質的救済の見地から、Xの抗告訴訟を認めるべきである。

(5) 第三者の参加

抗告訴訟の効力は第三者効（対世効）をもつため、指定地域内の地権者等の中で、特殊な事情を有するXが抗告訴訟に勝訴したとすると、その結果を、本件原計画によって利益を得るかもしれない第三者に及ぼすことは不相当であるとの考えもある。しかし、第三者も訴訟参加することが可能であり（行訴22条）、第三者の訴訟参加によって利害調整をなすことも可能である。

建築不許可処分の取消訴訟によってXの救済を図るのでは、実質的救済の観点から不十分であると評価できる。よって、原計画決定は、抗告訴訟の対象とすべきである。

(6) 出訴期間の克服

事案における原計画決定に処分性が認められるとすると、出訴期間の徒過により不可争力が生ずることになる。行政訴訟においては、この行政法関係の早期安定の要請と憲法が保障する「裁判を受ける権利」との調和が必要になる。無効確認訴訟においては、出訴期間の制限はないが、取消訴訟においては、処分または裁決の日から1年を経過したときは提起することができない（行訴14条2項）。

事案における原計画決定は、決定から40年以上経っているので、取消訴訟の出訴期間は徒過している。そこで、出訴期間の制限のない無効確認訴訟が可能か否かを検討する。

行政処分が無効であることを主張するためには、「重大かつ明白」な瑕疵

に加えて、「処分の効力の有無を前提とする現在の法律関係に関する訴えによって目的を達することができない」（行訴36条）ことが要件になる。

　事案における原計画決定は、公聴会を開いていないため、これが「重大かつ明白」な瑕疵といえるかが問題になる。現都市計画法16条には、公聴会の規定が存在するが、旧都市計画法（大正8年制定、昭和43年廃止）には、そのような規定がなく、昭和32年の事案における原計画決定時には、「重大かつ明白」な瑕疵があったとはいえない。

　また、事案の原計画決定は、平成9年に変更を受けており、Xにとって原処分を争うことは、「現在の法律関係に関する訴えによって目的を達することができない」とはいえず、代わりに変更後の計画決定を争えばよいこととなる。

　前掲最判平成20・9・10によれば、事案における原計画決定について、処分性は認められる余地があるが、取消訴訟に関しては出訴期間が徒過している。無効確認の訴えに関しては訴訟要件を満たさないといえよう。

　よって、Xは、事案における原計画決定を争う限り、抗告訴訟によっては救済されない。

3　設問(2)

　Xは、事案における原計画決定の取消訴訟提起後、変更決定取消請求を追加したいと考えたが許されるか。

(1)　関連請求

　行訴法19条1項は、取消訴訟の関連請求に係る訴えを追加併合できると規定している。そして、本件変更決定が、事案における原計画の関連請求に該当するかは、同法13条2号の「当該処分とともに一個の手続を構成する他の処分の取消の請求」といえるかが問題になる。

(2)　一連手続関係

　事案の原計画は、昭和32年に決定され、そして、事案における変更決定は平成9年になされ、その間40年以上経過している。

しかし、①事案における変更決定は、原計画に基づいて決定されていること、②変更内容も道路を180メートルの区間で拡幅するだけの軽微なものであることを考慮すると、事案における変更決定は、原計画とともに1個の手続を構成するものといえる。

よって、事案における変更決定取消請求の追加的併合は許される。

4　設問(3)

事案における原計画決定または変更決定の無効ないし取消しを求める抗告訴訟ではなく、不許可処分取消訴訟を提起した場合、Xはいかなる主張をするべきか。

(1)　違法性の承継

複数の行政行為が連続して行われた場合、先行行為の処分性が認められると公定力が生じ、この公定力が排除できない限り、先行処分の違法性は後続処分には承継されず、原則として、後続処分の訴訟時において、先行処分の違法性は理由にできないと解されている。ただし、例外的に違法性の承継が認められるのは、先行の行政処分と後行の行政処分が連続した一連の手続を構成し一定の法律効果の発生をめざしているような場合である。

(2)　一連手続関係

事案は、原計画決定とその変更決定に基づく建築制限を理由とした不許可処分に対する取消訴訟である。2つの行政行為は、連続した一連の手続を構成し一定の法律効果の発生をめざしているといえるので、先行行為の違法性は後続行為に承継されているというべきであろう。

したがって、事案における不許可処分取消訴訟においては、先行行為にあたる原計画決定の違法性を理由とすることができる。

(3)　変更決定処分の計画内容の違法

事案における都市計画道路は、昭和32年に決定され、その後40年間も放置されていた。そして平成9年その内容が変更されたものであり、しかもその変更の内容も、総延長1320メートル中わずか180メートルの区間に限ってそ

の幅員を11メートルから17メートルに変更するものである。この点、都市計画法13条1項の規定は「都市計画は……一体的かつ総合的に定めなければならない」と規定する。

事案における変更決定は、増大する交通量に対応するためということを道路拡幅の理由とする。しかし、事案においては都市計画に対する交通量の調査が行われていない。したがって、変更決定は、都市計画法6条1項の規定による基礎調査がなされていない。

(4) 変更決定の違法性

事案における変更決定については、その対象となる土地の地権者のほぼ全員が反対しており、変更決定にはXをはじめとする関係住民の意見が全く反映されていなかった。

都市計画法16条は、「……都市計画の案を作成しようとする場合において必要があると認められるときは、公聴会の開催等住民の意見を反映させるため必要な措置を講ずるものとする」と定めている。事案における変更決定に際しては、地権者の同意を得るため、公聴会開催は必要的であったと解される。

したがって、公聴会を開催しないでなされた変更決定は手続に重大な瑕疵があり違法である。

(5) 結 論

以上のとおり、事案における変更決定についてはその計画内容についても、その手続においても違法があり、その計画に基づいてなされた不許可処分は取り消されるべきものである。

事案における原計画決定に違法性がなければ、違法性の承継を論ずる必要性はなく、後続処分たる変更計画決定の固有の瑕疵を主張することになる。

5 設問(4)

事案において計画道路が開設されぬまま、40年以上も放置され、Xは本件土地の建築制限を受けてきたが、抗告訴訟以外の方法で救済を求めることが

可能か。

(1) 国家賠償請求

長期にわたる建築の制限に対する抗告訴訟以外の救済方法としては、旧都市計画法下の都市計画決定に基づく60年間にわたる建築制限によって、マンションや病院の建築計画を断念せざるを得なかったとして、国家賠償法1条による賠償請求と憲法29条3項に基づく保障を求めた訴訟（最判平成17・11・1判時1928号25頁）がある。

当該事件の原審では、事業の放置は裁量の範囲内であるとして賠償請求を退けられたが、損失補償に関して、前掲最判平成17・11・1は、「原告らが受けた上記（建築制限）の損失は、一般的に当然に受忍すべきものとされる制限の範囲を超えて特別の犠牲を課されたものということがいまだ困難であるから」と損失請求を退けている。しかし、長期にわたる都市計画制限が損失補償を伴うことなく認められるのは、あくまでも当該計画に必要性と合理性が備わっている場合に限られるべきであり、期間の長さおよび財産権侵害の重大性などを加味して損失補償の要否を判断すべきであろう。また、都市計画に関する基礎調査の結果が客観性・実証性を欠くものであるという理由で都市計画の変更決定を違法とする判決もある（前掲東京高判平成17・10・20）。

したがって、権利侵害の程度（具体的な損失発生およびその他の救済手段）、計画の合理性、必要性およびその期間の長さによっては、損害補償を認めるべき場合があると考える。

(2) 長期放置の違法

長期放置されている都市計画は、その期間が長いほどその必要性・合理性において疑義を呈することになる。都市計画は一般的に長期にわたらざるを得ないことも考慮する必要がある。

事案における原計画は、用途地域指定と計画道路の敷設であり、計画道路に関しては一般的に長期間にわたる計画遂行にならざるを得ないと考えられる。

したがって、40年間計画を放置していたとしても、Yの裁量の範囲を超えるということは困難であり、Xの損害賠償請求は認められないといえよう。

(3) 損失補償

損失補償の要旨は、その損失が「特別の犠牲」に該当するか否かで判断される。特別の犠牲といえるためには、次の2つの要件がクリアされなければならない。

① 特定性要件
　制限が特別の者に対してなされていること
② 強度本質侵害要件
　財産権に対する強度の本質的侵害であること

事案における原計画決定によって、Xは病院を改築できない、または、その建築が遅れる等その病院経営において具体的な損害が発生したと認められるが、原計画決定の抗告訴訟によっての救済は困難である。特に変更決定の必要性・合理性については問題があるが、原計画決定が出訴期間徒過によって争えないとすれば、Xの病院改築は困難となる。

したがって、Yの原計画決定、および変更計画決定には、その必要性・合理性を認めることができず、Xに具体的な損害発生を認めることができる場合、抗告訴訟等その他の方法によっては、権利救済が困難であることから、少なくともXの損失補償請求は認められるべきであるといえよう。

厚生年金訴訟（公法上の金銭請求権）　第5章

≪事案≫

甲は乙と別居していたところ、乙が死亡した。そこで、甲は、遺族厚生年金の支給裁定の申請をし、支給裁定を得て年金を受給していた。乙の内縁の妻丙は、「乙の死亡当時、同人と甲との婚姻関係はすでに破綻しており、実質的な配偶者は丙である」と主張して遺族厚生年金の支給裁定の申請をした。社会保険庁の担当者は、甲に対し、「丙の申請を認めることになった場合には、甲に対する遺族厚生年金の支給裁定を取り消し、既支給分の返還を求めることになる」と言う。甲は、乙の生前、同人からの仕送りによって生活をしており、乙との婚姻関係が破綻していたという判断には不満があり、甲には収入がなく、遺族厚生年金の支給を打ち切られると生活に困ることになり、既受領分の返還は困難である。

[関係図]

甲　════　乙　════　丙
戸籍上の妻　　　夫　　　　内縁の妻

【設問】

(1) その後、甲に対する支給裁定取消処分が行われたため、その取消訴訟を提起する場合、管轄裁判所となるのはどこの裁判所か。甲が遠隔地に居住している場合、どのような事情があれば、甲の住所地の裁判所に訴えを提起することができるか。（管轄裁判所）

(2) 甲は、自らに対する支給裁定処分の取消処分がされる前に、同処分の差止めを求める訴えを提起することができるか。丙が、自らに対する遺族厚

225

生年金支給処分の義務付けを求める訴えを提起することができるか。(差止訴訟・義務付け訴訟)
(3) 丙に対する支給裁定処分がされた場合、甲は、その取消訴訟を提起することができるか。(第三者訴訟)
(4) 社会保障給付関係の訴訟における主張・立証責任の分配についてどのように考えるべきか。(主張・立証責任)
(5) 丙による遺族厚生年金支給申請に対し、「丙は、乙の遺族にはあたらない」との理由で不支給裁定がされたため、丙が、その取消訴訟を提起したところ、その訴訟において、被告である国が、「丙は、自ら十分な収入を得ており、乙によって生計を維持していた者にもあたらない」と主張したと仮定する。裁判所としては、この追加主張をどのように取り扱うべきか。(処分理由の差替え)
(6) また、当初の訴訟においては、丙が乙の遺族にあたるかどうかのみが争点となり、不支給裁定が取り消された後になって、「丙は、乙によって生計を維持していた者にはあたらない」との理由で、再度の不支給裁定をすることは許されるか。(再度の不支給裁定)
(7) 競願関係、対立関係、利益共通関係のそれぞれについて原告適格と判決の第三者効を分析せよ。(競願関係)

【論点】
① 行政訴訟の管轄
ⓐ 甲が提起すべき丙への遺族厚生年金支給裁定処分取消訴訟は、どの裁判所の管轄に属することになるか
ⓑ 甲が沖縄県内に居住しており、遠隔地での訴訟には耐えられないので那覇地方裁判所に訴えを提起してほしいと訴えた場合、甲代理人の弁護士としてはどのようにすべきか。また、甲が沖縄県石垣市内に居住しており、那覇地方裁判所石垣支部に訴えを提起してほしいと訴えた場合はどうか

② 差止訴訟、義務付け訴訟の可否
　ⓐ 甲が、行訴法37条の４所定の差止訴訟を提起することについて、次のような点をどのように考えるべきか
　　㋑ 本件は、処分がされようとしているとき（行訴３条７項）の要件に該当するか
　　㋺ 処分がされることにより重大な損害を生ずるおそれがある場合（行訴37条の４第１項本文）に該当するか
　　　ⅰ 「重大な損害を生ずるおそれがある場合」とはどのような場合を指すものと解すべきか
　　　ⅱ 本件の場合はこれに該当するか
　　㋩ 「その損害を避けるため他に適当な方法があるとき」（行訴37条の４第１項ただし書）に該当するか
　　　ⅰ 他の適当な方法とは、一般にどのような手段を意味するものと解すべきか
　　　ⅱ 本件において、他に適当な方法は考えられるか
　　㋥ 行訴法37条の４第５項所定の要件に該当するといえるか
　　㋭ ㋑ないし㋥所定の要件は、訴訟要件、実体要件のいずれにあたるものと解すべきか
　ⓑ 丙が、行訴法37条の２または37条の３所定の義務付け訴訟を提起することについて、次のような点をどのように考えるべきか
　　㋑ 丙が提起すべき義務付け訴訟は、行訴法37条の２、37条の３のいずれにあたるか
　　㋺ ㋑の結論を前提として、丙が義務付け訴訟を提起するためには、法律上どのような要件を備える必要があるか
　　㋩ 義務付け訴訟において、要件具備の判断の基準時はいつになるか　たとえば、丙が遺族厚生年金支給裁定申請をしたところ、申請拒否処分がされたため、その取消訴訟とともに支給裁定の義務付け訴訟を提起した場合において、申請拒否処分時点では、丙に遺族厚生年

227

金の受給資格が認められるが、その後、丙に厚生年金保険法64条または64条の2所定の支給停止事由が生じたとすると、上記取消訴訟および義務付け訴訟についてはどのような判決がされることになるか。また、申請拒否処分後、丙に同法63条所定の失権事由が生じた場合はどうか
③　甲の原告適格ないし訴えの利益
　ⓐ　遺族厚生年金の受給権者は、法律上どのように定められているか
　ⓑ　法律上の配偶者ではなく、内縁の妻にすぎない丙に遺族厚生年金の受給権が認められた法律上の根拠は何か
　ⓒ　社会保険庁の職員は、丙（内縁の妻）への遺族厚生年金支給裁定をすることになった場合には、甲に対する同支給裁定を取り消すと述べているが、いったんされた支給裁定を取り消すことは可能か。可能であるとすればその根拠は何であり、取り消すための要件は何か
　ⓓ　甲には、丙への遺族厚生年金支給裁定処分取消訴訟の原告適格は認められるか。認められるとすると、その根拠は何か
④　社会保障給付申請拒否処分取消訴訟における主張・立証責任
　ⓐ　取消訴訟における主張・立証責任の分配についてはどのように考えるべきか
　ⓑ　社会保障給付申請拒否処分において、受給資格が認められること（または認められないこと）は、原告である国民が主張・立証責任を負うものと解すべきか、被告がこれを負うものと解すべきか
　ⓒ　社会保障給付裁定処分が、受給資格の認定に誤りがあったとして取り消されたため、当該取消処分の取消訴訟が提起された場合はどうか
⑤　処分理由の追加の可否等
　丙が提起した遺族厚生年金支給裁定申請拒否処分の取消訴訟においては、被告である国側が、拒否処分の適法性について主張・立証責任を負うとの考え方に立ったとして、次の点をどのように考えるべきか
　ⓐ　処分理由追加の可否について

ⓑ 再度の処分の可否について
　㋑ 取消判決の拘束力
　　ⅰ 取消判決の拘束力とは何か、取消判決の拘束力は裁判所のどのような判断について働くのか
　　ⅱ 設問の事例において、別個の理由による再度の拒否処分は取消判決の拘束力に抵触するか
　㋺ 取消判決の既判力
　　ⅰ 取消判決の既判力とは何か、取消判決の既判力は裁判所のどのような判断について働くのか
　　ⅱ 設問の事例において、別個の理由による再度の拒否処分は取消判決の既判力に抵触するか
　㋩ 信義則、権利濫用
　　設問の事例において、別個の理由による再度の拒否処分が信義則、権利濫用の法理によって違法となる余地はあるか。あるとすれば、違法とされるためにはどのような事情が必要か

【関係法令】
・厚生年金法3条2項

【参考判例】
・最判平成17・4・21判時1895号50頁

解説

Ⅰ　厚生年金保険法と甲または丙の救済方法

本件は、法律上の妻と内縁の妻との競願関係の事例である。

事案においては、法律上の妻（甲）は、いまだ支給裁定が取り消されていないが、その可能性がある状態だから、支給裁定の取消処分の差止訴訟を提起することができる。

では、内縁の妻（丙）は、申請が拒否された場合には、拒否処分の取消訴訟と支給裁定の義務付け訴訟を提起することができるだろうか。

厚生年金保険法1条は、厚生年金の目的として、労働者の老齢、障害、死亡、労働者と遺族の生活の安全と福祉の向上、厚生年金基金が加入員に行う給付の必要事項を定めており、3条2項において、配偶者、夫、妻には、婚姻の届出をしていないが、事実上婚姻関係と同様の事情にあるものを含むとしていることから、内縁の妻は、事実上の婚姻関係と同様の事情にあるものに該当し、拒否処分の取消訴訟および支給裁定の義務付け訴訟を提起することができる。

また、厚生年金保険法は、被保険者の資格、標準報酬あるいは保険給付に関する処分に不服がある者は、社会保険審査官に対して審査請求をし、その決定に不服がある者は、社会保険審査会に対して再審査請求をすることができるとしている（同法90条1項）。

II　行政訴訟の管轄

1　行政事件訴訟法上の管轄規定

(1)　一般管轄と特定管轄

甲に対する支給裁定取消処分の取消訴訟の管轄は、行訴法12条によって定まることになる。同法12条1項・4項によれば、原告が沖縄県内に居住しており、処分庁は社会保険庁長官で、事案処理庁が沖縄の社会保険事務所であったと仮定した場合、管轄裁判所は〈表5〉のとおりとなる。

(2)　事案処理庁管轄

処分にあたって甲の地元の行政機関が調査等を行っていた場合には、行訴

〈表 5〉　管轄裁判所

種　類	管轄の連結点	管　轄　地	管轄裁判所
一般管轄	被告の普通裁判籍	東京都千代田区（12条1項）	東京地裁
一般管轄	処分庁所在地	東京都（12条1項）	東京地裁
特定管轄	原告の普通裁判籍	福岡県（12条4項）	福岡地裁
特別管轄	事案処理庁所在地	沖縄県（12条3項）	那覇地裁

（条文は行訴法）

法12条3項の適用が認められる。事案の処理にあたった下級行政機関の所在地の裁判所にも管轄が認められる（最決平成13・2・27判時1744号64頁、最決平成15・3・14判時821号16頁）。

2　管轄のない裁判所に対する訴え提起（応訴管轄と合意管轄）

甲の住所地を管轄する裁判所に管轄権が認められないが、管轄権のない裁判所に訴えを提起した場合、被告が応訴したときには、民事訴訟法17条の規定により、応訴管轄が発生する。また、合意管轄などが成立する可能性もある。

3　本部管轄

地方裁判所の支部は、行政訴訟の事物管轄を有しない（地方裁判所及び家庭裁判所支部設置規則1条2項）。

4　設問(1)の解答

甲または丙が抗告訴訟を提起する場合、上記一般管轄、特定管轄または特別管轄を選択して管轄裁判所を決定することになる。

III　差止訴訟の可否

　従前無名抗告訴訟としてその可否が問題とされていた差止訴訟、義務付け訴訟が平成16年改正行訴法において明文で定められることになった。

1　処分等が「されようとしている場合」（危険切迫性要件）

　差止訴訟とは、処分等が「されようとしている場合」において、その処分等をしてはならない旨を命ずることを求める訴訟であるとされている（行訴3条7項）ので、この「されようとしている場合」とはどのような場合を意味するのかが問題となる。

　住民訴訟としての差止訴訟は、「当該行為が相当の確実性をもって予測される場合」に可能であると解されている（地自242条1項、東京地判昭和55・6・10判時968号18頁参照）。

2　「重大な損害が生ずるおそれ」（重大損害要件）

　「重大な損害が生ずるおそれ」とは、処分がされるのを待たずに事前救済をする必要があると認められるような事情が存在することを表現した要件である。そして、この要件が認められるかどうかを判断するにあたっては、損害の回復の困難の程度を考慮し、損害の性質および程度並びに処分または裁決の内容および性質を勘案すべきものとされている（行訴37条の4第2項）。

3　「他に適当な方法があるとき」（補充性要件）

　特別法で特別な救済手続が定められているとき等を意味し、たとえば、滞納処分につき訴えを提起すれば財産の換価をすることができない旨を定める国税徴収法90条2項などがこれにあたるとされている。

　事案の場合には、支給裁定取消処分がされるのを待ってその取消訴訟を提起し、あわせて執行停止を求めるのでは足りないと思われる。

甲は、乙からの仕送りに依存して生活しており、他に収入がなく、遺族厚生年金の支給裁定取消処分がなされると生活ができないのであるから、「重大な損害が生ずるおそれ」があり、「他に適当な方法」がないから、上記1・2・3のいずれの要件もクリアしているといえよう。

4 行政事件訴訟法37条の4第5項の要件「明らかであると認められる」（明白性要件）

支給裁定取消処分は、職権取消処分であるが、この処分の裁量性が問題となる。行訴法37条の2第5項の前段、後段いずれの要件該当性が必要になるのかが吟味されなければならない。甲について、「その処分若しくは裁決をすべきでないことがその処分若しくは裁決の根拠となる法令の規定上明らかであると認められる」という要件を充足しているかが、本案で審理されることになる。

5 訴訟要件と本案要件の分析

上記1ないし4の要件該当性が認められない場合、訴えが却下されることになるのか、請求が棄却されることになるのかという問題がある。これは、上記各要件が訴訟要件なのか本案要件なのかという問題であり、それぞれの要件の性質や、これを定める条文の記載内容などに照らして考えていくこととなる。

上記1「処分等がされようとしている場合」、同2「重大な損害が生じるおそれ」、同3「他に適当な方法がない場合」は、訴訟法上適法であることの要件であるから、訴訟要件であり、同4「処分の違法性が明らかであると認められる」は、実体法上の権利（処分取消請求権）の成立要件であるから、本案要件である。

IV 義務付け訴訟の可否

1 義務付け訴訟の要件

丙が支給裁定処分の義務付け訴訟を提起する場合、そもそもこの義務付け訴訟は、行訴法37条の2、37条の3のいずれの訴訟類型にあたるのかが問題となる。そして、それを前提として、それぞれの規定が定める要件該当性が検討されなければならない。丙は、事案において、厚生年金保険法3条2項の「事実上婚姻関係と同様の事情に在るもの」として、遺族厚生年金の給付申請権を有するから、申請型義務付け訴訟を提起することになる。

2 各種類の訴訟要件

義務付け訴訟には、下記2つの種類があり、行訴法37条の2と37条の3は訴訟要件を次のとおり定めている。
① 37条の2の義務付け訴訟要件（非申請型）
  ⓐ 重大な損害要件
  ⓑ 他に適切な方法がない要件
  ⓒ 法律上の利益要件
② 37条の3の義務付け訴訟要件（申請型）
  ⓐ 申請要件と併合提起要件
  ⓑ 第三者の処分取消訴訟は併合提起とならない

3 義務付け訴訟における違法判断の基準時

義務付け訴訟では、これから行政処分をさせようとするものであるから、処分をしないことの違法判断の基準時は、既存の処分の違法判断と同一でよいかどうかが問題となる。

(1) 処分時説

処分取消訴訟と義務付け訴訟が併合提起された場合、取消訴訟と同様に処分時であると考える見解である。

処分時説を採用する場合には、申請に対する応答がされないため、不作為の違法確認訴訟と義務付け訴訟とが併合提起された場合、説明が困難となる。

(2) 口頭弁論終結時説

義務付け訴訟の口頭弁論終結時であると考える見解である。

過去の一時期においては受給資格を有していたが、口頭弁論終結時においては、受給資格を失っていたという場合、過去の受給権を実現させるために義務付け訴訟を認容（一部認容）することができるのかという点が問題となる。他方、処分時説に立った場合には、現段階においては受給資格を失っていることにより訴えの利益が消滅する可能性もある。

また、「受給資格を喪失した場合」と、単に「支給停止事由が生じた場合」とは区別して論ずるべきであろう。

V 内縁の妻（丙）の受給資格

1 実体要件

法律上の婚姻関係のない内縁の配偶者に遺族厚生年金が支給されることがあり得るのかどうかをまず確認しておく必要がある。

これは厚生年金保険法上、遺族厚生年金の受給資格がどのように定められているのかの問題であり、同法58条1項、59条、3条2項等の規定を検討すべきこととなる。

(1) 配偶者要件

厚生年金保険法58条1項では、「遺族厚生年金は、被保険者が死亡したとき、その者の遺族に支給する」としている。そして、3条2項では、「この法律において配偶者、夫、及び妻には、婚姻の届出をしていないが、事実上

235

婚姻関係と同様の事情にある者を含むものとする」としていることから、内縁の妻であっても、厚生年金の受給資格を有するとはいえるが、はたして重婚的内縁関係の場合においても配偶者要件を満たすのか問題となる。

この点、昭和55年5月16日庁保発第15号は、「事実婚関係の認定について」詳細な設定基準を定めている。また、最判昭和58・4・14民集37巻3号270頁は、厚生年金保険法59条について、「事実上の離婚状態にある戸籍上の配偶者は排除される」と判示している。

(2) 生計維持要件

また、厚生年金保険法59条は、「遺族厚生年金を受けることができる遺族は、……被保険者であった者の配偶者であって、被保険者の死亡の当時、その者によって生計を維持したものとする」としていることから、認定の基準およびその認定の取扱いが問題となる（昭和61年4月30日庁保発第29号）。

2 手続要件

厚生年金保険法18条は、被保険者の資格認定について社会保険庁長官による確認が必要としている。また、同法59条4項は、生計維持の認定について、社会保険庁長官による裁定が必要とする（同法33条参照）。

VI 甲に対する支給裁定取消し（職権取消し）

1 職権取消しの要件

社会保険庁の職員は、「丙に対して遺族厚生年金を支給することになった場合には、甲に対する支給裁定を取り消す」と述べているというのであるが、この取消処分がどのような法律上の根拠に基づいているのかが問題となる。

この点についても、まず、厚生年金保険法上の根拠があるのかどうかを調査する必要がある。そして、仮に、同法上明文の根拠は存在しないということになると、行政処分の職権取消しができるかどうかという問題となり、職

Ⅵ　甲に対する支給裁定取消し（職権取消し）

権取消しの要件に照らしてこの点を検討していくこととなろう。支給裁定のような生計維持支給金を軽々しく取り消すことは、甲の法的地位を極めて不安定にすることから、よほどの確実な事由がない限り職権取消しは認められない。

　厚生年金保険法63条（失権事由）、64条（支給停止）、の規定があるが、配偶者が2人存在する場合の処理については明文がない。この点については同法60条2項と68条が参考となるが、そもそも「配偶者」については、2つの考え方がある。

　まず、配偶者一人説は、事案において「乙によって生計を維持している妻」は、1人しか存在しないと考えるものである。一方、配偶者複数説は、正妻と内縁の妻は厚生年金保険法上、いずれも配偶者に該当すると考え、複数存在する可能性があるとするものである。重婚的内縁関係もありうるとする考え方である。

　甲と丙は遺族厚生年金を奪い合う関係であるが、仮に配偶者一人説によるとしても、甲に対する支給裁定の職権取消しは、十分な行政調査を経て確実な証拠によって甲への支給障害事由が発見されない限りなされるべきではない。

2　甲の原告適格と訴えの利益

(1)　競願関係

　事案において甲が、「丙に対する遺族厚生年金支給裁定処分」の取消しを求める原告適格を有するかどうかを判断するにあたっては、甲と丙とが、1つの遺族厚生年金を奪い合う関係、すなわち、競願関係（最判昭和43・12・24民集22巻13号3254頁〔東京12チャンネル事件判決〕参照）が検討されなければならない。

(2)　分割支給の可否

　法律上、同一の遺族厚生年金について、複数の「配偶者」が存在するということが予定されていると解されるのかどうか、行政実務上の運用はどうか、

237

遺族厚生年金に係る権利の性質をどのように考えるか（結局、金銭的権利であって、金銭的権利については、性質上両立し得るとはいえないか）といった点が問題となる。状況いかんによっては、二分して支給する支給決定の可能性も検討されよう（厚年60条2項参照）。最終的には、裁判手続によって解決されることになろう。

(3) 複数処分の整合性確保の必要性

事案において甲に対する<u>支給裁定取消処分</u>が職権取消処分であるとすると、その適否の問題と、丙に対する<u>支給裁定処分</u>を同時にすべきかどうかの問題も発生する。支給処分という利益処分の職権取消しは、明確な取消根拠事由とそれを証明する十分な証拠に基づいて行われなければならない。

(4) 正妻の受給実体要件の存否

事案において甲の受給資格の実体要件は、「法律上の妻であること」、「被保険者によって生計を維持した者であること」である。甲がこの受給実体要件をクリアしていなければ、支給裁定の職権取消しが認められることになろう。しかし、甲に対して、職権取消処分がなされた場合でも、甲に対して既払いの受給分の返還請求を求めることは過酷であり、信義則を適用して既払分の返還請求はできないとする解釈もあり得る。

Ⅶ　主張・立証責任

社会保障給付をめぐる処分の取消訴訟における主張・立証責任一般をどのように考えるかという点は、行政訴訟における主張・立証責任をまず分析し、次に社会保障給付関係においては、それをどのように変容されるべきかを検討することになる。

社会保障給付申請拒否処分の取消訴訟、支給裁定取消処分の取消訴訟のそれぞれにおける主張・立証責任の帰属は、当初の処分が誤っていたことを理由とする職権取消処分であり、<u>いったん与えた利益を消滅させる不利益処分</u>であるから、原則として被告側に<u>主張・立証責任</u>があるといえよう。

Ⅷ　理由の差替えの可否等

1　処分理由の差替えの可否（処分理由の同一性）

丙に対する申請拒否処分の理由が、「乙の遺族にあたらない」（A理由）とされていたところ、丙が申請拒否処分取消訴訟を提起し、丙に対する申請拒否処分の追加理由として、「乙によって<u>生計を維持していた者</u>にあたらない」（B理由）が被告によって主張された場合、処分理由の差替えの当否が問われる。

2　別個の理由による再度の申請拒否処分の可否

処分または裁決を取り消す判決は、その事件について、処分または裁決をした行政庁その他の関係行政庁を拘束する（行訴33条）が、再度の申請拒否処分が、取消判決の拘束力に抵触するか。

この問題は、取消判決の拘束力が、どのような効力であって、裁判所のどのような判断に及ぶのかという点にかかわる。この点、既判力説と特殊効力説とがあり、既判力説は、拘束力を既判力の効果であるとし、特殊効力説は既判力とは別の特殊な効力と考える。

しかし、<u>取消判決後の新たな処分</u>は、<u>取消しに係る処分とは別個の処分であれば、それを既判力で禁止することはできない</u>から、拘束力は既判力の効果で説明することができない。また、既判力は裁判所に対するものであるが、拘束力は、明文上（行訴33条）、関係行政庁に向けられた制約であって、明らかに既判力と異なるものといえよう。

3　取消判決の訴訟物・既判力との関係（処分の同一性）

(1)　処分の同一性

取消訴訟の訴訟物について、「行政処分の違法性一般」であるという通説

的な見解に立つと、取消判決の既判力は、「当該処分は違法であること」を確定する効力をもつこととなる。再度の申請拒否処分が、取消判決の既判力に抵触するといえるかどうかは、「申請拒否処分と、再度の申請拒否処分とが同一の処分であるかどうか」で判定される。

(2) 申請拒否処分と再申請拒否処分の関係

上記A理由で申請拒否処分をなし、その後の申請に対しB理由で再度の申請拒否処分がなしうるかは、「訴訟物の特定」、「判決の効力範囲の問題」である。

「取消訴訟の訴訟物」や「当初申請拒否処分と再申請拒否処分の同一性」についてどのように考えるかにより、結論は異なる。給付請求権や処分理由など、何を重視するかによって結論が異なると思われる。申請拒否処分と再度申請拒否処分の関係について、次のような考え方がある。

① 違法性個別説

別個の理由による再申請拒否処分は可能とするもの（処分理由との関係における処分の違法性説）。

② 違法性一般説

一般的に再度の拒否処分に既判力が及ぶことを肯定する見解である。

③ 法律関係説

取消判決の既判力を、実質的に検討し、取消判決が確定すれば、「当該法律関係において、申請拒否処分をする要件が存在しなかったことが確定する」として、取消判決の既判力が再度の処分にも及ぶことを肯定する見解である。公法上の法律関係に既判力が発生するとみる。しかし、同説は、申請拒否処分については、行訴法38条2項の存在を理由に、別個の理由による再度の申請拒否処分を可能と考える。同規定は、棄却裁決取消訴訟と原処分無効確認訴訟の併合提起が可能な場合、出訴期間の遵守について、裁決取消しの訴えを提起したときに処分取消しの訴えも提起されたものとみなすとしている。

この点、最判平成4・4・28民集46巻4号245頁が参考となる。当初審決

は、A証拠により取消判決がなされた場合、その拘束力に従った再審決がなされることになるが、B証拠が再審決取消訴訟で出されたときは、そのようなB証拠による再審決の違法主張はできないとした。

(3) 信義則違反、権利濫用と再申請拒否処分

別個の理由による再度の申請拒否の処分を可能とする立場に立った場合でも、一般法理としての信義則違反、権利濫用等によって「再度の申請拒否処分」を違法とする見解も考えられよう。この見解は、個々の事情に着目して個別的な判断をする見解といえるが、どのような事情が認められれば信義則違反、権利濫用にあたると認められるのかについて、①第一次申請拒否処分の理由と第二次申請拒否処分の理由の異同、②被保険者による生活維持の程度、③行政庁が別個の理由を口頭弁論終結時までに主張できたか、などを具体的に検討することになろう。

IX　東京12チャンネル事件の分析

1　事実の概要

Xは、テレビ放送の12チャンネル放送局の開設をするため、Y（郵政大臣（当時））に対しその免許申請をなしたが、5社の競願となった。Yは、競願者間の優劣を審査し、A社に予備免許を与え、他の競願者の申請を拒否した。

Xは、自己に対する免許拒否処分とAに対する予備免許処分の取消しを求めて異議申立てをなしたが、Yは、電波監理審議会の議決に基づいてXへの拒否処分に対する異議申立てを棄却する決定をなした（Aに対する予備免許処分について取消しを申立てしていたが、取り下げた）。これに対してXは、異議棄却決定の取消訴訟を提起し（裁決主義）、東京高等裁判所は、その決定を違法として、Xの請求を認容した。

2　判決の内容

　前掲最判昭和43・12・24は、①AとXとは、同一周波をめぐって競願関係にあり、Xに対する拒否処分とAに対する免許付与とは表裏の関係にあるといえる、②Yによる再審査の結果によっては、Aに対する免許を取り消し、Xに対し免許を付与するということもありうるが、③当初の免許期間の満了と再免許は、単なる形式にすぎず、免許期間の更新とその実質において異なるところはないと認められるから、④期間満了後直ちに再免許が与えられ、更新して事業が維持されている場合に、これを免許失効の場合と同視して訴えの利益を否定することは相当でない、として、上告を棄却した。

3　競願関係と取消判決の効力

　棄却決定の取消判決には、形成力によってAの免許付与とXへの拒否処分、決定前の白紙の状態に戻り、あらためて、電波監理審議会に判定を求めなければならないことになる。

　また、棄却決定の取消判決は、Aの免許が取り消されるという形成力は生じないが、行訴法33条2項によって拘束力が生じ、これによってYは、判決の趣旨に従い、あらためて出願審査をやり直して、新たな決定をしなければならない。この再審査の結果によっては、Aの免許を取り消し、Xに対して免許を付与する可能性がある。

　前掲最判昭和43・12・24は、取消判決の拘束力の関係的効果として、Xが免許を受けうるという手続的な期待利益を認め、これを訴訟手続における法的保護利益としたものである。

4　二重効果処分

　1つの免許をめぐる競願関係にあっては、免許処分は、名宛人への利益処分であるが、他の競願者に対する不利益処分であるから、二重効果処分（複効処分）の実質を含んでいる。

この場合、免許処分の取消しを請求するか、異議棄却決定の取消しを訴求するかが問題となる。前掲最判昭和43・12・24は、Xについて、いずれも可能として選択の余地を認めた。主張するべき違法事由が異なる場合もあるが、選択可能性を認めたうえで、取消判決の拘束力によって、訴訟の繁雑化を回避できるとしている。

また、取消判決の拘束力を及ぼすべきケースであるが、二重効果的換地処分について、津地判昭和57・4・22行集33巻4号877頁は、訴えの利益を認めた。また、市街地再開発事業にかかわる権利変換処分について、最判平成5・12・17民集47巻10号5530頁は拘束力によって解決されるべきとする。

5 複数処分と訴えの利益

紛争事案の中に、複数処分が存在する場合、複数処分の関係が問われ訴訟手続の中で訴えの利益の問題を発生させる。

前掲最判昭和43・12・24は、当初の免許期間の満了による再免許は、実質的に「免許期間の更新」と同じであるとし、Xの訴えの利益は消滅していないとした。

この点、最判昭和40・8・2民集19巻6号1393頁も、運転免許の取消処分について、係争中に有効期間が満了しても訴えの利益は存続するとし、東京地判平成5・3・22行集44巻3号260頁は、変電所建設のための湾岸設備用地使用許可について、有効期限の到来は、免許の当然失効を意味せず、免許条件の改定を考慮する趣旨とみるべきとして、やはり訴えの利益は存続すると考えているようである。

また、Aに対する免許処分（ a 処分）と、Xに対する申請拒否処分（ b 処分）が競願関係である場合、Xはどうすればよいかについて、① a 処分取消請求不可・ b 処分取消請求可能説と② ab 処分取消請求可能説の 2 つの考え方がある。

前掲最判昭和43・12・24は、② ab 処分取消請求可能説をとった。すなわち a 処分の取消判決の<u>拘束力</u>によって、関係行政庁はあらためて決定をしな

243

ければならない。したがって、Aに対する免許の取消しとXに対する免許付与の可能性がb処分取消訴訟の訴えの利益を根拠づけることになる。

　Aへの免許後の免許の取消しにあたっては、違法性の承継があるかが検討されることになる。また、免許処分と更新処分の関係として、同一処分の付款の問題か、別処分かが問われる。

　取消判決の拘束力との関係（不整合関係）として関係行政庁について不整合処分の取消義務が発生することになる。

X　原処分・異議申立棄却決定・審査請求棄却裁決のいずれを争うのか

　原処分主義（行訴10条2項）と裁決主義（弁護士懲戒事件など）のいずれが採用されているかをまず検討する。裁決を争うべきと法定されている場合（裁決主義）を除き、原処分の取消訴訟を提起することになる。

　それぞれの理由が異なるときはどの理由を争うべきか。原処分理由a、異議申立棄却決定理由a＋b、審査請求棄却裁決理由a＋b＋cというように、処分理由の追加がなされることがある。行訴法10条2項は、裁決取消訴訟において、処分の違法を理由として取消しを求めることができないとしている。

　しかし、原処分庁が不服申立手続において処分理由を追加してa＋b＋cを主張することが可能かが問われる。不利益処分について、処分理由の付記が求められていることから（行手14条）、理由の追加・差替えは安易に認められないというべきであろう。

XI　内縁妻事件

　民法は原則として、法律婚を保護する主義（民731条以下）を採用するが、厚生年金保険法3条2項は、事実婚も保護している。事実婚である内縁関係をどこまで保護するかについて、戸籍上の妻の権利との調整が問題となる。

内縁妻事件については参考となる判例がある（東京地判平成16・3・19判時1866号34頁、東京高判平成16・8・19判例集未登載（東京地判平成16・3・19の控訴審）、最判平成17・4・21判時1895号50頁（東京地判平成16・3・19の上告審））。この事案では、内縁の妻は婚姻の届出を出していないが、夫婦同然の生活を続け、男性の収入で生計を継続していたうえ、男性が死亡するまで看護し続けた。戸籍上の妻は、20年以上夫と別居し、生活費の相互負担などの扶養関係がなかった。かかる事案について、最高裁判所は年金の支給を受けるべき配偶者にあたるのは内縁の妻であるとした。

XII　既判力・対世効

1　既判力

　複数処分が存在する事案においては、1つの処分の取消判決の効力が他の処分に及ぶかが常に問題となる。

　既判力とは、同一当事者間において、後の裁判における同一紛争の蒸し返し禁止の効力である（民訴114条）。

　既判力の主観的範囲としては、当事者と口頭弁論終結後の承継人に既判力が及ぶとされている。一方、客観的範囲は、確定判決は主文に包含されるものについて既判力が生じるとされる（民訴114条1項）。

　処分の取消訴訟で敗訴した者が第三者を被告に処分の無効を理由とする争点訴訟を提起した場合、当事者が異なるので既判力は及ばないが、民事訴訟で議論される争点効の援用が認められるべきであろう。

2　取消判決の対世効（第三者効）

　行訴法32条1項は、「処分又は裁決を取り消す判決は、第三者に対しても効力を有する」としている。これは、第三者に不利益を及ぼす判決の第三者効である。訴訟の結果により、権利を害される第三者は、訴訟参加が認めら

れ（行訴22条）、再審の訴えを提起できる（同法34条）。

3 取消裁決・判決の拘束力

(1) 行政事件訴訟法33条1項〜4項

処分または裁決を取り消す判決は、その事件について処分または裁決をした行政庁その他の関係行政庁を拘束する。行訴法33条が定める判決の拘束力は、認容判決（取消判決）に限定されている。

(2) 行政不服審査法43条1項〜4項

不服申立てに対する裁決は、行政内部の上位判断であるから、関係行政庁を拘束する。不服審査機関は最終的な判断権を有する行政機関である。

(3) 国税通則法102条1項〜4項

税務署長のした課税処分につき国税不服審判所が取り消した場合、行審法43条とは別に、個別法である国税通則法102条に同様の規定がおかれており、関係行政庁を拘束し（1項）、裁決の趣旨に従い、処分庁はあらためて処分しなければならず（2項）、取消裁決の公示義務（3項）が求められ、さらに、処分の被通知者への通知義務（4項）が定められている。

(4) 行政不服審査法40条5項ただし書

裁決では、不服申立人に対し、原処分よりも不利に判断してはならないとされている。訴訟の場合も、裁判所は原処分より不利に変更できない。

XIII 国民の公法上の権利とその根拠

厚生年金のような国民の公法上の請求権の発生要件として行政処分（支給裁定など）が必要とされているが、一般に国民の公法上の請求権発生と行政処分の関係は次のように分類される。

① 形成行為型

　行政処分によって権利が発生するもの

② 確定行為型

行政処分によって権利の範囲が確定するもの
　③　自動確定型
　　　法の規定によって権利が発生するもので、行政処分を不当とするもの
　①②は抗告訴訟であり、③は当事者訴訟で救済を求めることになる。遺族年金の請求権は、②に分類されるから、申請拒否処分については取消訴訟によって是正を求めることになる。

生活保護請求訴訟（保護基準審査） 第6章

≪事案≫

　Ｘは、年金担保で貸金業者から金35万円を借金した。Ｎ市福祉事務所長は、通達に従ってＸに対し生活保護給付決定を取り消した。
　その経緯は次のとおりである。
　Ｘ（73歳の女性）は生活保護の受給を受けていたが、月額5万円の年金以外のほかに収入はなく身寄りもいない。その後、Ｘが年金担保貸付を受けていたことが発覚したので、Ｎ市福祉事務所長は、平成20年12月12日、Ｘに対し、生活保護廃止決定をなした。Ｘは直ちに生活保護開始再度申請をなしたが、Ｎ市福祉事務所長は平成21年6月22日付で申請を却下した。
　Ｎ市福祉事務所長に対して、Ｘは、本件却下処分の取消訴訟および、生活保護開始の義務付け訴訟を併合提起した。厚生労働省は、生活保護運営手引きを定めており、同手引きには、「年金担保貸付を利用した受給者が、再度借金をなし保護申請を再度行う場合、原則として生活保護法を適用しない」と記載されている。

（事案の経過）

平成8年6月28日	原告は生活保護受給開始する。
平成20年12月12日	Ｎ市は原告に対し生活保護廃止決定をなす。
平成21年1月7日	原告は生活保護開始の再度申請をなす。
平成21年1月19日	申請却下
	（理由：保護費を借金返済に充当していることを確認した）
平成21年3月18日	年金担保貸付を受ける（35万円）

平成21年6月1日	原告は生活保護申請をなす。
平成21年6月22日	申請却下（本件処分）
	（理由：年金担保貸付を受け、受給中の年金から返済しているのは、手引きの規定に違反している）
平成21年8月21日	原告はM県に対して申請却下処分の審査請求の申立てをなす。
平成21年11月21日	原告は却下処分取消訴訟および義務付け訴訟を提起し、同時に仮の義務付けの申立てをなした。

【設問】

(1) 取消請求の提起と義務付け訴訟の提起を同時になす場合、その関係はどのようなものか。
(2) 手引きによる生活保護給付基準を訴訟で争う場合、どうすればよいか。
(3) 本件において義務付け訴訟を本案として、仮の義務付け申立てをする場合、Xは仮の義務付け決定を取得できるか。

【論点】

① 義務付け訴訟の要件
② 裁量基準の司法審査
③ 仮の義務付け決定の取得要件

【関係法令】

・行訴法37条の5

【参考判例】

・那覇地決平成21・12・22判タ1324号87頁

> 解説

I 生活保護行政

1 保護の種類

　生活保護法は、保護の種類について、①<u>生活扶助</u>（食費・光熱費・暮らしにかかる費用全般）、②教育扶助（子どもの義務教育にかかる学費・教材費、給食費など）、③<u>住宅扶助</u>（家賃・地代・引越費用）、④<u>医療扶助</u>（医療費・通院費）、⑤介護扶助（介護サービスのためにかかる費用）、⑥出産扶助（出産にかかる費用）、⑦生業扶助（就職のための技能習得の費用・子どもの高校の学費）、⑧葬祭扶助（葬式費用など）と定めている（同法11条）。

2 受給申請の手続

(1) 申　請

　生活保護の実施機関は福祉事務所であり（生保19条）、保護は申請に基づいて開始される（同法7条）。保護は厚生労働大臣の定める基準により測定した要保護者の需要を基とし、そのうち、その者の不足分を補う程度において行われる（同法8条）。

(2) 調　査

　保護実施機関は、申請があったときは要保護者の資産状況や健康状態その他の事項を調査し、保護の要否、種類、程度および方法を決定し、申請者に書面で通知しなければならない（生保24条1項）。必要があれば、資産状況の調査がなされる（同法28条1項）。

(3) 決　定

　保護開始決定、または保護却下決定の通知は14日以内で最長30日とされている（生保24条3項・4項）。

(4) 却下の場合

都道府県知事に対して審査請求することができる（生保64条）。審査請求がなされてから50日以内に裁決されなければならない（同法65条1項）。

(5) 再審査請求

都道府県知事の裁決に不服がある者は、厚生労働大臣に対して再審査請求をすることができる（生保66条1項）。

3 申請受理拒絶

申請がなされると、審査手続に入らざるを得ないので、住所や労働能力を確認する必要があるなどとして申請受理自体が拒絶されることも多い。

4 生活保護法の基本的な構成

憲法25条の生存権の保障を具体化したものが生活保護法である。第1条では生存権の保障を、第2条では無差別平等を、第3条では最低生活の保障を、第4条では保護の補足性を定めており、憲法25条の保障を具体化した内容が記載されている。

II　那覇地決平成21・12・22判タ1324号87頁

事案のモデルケースは、那覇地決平成21・12・22判タ1324号87頁であるが、これを分析し、設問の解説を行う。

1 事案の概要

申立人X（70代女性）が、N市福祉事務所長に対して、生活保護の開始申請（以下、「本件申請」）したところ、福祉事務所長は平成21年6月22日付で本件申請を却下（本件却下処分）した。

そこで、Xは、本件却下処分の取消訴訟および、生活保護開始の義務付け訴訟を併合提起した。本件は義務付け訴訟を本案として、生活保護を開始し

て生活扶助等を支給することの仮の義務付けを求めた事案である。以下は、仮の義務付け申立てがなされるまでの経緯である。

平成 8 年 6 月28日	原告に対し生活保護受給開始される。
平成13年 5 月13日	原告が年金担保貸付を受けたことが発覚する。
平成20年12月12日	N市が生活保護廃止決定をする。
平成21年 1 月 7 日	原告が生活保護を再度申請する。
平成21年 1 月19日	申請却下（理由：保護費を借金返済に充当したことを確認した）
平成21年 3 月18日	年金担保貸付を受ける（35万円）。
平成21年 6 月 1 日	原告が生活保護申請をする。
平成21年 6 月22日	申請却下（理由：年金担保貸付を受け、受給中の年金から返済しているから）
平成21年 8 月21日	原告がM県に対して申請却下処分の審査請求の申立てをする。
平成21年11月21日	原告が却下処分取消訴訟および義務付け訴訟提起し、同時に仮の義務付けの申立てをなす。

2　争　点

行訴法は、義務付けの訴えの提起があった場合において、①その義務付けの訴えに係る処分または裁決がされないことにより生ずる償うことのできない損害を避けるため緊急の必要があり、かつ、②本案について理由があるとみえるときは、裁判所は、申立てにより、決定をもって、仮に行政庁がその処分または裁決をすべき旨を命ずることができる（同法37条の 5 第 1 項）とし、仮の義務付けまたは仮の差止めは、③公共の福祉に重大な影響を及ぼすおそれがあるときは、することができない（同条 3 項）とする。前掲那覇地決平成21・12・22では、①と②の要件の認定が争点となり、一貫して原告側の主張が認められ、那覇地方裁判所は、生活保護受給について初めて仮の義務付けを認容した。

3　決定要旨（那覇地決平成21・12・22）

(1)　争点①

申立人は、本件申請時において、必要な生活費、家賃および医療費等に著しく不足する困窮状態にあり、本件申請時から生活保護が開始されることによって、生活扶助、住宅扶助および医療扶助が支給されなければ、申立人が健康で文化的な最低限度の生活を維持できないという損害を被るおそれがあったと認められる。そして、申立人の年齢や健康状態等も考慮すれば、遅くとも平成21年12月以降の生活扶助、住宅扶助および医療扶助については、これが支給されないことによる損害を金銭賠償のみによって甘受させることが社会通念上著しく不合理であることは明らかであり、償うことができない緊急の必要性が認められる、とした。

(2)　争点②

処分行政庁が引用する本件手引き（生活保護行政を適正に運営するための手引き。平成18年3月30日社援保発第0330001厚生労働省社会・援護局保護課長通知）によれば、過去に年金担保貸付を利用するとともに生活保護を受給したことがある者が、再度借り入れをし、保護申請を行う場合には、資産活用の要件（生保4条1項）を満たさないものと解し、原則として生活保護法を適用しないとされている。しかし、本件手引きも、生活保護を受けた者が急迫状況にあり、かつ、生活保護受給前に年金担保貸付を利用したことについて、社会通念上、真にやむを得ない状況にある場合にはなお、生活保護開始の余地はある、とした。

(3)　急迫状況

本決定は、「急迫状況」について、「申立人が必要な生活費、家賃、医療費等に著しく不足する困窮状態にあったとみとめられるから、申立人が、急迫状況にあったことは明らかである」とした。

(4)　やむを得ない状況

本決定は、「やむを得ない状況」について、「申立人が前記のような困窮状

態にあったことに加え、その原因として考えられる本件廃止処分から約2カ月が経過したところに本件年金担保貸付の申立てをしていることなどに鑑みれば、申立人が本件年金担保貸付を受けたのは生活費や家賃等に困窮したためであると優に推認できるところであり、本件廃止処分後の平成21年1月にされた生活保護申請も却下され、生活保護が開始される目処が立っていなかったことも考慮すれば、申立人が生活保護受給前に本件年金担保貸付を利用したことについてやむを得ない状況にあった」と認められる、とした。

(5) **結論**

本決定の結論は、「以上によれば、処分行政庁が申立人に対して生活保護を開始しないことが、その裁量権の範囲を超えるものと一応認められ、本案について理由があるとみえる」として、仮の義務付け申立てを認容した。

(6) **本件決定の意義**

本決定は、生活保護の申請拒否処分に対して生活保護の開始の仮の義務付けを認容した初めての決定である。

仮の義務付けを認めた有名な決定としては、身体障害者の児童について、普通保育園への入園を仮に承諾することを義務付けた決定（東京地決平成18・1・25判時1931号10頁等）がある。

4 本件の法的検討

(1) **各要件についての検討**

(ア) **「償うことのできない損害を避けるための緊急の必要性」要件**

仮の義務付けの申立てが認容される要件として、「償うことのできない損害を避けるための緊急の必要性」を満たす必要がある。「償うことのできない損害」は、行訴法上、執行停止の要件である「重大な損害」と区別されており、相対的に厳格な要件として解釈される。

本件ではXは他に収入がなく、生活扶助等が支給されないことになれば極めて厳しい生命の危険に結びつく状況となるから、「損害を金銭賠償のみによって甘受させることが社会通念上著しく不合理であることが明らかである

と評価できる」状況といえよう。

　一方、上記の、前掲東京地決平成18・1・25の事例では、身体障害者の児童が普通保育園の入園を拒否されたものであるが、「幼児期においてどのような環境においてどのような生活を送るかはその子供の心身の成長、発達のために重要な事柄である」から、「保育園に入園して保育を受ける機会を喪失するという損害は、その性質上、原状回復ないし金銭賠償による塡補が不能な損害」として、「償うことのできない損害」であると認定されている。

　前掲東京地決平成18・1・25は、金銭賠償が全く不可能な事例であり、本件は一応の金銭賠償は可能であるが、金銭賠償によることは不合理であると評価される。入園拒否が児童の成長過程に鑑み、てん補不可能な損害を与えるとするのは理解できるが、生活保護事件の場合、保護費の不支給が継続したとしても、その後に、金銭賠償がなされれば、金銭のてん補は客観的には可能である。しかし、その場合でも、最低限度の生活すら維持できない期間が継続するのであれば、それこそ生存権の保障（憲法25条）の観点からも、「健康で文化的な最低限度の生活を維持できないという損害」を被るのであり、このことが「損害を金銭賠償のみによって甘受させることが社会通念上相当でない」と判示された理由であると考えられる。

　結局、生活保護の事例においては、金銭によるてん補が実質的に不能と評価し、金銭賠償よる代替可能性を基準として、「償うことのできない損害」を認定することになるが、入園拒否の事例における「償うことのできない損害」の認定と認定方法は共通している。

　前掲那覇地決平成21・12・22において、「償うことができない損害を避けるための緊急の必要性」の要件を認定するに際して、以下のような事情が考慮されている。
　① 収入が厚生年金として支給される２万6000円余りにすぎないこと
　② 生活費、家賃および罹患する糖尿病の治療に係る医療費に著しく不足していること
　③ 平成８年から12年半もの間、生活保護を受けていることからすれば、

扶養義務者である子らに、扶養能力があるとは認められないこと
④　友人の援助は、扶養義務に基づくものではなく、また、安定していないこと
⑤　定期通院について、支払猶予してもらっていること

本件事案においても年金収入では生活費に不足し、年金担保で借金をなすことは生活困窮度を示す事実と評価できよう。

　　(イ)　「本案について理由があるとみえること」要件

「本案について理由があるとみえること」については、処分行政庁の裁量権の逸脱・濫用を、本案の前段階で、「一応」認められるか否かを判断することになる。

行政裁量の基準について、処分行政庁は、「生活保護行政を適正に運営するための手引きについて」（以下、「本件手引き」という）を引用する。本件手引きは、「年金担保貸付による貸付けを生活保護受給中に受けた者は、生活保護法4条の要件を満たさず、保護の受給要件を満たさない」とするものである。

処分行政庁は、本件手引きに従って、受給申請却下処分を行ったものである。しかし、年金担保受取りを受けたことを理由として借金したことが、生活保護の受給障害要件とすることは何ら合理性がなく、かかる本件手引きに従った本件処分は、裁量権の逸脱・濫用として違法といえよう。

　(2)　**保護程度**

前掲那覇地決平成21・12・22は、保護の程度について、①生活扶助、②住宅扶助（家賃の実額によって住宅扶助額を認定している）、③医療扶助の3つに分けて具体的に判断しているが、事案の法的分析についても参考となる。

生活扶助とは、最低生活費を認定し、収入認定額を控除したうえで生活扶助額が決定されるものである、住宅扶助とは、家賃の実額によって住宅扶助額を認定している。そして、医療扶助は、未払医療費と将来医療費に分け、前者は未払実額によって医療扶助額を決定し、将来医療費については現物支給としたものである（生保34条）。

(3) まとめ

　前掲那覇地決平成21・12・22では、申立人の主張がすべて認容されており、行政側の即時抗告も却下され、生活保護費支給の仮の義務付けが確定している。

　仮の義務付けは、平成16年改正行訴法で採用された制度であり、「償うことのできない損害を避けるための緊急の必要性」の要件は、ハードルが高い。

　しかし、今後、認容決定が積み重なり、損害の内容を実質的に考慮するようになれば（行訴25条3項参照）、さらに柔軟な認定がなされる可能性がある。

　前掲那覇地決では、裁量の違法を判断したが、本件手引きの違法性判断を避けた。生活保護法2条によれば、保護は、困窮の度合いに応じて、「無差別平等」が求められるのであり、本件手引きの違法性についても、各規定ごとに厳しく司法審査がなされなければならない。

労災訴訟（理由の差替え） 第7章

―――＜事案＞―――
　甲は、乙が経営するレストランで出演契約を締結し、毎晩同店でダンサーとして出演をしていたところ、ある晩、出演中にステージから転落してけがをし、仕事ができなくなった。そこで、甲は、労働者災害補償保険法に基づいて6カ月分の休業補償給付申請をしたところ、「甲と乙との契約は労働契約とはいえず、甲は労働者にはあたらない」として申請却下処分を受けてしまった。甲は「自分は、乙の指揮命令に基づいて出演していたものであり、不支給処分は納得できない」と考えている。

【設問】
(1) 甲は、申請却下処分の取消訴訟を提起したところ、被告である国は、「処分の適法事由として、甲が労働者にあたらないという点に加え、甲の受傷は極めて軽微なものであって、仕事ができなくなった真の理由は甲の体質的要因にあり、業務起因性がないとの点を追加する」と主張した。この主張の追加に対しどう対応すべきか。
(2) 労働基準監督署の担当者はなかなか最終判断をしようとせず、すでに1年以上も放置されている。収入がなく生活に困窮している状態なので、甲はどうすればよいか。

【論点】
① 処分理由の追加の可否等
　ⓐ 社会保障給付申請に対する処分において、受給資格が認められること（または認められないこと）は、原告である国民が主張・立証責任を負うものと解すべきか、被告がこれを負うものと解すべきか

第7章 労災訴訟（理由の差替え）

ⓑ 労働者性が認められないことを理由とする休業補償給付申請却下処分と、業務起因性が認められないことを理由とする同処分は、同一の行政処分といえるか

ⓒ 「行政法規において、ある給付処分を受けるためには、Ａ、Ｂ、Ｃの３要件を備える必要があると定められていた場合、行政庁としては、上記３要件のうち、いずれかを具備していないと判断すれば、その給付申請を拒否することができる。すなわち、Ａ要件を具備しないという判断に至れば、その他のＢ、Ｃ要件を具備しているかどうかは全く判断をする必要はないことになるわけであるから、この場合、行政庁が第一次判断権を行使したのは、Ａ要件を具備しているかどうかという点のみであって、Ｂ、Ｃ要件を具備しているかどうかについては、第一次判断権は行使されていないことになる。このように考えると、Ａ要件を具備しないことを理由とする給付申請拒否処分の取消訴訟においては、Ａ要件を具備しているかどうかのみが訴訟の対象となるべきものであり、Ｂ、Ｃ要件を具備しているかどうかについてまで裁判所が審理判断をすることは、行政庁の第一次判断権を侵害することになり許されない」とする見解があるが、この見解についてどう考えるか

② 行政庁が長期間応答をしない場合の救済方法

ⓐ 甲は、国を被告として不作為の違法確認訴訟を提起することができるか。甲が提起すべき義務付け訴訟は、行訴法37条の２、37条の３のいずれにあたるか

ⓑ 甲が、国を被告とする不作為の違法確認訴訟と義務付け訴訟を併合して提起したところ、裁判所から、「不作為の違法確認訴訟についての判決を先行させ、義務付け訴訟については手続を中止したいと考えるがどうか」との提案があった。甲は、どのように対応すべきか

ⓒ 仮の義務付け決定がされた場合、この決定に基づいて行われる休業補償給付支給決定は、本来の行政処分である休業補償給付支給決定と

同じ性質の処分であると考えるべきか、異なる性質の処分であると考えるべきか

ⓓ　休業補償給付の額は、法律に従えば1カ月20万円となるが、裁判所としては、甲の生活の困窮状態を解消するためには1カ月10万円の給付が認められれば足りると判断したと仮定する。この場合、裁判所は、1カ月10万円の給付をするとの休業補償給付支給決定をすべき旨の仮の義務付け決定をすることができるか。できないとすると、裁判所としては、どのような決定をすべきか

③　不作為の違法確認訴訟と不服申立手続はどのようなものか（労災40条、39条、38条、行訴38条4項、8条2項・3項参照）。

【関係法令】
・労働者災害補償保険法38条〜40条
・労働基準法75条

【参考判例】
・最判平成5・2・16民集47巻2号473頁

▶ 解説

I　法的分析のポイント

1　休業補償給付申請却下処分取消訴訟における主張・立証責任

(1)　主張・立証責任

取消訴訟の審理対象は処分の違法性の有無である。事案における不支給決

定のような不利益処分については、処分の根拠については処分庁に主張・立証責任がある。主張・立証責任の分配については、次のような学説がある。

① 処分性質説

行政処分の性質によって分配するとする考え方である。

② 法律要件分類説

行政処分の根拠条文の規定により分配するとする説である。

③ 利益衡量説

証拠との距離の近接度など事案ごとに個別的に分配を考えるものである。

④ 行政庁責任説

行政庁は、調査をなしたうえで処分をなし、法律の根拠に基づいて処分がなされるのだから、処分行政庁に主張・立証責任があると考えるものである。

(2) 受給資格

休業補償給付申請に対する処分において、証拠の近接性からみて受給資格が認められること（または認められないこと）は、原告である国民が主張・立証責任を負うものと解すべきであろう。本事案における契約内容や事故の業務起因性に関する事実は、原告側に存在する証拠によって立証されるものであるから、利益衡量説が本事案において、最も合理的な基準と考えられる。

2 処分理由の追加の可否

甲の提起した休業補償給付申請却下処分取消訴訟においては、原告である甲が休業補償給付の受給権があることについて主張・立証責任を負うと仮定した場合、国による処分理由の追加は、「処分の同一性」の範囲で認められる。

3 行政庁が判断しなかった申請拒否理由

行政法規において、ある給付処分を受けるためには、A、B、Cの3要件

を備える必要があると定められていた場合、行政庁としては、上記3要件のうち、いずれかを具備していないと判断すれば、その給付申請を拒否することができる。すなわち、A要件を具備しないという判断に至れば、その他のB、C要件を具備しているかどうかは全く判断をする必要はないことになるわけであるから、この場合、行政庁が第一次判断権を行使したのは、A要件を具備しているかどうかという点のみであって、B、C要件を具備しているかどうかについては第一次判断権は行使されていないことになる。このように考えると、A要件を具備しないことを理由とする給付申請却下処分の取消訴訟においては、A要件を具備しているかどうかのみが訴訟の対象となるべきものであり、B、C要件を具備しているかどうかについてまで裁判所が審理判断をすることは、行政庁の第一次判断権を侵害することになり許されない。しかし、訴訟で行政庁がB、C要件について応答すれば、第一次判断権を行使したことになる。

4　原告の主張・立証責任の範囲

　甲は、休業補償給付申請却下処分取消訴訟において、労働者に該当することに加え、業務起因性があることについても主張・立証すべき義務を負う（最判平成5・2・16民集47巻2号473頁、最判昭和51・3・10民集30巻2号79頁、最判昭和56・7・14民集35巻5号901頁、最判昭和42・4・21裁判集民87号237頁参照）。

5　仮の救済の必要性

　甲は、休業補償給付支給決定の仮の義務付け決定を求めることができる（行訴37条の5第1項）。

　休業補償給付の額は、法律に従えば1カ月20万円となるが、暫定的な救済を疎明資料に従って、裁判所としては、甲の生活の困窮状態を解消するためには1カ月10万円の給付が認められれば足りると判断することもできる。

II　法的検証

1　労働者災害補償保険法の給付要件

(1)　災害保険給付の種類（労災1条、7条）

労働者災害補償保険は、①業務災害保険給付と②通勤災害保険給付の2つの保険給付を行うことを主要な目的とする。

(2)　業務災害保険給付の要件

前掲最判平成5・2・16によると、業務災害保険給付の要件として、①業務遂行性要件（労働者として、指揮命令、服従関係にあること）、②業務起因性要件（業務と相当因果関係にある疾病であること）の2つが必要とされている。

(3)　労働基準法75条2項

労働基準法75条は労働者が業務上負傷し、または疾病にかかった場合、使用者はその療養費を負担しなければならないと定める。労働者災害補償保険法は、使用者の労災療養費の負担義務を手当てするものである。また、「業務上の疾病の範囲は命令で定める」として、労働基準法施行規則35条は、職業病について業務起因性が必要であるとしている（別表第1の2の1）。

(4)　作業関連疾患

名古屋地判平成6・8・26判タ860号167頁は、作業が関連して基礎疾患を悪化させた場合の保険給付の要件を次のとおり判示している。

①　相当因果関係があること
②　相対的に有力な原因であること
③　当該労働者を基準として社会通念に従って判断すること
④　過重負荷が基礎疾患を悪化させたこと

(5)　労働者災害補償保険法による支給決定

労働者災害補償保険法に基づいて保険給付に関する支給決定（行政処分）によって支給金額が確定する（労災38条1項）。

2 処分理由の追加の可否等

(1) 休業補償給付申請却下処分取消訴訟における主張・立証責任

事案では、国は不支給決定処分理由として労働者にあたらないとしていたが、取消訴訟における追加理由として、甲の体質的要因にあり、業務起因性がないと主張している。このような処分理由の追加が認められるか次に検討する。

(2) 処分理由の追加をめぐる問題点

㋐ 処分理由追加の可否

被告による処分理由の追加が訴訟法上どのような意味をもつかは、原告である甲が申請拒否処分の違法性について主張・立証責任を負う場合、被告である国がその適法性について主張・立証責任を負う場合のそれぞれにおいて、勝訴判決を得るためには、どのような主張・立証を行う必要があるのかによって異なってくる。「処分の同一性(訴訟物)」からアプローチするか、「被告の主張制限」からアプローチするか、またはその両方から分析するかが問題である。

㋑ 処分の同一性との関係

「労働者性」が認められないことを理由とする休業補償給付申請却下処分の取消訴訟において、「業務起因性」の有無についてまで審理判断する必要があるかどうかを判断するにあたっては、処分の同一性をどのように考えるかという点が関連する。両者が処分として同一性を欠くのであれば、前者を理由とする処分の取消訴訟において後者が問題となる余地はない。

行政処分の同一性の判断基準が問われるが、申請却下処分の同一性について、1つの申請に対する応答としての申請却下処分はすべて同一といえるという立場と、却下理由とされた処分要件の性質によって、処分が別個となるとの立場がある。

実体要件を満たさないことを理由とする却下処分と、申請手続が不適法であることを理由とする却下処分とでは処分として同一といえるかどうかなど

も問題となる場合がある。

　判例は処分の同一性を害さない限り、理由の追加差替えができるとしている（前掲最判昭和56・7・14、最判平成11・11・19民集53巻8号1862頁）。処分理由の追加変更を安易に許すと手続保障規定が潜脱される結果となるから、原告の法的地位を不安定にしないためには、処分理由の追加変更を無条件で許すべきではない。例外的に処分理由の付記義務の潜脱とならず、原告に過度の負担を強いるものでない場合に限り、許容できるものといえよう。

　設問における労働者性の要件と、業務起因性の要件との関係は、後説に立てば、全く別要件であるから、拒否処分として異なるということになろう。

　　　(ウ)　行政庁の第一次判断権との関係

　取消訴訟においては、行政庁が第一次判断権を行使していない処分要件の有無を審理判断することは原則として許されないという観点から、取消訴訟における審理の範囲を限定しようとする見解もある（司法研修所編『改訂・行政事件訴訟の一般的問題に関する実務的研究』160頁）。前掲最判昭和51・3・10は、特許審決取消訴訟において、新たな取消事由は主張できないとした。行政審判は争点について判断がなされたその判断事項について司法判断に近い拘束力を発生させる場合があり、準司法手続で行われる行政審判に限り、行政の第一次判断権を尊重することを法律が要求していると思われる。

　　　(エ)　当事者主義との関係

　行政訴訟において、原・被告間において争点となっていない要件事実について、裁判所が職権で判断することは、当事者主義を基本とする立場からも許されないという考え方がある（山本隆司「訴訟類型・行政行為・法関係」民商法雑誌130巻4・5号668頁以下参照）。私的自治の領域において形成された私法取引は所与のものとして行政法の適用が検討されるべきことは、裁判所も認めている（東京高判平成11・6・21判時1685号33頁）。

　　　(オ)　最判平成5・2・16

　前掲最判平成5・2・16は、労働者災害補償保険法が適用されないという理由でされた労働者災害補償給付申請却下処分の取消訴訟において、同法の

適用範囲の判断に誤りがあると認められる場合には、業務起因性の有無について判断するまでもなく、当該処分を取り消すべきである、という趣旨の判断を示している。「適正手続の保障」と「訴訟経済」のいずれを重視するかが問われている。

この判決によれば、「労働者性」が認められないことを理由とする申請拒否処分の取消訴訟において、「業務起因性」の有無についてまで判断するまでもないということになろう。また、前掲最判昭和51・3・10は、特許審決取消訴訟で新たな取消事由は主張できないとすることとの関係が検討された（行政審判制度の特殊性を考慮するべきであろう）。後者の昭和51年最判において、「新規性」と「類似性」は別の取消事由とされ、それぞれの範囲において、新たな証拠の提出は認められるとされた。

　　　(カ)　処分理由の付記が要求されている場合（行手8条、14条）

理由の差替えまたは追加は、「処分の同一性」の範囲でしか認められない（前掲最判昭和56・7・14）。

　　　(キ)　根拠法各号の定めが処分理由とされた場合

この場合は、処分理由が処分の範囲を画するとされているから、別の各号の処分理由に差し替えることは許されないとされている（前掲最判昭和42・4・21）。

3　行政庁が長期間応答しない場合の救済方法

まず、甲は、国を被告として不作為の違法確認訴訟を提起することができる（行訴3条5項）。あるいは、甲は、国を被告として休業補償給付支給決定を求める義務付け訴訟を提起することができる（同条6項2号）。

(1)　不作為の違法確認訴訟の要件とその適否

不作為の違法確認訴訟とは、法令に基づく申請に対し、相当の期間内に処分をすべきであるにかかわらず、これをしないことについての違法の確認を求める訴訟である（行訴3条5項）。

この条文においては、「法令に基づく申請」がされていることと、「相当の

期間内に処分をすべきであるにかかわらず、これをしないこと」が要件とされているのであるが、不作為の違法確認訴訟を提起できるかどうかは、これらの要件を満たしているといえるかどうかによる。

(2) 義務付け訴訟の要件とその適否

この点を考えるにあたっては、甲が提起すべき義務付け訴訟は、行訴法37条の2、37条の3のいずれの訴訟にあたるのかを検討し、その結果を踏まえて、それぞれの条文において定められた要件を満たしているかどうかによることとなろう。労働者災害補償保険金の請求は、労働者災害補償保険法の規定に基づく申請によってなされるから、行訴法37条の3（申請型義務付け訴訟）を提起することができる。

(3) 取消判決を先行させることのできる要件とその適否

㋐ 併合提起

甲が提起すべき義務付け訴訟が行訴法37条の3に基づくものである場合には、義務付け訴訟と同時に不作為の違法確認訴訟を併合提起しなければならず（同条3項）、この2つの訴えに係る弁論および裁判を分離することはできないものとされている（同条4項）。

㋑ 一部判決先行の要件（義務付け訴訟手続の中止）

裁判所が不作為の違法確認訴訟について判決を先行させたいという意向を示した場合、行訴法37条の3第6項に基づく処理を提案したものと理解できる。同条6項は、不作為の違法確認訴訟についての判決を先行させた場合、「残された義務付け訴訟に係る訴訟手続を中止させるかどうか」について当事者の意見を聞くべきことを定めており、「不作為の違法確認訴訟についての判決を先行させるかどうか」については、当事者の意見を聞くことを要求していない。したがって、裁判所が当事者の意見を聞く場合は、法律に基づくものではなく、審理を円滑に進めるため、事実上当事者の意向を聞こうとしたものと理解できよう。

行訴法37条の3第6項に基づいて不作為の違法確認訴訟について判決を先行させるかどうかは、それにより「より迅速な争訟の解決に資する」と認め

られるかどうかによるわけであるから、上訴の可能性も含めて、不作為の違法確認訴訟についての判断が早期に確定する見通しがあるかどうか、義務付け訴訟の判決を得るまでにはどの程度の審理を要する見通しなのかなどといった点を踏まえつつ、まずは、不作為の違法確認訴訟の判決を確定させ、行政庁に処分をさせるほうが、義務付け訴訟についての審理をし、判決をするよりも<u>迅速な解決</u>が得られるといえるのかどうかを判断することとなろう。義務付け判決をなすには、「<u>詳細な証拠資料</u>」によって「<u>具体的な義務内容の特定</u>」をしなければならず、また、支給決定要件のすべてを審理することになるから、不作為の違法確認訴訟の審理よりも長期間を要する。

4　仮の義務付け決定申立ての問題点

(1)　仮の義務付け決定の要件

仮の義務付けが認められるためには、次の要件をクリアすることが必要である（行訴37条の5）。

① 義務付けの訴えを提起すること（本案提起要件）
② 処分等がされないことにより生ずる償うことのできない損害を避けるためであること
③ 緊急の必要があること
④ 本案について理由があるとみえること（本案勝訴要件）
⑤ 公共の福祉に重大な影響を及ぼすおそれがあるときは不可

このうち、「<u>償うことのできない損害を避けるため緊急の必要があること</u>」は、執行停止の要件である「<u>重大な損害を避けるため緊急の必要があるとき</u>」（行訴25条2項）よりも<u>加重された要件</u>であると考えられており、甲の生活困窮の程度等を考慮して裁判所は事実認定をすることになろう。

また、「本案について理由があるとみえること」の要件（積極的勝訴要件）も、「本案について理由がないとみえるとき」には執行停止をすることができないとする<u>執行停止の要件（消極的勝訴要件。行訴25条4項）よりも加重</u>されており、民事保全の場合と同様に、仮の義務付けに係る処分要件の充足に

ついて十分な疎明が要求されているものといえよう。
(2) 仮の義務付け決定に基づく行政処分の性質
　仮の義務付け決定がされた場合、行政庁としては、同決定で命じられた行政処分をすべきこととなるが、「仮の義務付け決定による行政処分」の性質をどのようなものと解すべきなのかを検討しなければならない。次のような考え方がある。
① 手続法的行政処分説
　行訴法に基づく特殊な行政処分であるとする見解である。
② 実体法的行政処分説
　行政実体法に基づく行政処分であって、本来の行政処分と異なるものではないとする見解である。
③ 解除条件付行政処分説
　行政実体法に基づく行政処分ではあるが、本案敗訴判決が確定した場合には失効するという解除条件付のものであり、その点で本来の行政処分とは異なるとする見解である。
そして、この点をどう考えるかによって、次の事項が問題となる。
　ⓐ 敗訴の場合の失効
　　本案敗訴判決が確定した場合には、当該行政処分は当然に失効すると解すべきであるかどうか
　ⓑ 勝訴の場合の再処分の必要性
　　逆に本案勝訴判決が確定した場合、行政庁としては、あらためて行政処分をする必要があるかどうか
　ⓒ 第三者の権利と即時抗告
　　仮の義務付け決定に基づく行政処分が、第三者の権利を侵害するものである場合、その第三者は、それを争うことができるのか、できるとするとどのような手段によるのか（仮の義務付け決定に対して即時抗告ができるのか、それとも、行政処分の取消訴訟を提起することになるのか）

(3) 一部の仮の義務付けの可否

　仮の義務付け決定に基づく行政処分の性質をどのように考えるかによって考え方が分かれる。一部の仮の義務付けができないとした本事案のような場合、全部の仮の義務付けをすることができるのか、あるいは逆に、申立てを全部却下すべきなのかも問題となり得よう。本事案で、1カ月の支給金額を半分にしたり、期間を半分に限定することができるのかという点も問題になり得る。

　労働者災害補償保険金給付請求権は<u>可分であり</u>、裁判所が生活困窮状態の判定により、金額を10万円とするのは、訴訟物の範囲内の判断であるから、将来の本案判決による決定金額と相違しても差し支えないと思われる。これは、処分取消訴訟の判決について問題となる。処分の分割可能性が問われると思われる。

(4) 仮の義務付けを認めた決定

　仮の義務付けを認めた裁判所の決定には次のものがある。
① 　幼稚園仮入園（徳島）事件（徳島地決平成17・6・7判自270号48頁）
② 　幼稚園仮入園（東京）事件（東京地決平成18・1・25判時1931号10頁）
③ 　岡山シンフォニーホール事件（岡山地決平成19・10・15判時1994号26頁）
④ 　生活保護事件（那覇地決平成21・12・22判タ1324号87頁（第6章参照））
⑤ 　タクシー料金認可事件（福岡地決平成22・5・12裁判所ウェブサイト（平成22年(行ク) 3号）（第14章参照））

5　労働者災害補償保険法の不服申立前置主義と不作為の違法確認訴訟

　労働者災害補償保険法40条は、不服申立前置主義をとり、労働保険審査会への再審査請求を経ないと訴訟提起できないものとしている。そして、同法38条、39条は、労働者災害補償保険審査官へ審査請求し、労働保険審査会へ再審査請求できるものとするが、不服申立てを経ずに訴訟提起できるが、審査請求することも可能としている。一方、不作為について、不服申立前置主

義を定める法律は存在しないから、行訴法8条のうち、不服申立前置主義に関する部分（行訴8条1項ただし書・2項）は、不作為の違法確認訴訟に準用される余地はない。

6 行政の不作為に対する救済方法

行政庁の不作為について、個別行政法規や行訴法において、次のような対応規定が存在する。

① みなし許可（河川法24条）

一定期間の不作為があれば許可があったものとみなすものとしている。

② みなし拒否（生保24条4項）

一定期間応答がなければ申請の拒否があったものとしている。

③ 応答期限（建基6条4項）

行政庁に対応期限を遵守することを促す規定がおかれている。

④ 不作為の違法確認訴訟

行訴法3条5項は、「行政庁が法令に基づく申請に対し、相当の期間内に何らかの処分又は裁決をすべきであるにかかわらず、これをしない場合」不作為の違法確認訴訟を提起できるものとしている。

⑤ 義務付け訴訟

行訴法3条6項は、行政庁が一定の処分等をすべきであるにかかわらず、これがなされないとき、行政庁に対してその処分または裁決を命ずることを求める訴訟を提起できるものとしている。

住民訴訟（4号請求訴訟） 第8章

> **＜事案＞**
>
> 甲県A市の職員Bは、50万円分の商品券を収賄したとの容疑で逮捕され、C市長は、職員Bを懲戒免職ではなく、分限免職にした。A市は、Bに対し、1000万円の退職手当を支払うつもりであるとの新聞報道がなされている。
>
> Gは、Bに退職手当てを支払わないよう、C市長に対する勧告を求める監査請求を行ったが、監査請求をした日から60日以上経っても、何らの監査結果も出されなかった。この間に、C市長は、Bに対して1000万円の退職手当を支払った。なお、A市の条例に基づき、退職手当の裁定は職員局長D、支出命令は職員局給与課長E、支払いは収入役Fによりそれぞれ行われた。
>
> Gは、C、D、E、Fに対する損害賠償請求およびBに対する不当利得返還請求の履行を求める住民訴訟を提起することとした。

【設問】

(1) A市の住民であるGはどのような住民訴訟を提起すればよいか。

(2) Gはどのような住民訴訟を誰を被告として提起すればよいか。

(3) Gは、第1段階訴訟でC、D、E、Fに対して全面勝訴の判決を得てそれが確定したが、A市の市議会は、A市のC、D、E、Fに対する当該損害賠償請求を放棄する議案を可決した。かかる放棄議決は有効か。

【論点】

① 住民訴訟制度の概要

② 監査請求前置

第 8 章　住民訴訟（4 号請求訴訟）

　　　ⓐ　監査請求の対象の特定
　　　ⓑ　暫定的差止勧告
　　　ⓒ　個別外部監査制度
③　出訴期間
④　訴訟費用
⑤　請求の同一性
⑥　給与条例主義、分限免職と懲戒免職
⑦　訴訟告知
⑧　財務会計行為と違法性の承継
⑨　3 号請求、新 4 号請求（平成14年改正）
⑩　複数人が関与した場合の損害賠償責任
⑪　弁護士報酬の負担
⑫　自治体による相手方への支払請求と第 2 段階訴訟（住民による訴訟への参加）
⑬　放棄議決の有効性

【関係法令】
・地方自治法242条の 2

【参考判例】
・東京高判平成18・7・20判時1955号 3 頁

273

第Ⅱ編　各論　第8章　住民訴訟（4号請求訴訟）

▶ 解説

I　地方自治の概要

1　地方自治

地方自治は、①自己意思に基づく自己責任と住民の政治的参加を内容とする自治である住民自治と、②国から独立して団体責任を果たし国家から独立した意思形成を行うことを内容とする自治である団体自治の2つの内容から構成される。

2　団体自治の根拠

団体自治の法的根拠について、①前国家的に保有していると考える固有権説と、②国家から伝来したものと考える伝来説の2つの考え方がある。

3　地方公共団体に対する自治権の保障

地方公共団体に対する自治権の保障は、基本的人権と国民主権原理や自己決定権の尊重が根底にある。そして、地方公共団体の権限行使には、個別に法律の授権が不要とされる。また、地方公共団体の権限を法律によって侵し得ないものがあるとされ、これは憲法上の保障である（憲法92条〜95条）。

II　地方公務員法

1　地方公務員の任免の法律関係

地方公務員の任免の法律関係について、次の3つの考え方がある。
①　特別権力関係説

自治体と地方公務員間は特別権力関係と把握し、法律の規制が及ばないと考えるものである。
② 労働契約説
民間の労働契約と同様であると把握する考え方である。
③ 根拠法解釈説
上記のいずれとも異なり、地方公務員法の立法趣旨に従って、同法の解釈によってその関係が決定されるとする考え方である。

2 公務員関係の消滅

免職には、分限免職と懲戒免職の2種類がある。分限免職は、公務員が職務遂行能力を欠くに至ったときになされるもので、懲戒免職は、公務員の非違行為に対する制裁としてなされるものである。

3 地方公共団体と公務員の関係と部分社会・公物利用関係など

(1) 勤務条件条例主義

地方公務員の権利義務の内容は条例によって定められ、つまり、勤務条件条例主義がとられている。

公務員の雇用条件は、一般の労働契約とは異なり、行政処分の方式によって構築されるのは、公務の円滑性確保、公務の優先性等が根拠である。

(2) 部分社会の基本的人権制限

「社会あるところに法あり」といわれるが、全体社会である国家の中には自律的な部分社会として私立大学等がある。また、犯罪者の収容施設も施設の設置目的から在監者の権利を大幅に制限する法律関係が存在する。私立大学において、学生の政治活動を制限できるかどうかは、入学契約の解釈から導かれる（最判昭和49・7・19民集28巻5号790頁〔昭和女子大事件〕参照）。また、在監者の基本的人権の制限について、法律の根拠が必要とされている（大阪地判昭和33・8・20行集9巻8号1662頁）。

(3) 公物利用関係との類似

　行政目的のために存在する公物は、一般の私的財産と異なり、行政処分方式でその利用関係が設定されるが、公務員と自治体の法律関係もこれに類似する。法律関係がどのように発生するか（発生方式問題）と、関係者の人権を制限する必要性（法律の根拠の必要性問題）は異なるから、分けて検討するべきである。

III　住民訴訟（地方における財政監視）

1　住民訴訟の要件と行政事件訴訟法改正

　住民訴訟は行訴法5条の定める民衆訴訟の一種であり同法42条に定めるとおり、法律で定める場合において、法律で定める者のみがこれを提起できる。住民訴訟の訴訟要件は地方自治法（以下、「自治法」という）242条の2および242条の3に定められている。同法は平成16年の行訴法改正の際に改正されず、従前のまま維持され、基本的な部分には大きな影響はないが、行政訴訟としての特質を有するため、影響を受けるところも多い。

2　救済範囲の拡大と住民訴訟

(1) 行政事件訴訟法改正

　住民訴訟の訴訟要件は自治法242条の2で定められているため、この部分の行訴法改正は原則として影響がない。

(2) 原告適格

　住民訴訟の原告適格は、「当該地方公共団体の住民であること」と「自治法242条1項の住民監査請求をした者であること」が自治法242条の2第1項に定められており、取消訴訟の原告適格を拡大してもそれほど影響があるとは思われない。住民登録も要件ではなく、外国人も含まれる。

　訴訟の途中で転居して住民でなくなった場合、原告適格がどうなるかにつ

いては争いがあるが、住民訴訟は住民であったとき自らも納付した税金について、公金支出の違法性を争うものであるから、原告適格は喪失しないというべきであろう。

(3) 義務付け訴訟

平成16年の行訴法改正は行政処分や裁決をすべき旨を命ずることができる訴訟を明定したが、住民訴訟に特別に影響を与えるものではない。自治法242条の2第1項の4号訴訟は、損害賠償請求等をなすことを自治体の執行機関等に求めるものであるから、義務付け訴訟である。

(4) 差止訴訟・確認訴訟

差止訴訟や確認訴訟についても自治法242条の2第1項は、「当該執行機関又は職員に対する当該行為の全部又は一部の差止めの請求」（1号）、「行政処分たる当該行為の取消し又は無効確認の請求」（2号）、「当該執行機関又は職員に対する当該怠る事実の違法確認の請求」（3号）として、これら請求を認めている。

3　審理の充実・促進と住民訴訟

(1) 釈明処分の特則

審理の充実・促進として平成16年行訴法改正において、新たに、行訴法23条の2が民事訴訟法149条や151条が定める釈明処分の特則として設けられた。

(2) 民事訴訟法の釈明処分

民事訴訟法149条1項は「裁判長は、口頭弁論の期日又は期日外において、訴訟関係を明瞭にするため、事実上及び法律上の事項に関し、当事者に対して問いを発し、又は立証を促すことができる」と定めている。また、同法151条は、①当事者本人やその法定代理人を口頭弁論期日に出頭させること、②口頭弁論期日において、当事者のために事務を処理しまたは補助する者で裁判所が相当と認めるものに陳述させること、③訴訟書類または訴訟において引用した文書その他の物件で当事者の所持するものを提出させること、④当事者または第三者の提出した文書その他の物件を裁判所にとどめおくこと、

⑤検証をし、または鑑定を命ずること、⑥調査を嘱託すること、を定める。

(3) 行政事件訴訟法23条の2（釈明処分の特則）

行訴法23条の2は、これをさらに行政訴訟の特質の見地から補完するものとされている。同条1項は、訴訟関係を明瞭にするため、必要があると認めるときは、次に掲げる処分をすることができるとした。

① 被告である国もしくは公共団体に所属する行政庁または被告である行政庁に対し、処分または裁決の内容、処分または裁決の根拠となる法令の条項、処分または裁決の原因となる事実その他処分または裁決の理由を明らかにする資料であって当該行政庁が保有するものの全部または一部の提出を求めること

② 上記の他の行政庁に対し、上記に定める資料であって当該行政庁が保有するものの全部または一部の送付を嘱託すること

　また、行訴法23条の2第2項は、審査請求に対する裁決を経た後の取消訴訟について次の処分をすることができるとする。

ⓐ 被告である国もしくは公共団体に所属する行政庁または被告である行政庁に対し、当該審査請求に係る事件の記録であって当該行政庁が保有するものの全部または一部の提出を求めること

ⓑ 上記の他の行政庁に対し、上記に規定する事件の記録であって当該行政庁が保有するものの全部または一部の送付を嘱託すること

ところで行訴法23条の2は、民衆訴訟に準用される（同法43条）ので、住民訴訟にも本条が準用される。

(4) 主張・立証責任

住民訴訟においては、主張・立証の責任は原告住民側にあるとされるが、行政庁の行った処分等がいかなる法的根拠によるものか、複雑な行政の枠組みの中で判断が困難なことも多く、また当該処分の関係文書等の証拠がどこにあるか、どこが保管しているか等不明なことも多い。そして、そのことが訴訟の進行を妨げていることもある。

平成16年改正において、行訴法23条の2および43条が設けられたことによ

り、行政庁の側より、処分の法的根拠が明らかにされたり、関係文書が裁判所に提出されその内容が明らかにされたりすることになったことから、訴訟の円滑な運営が期待される。

4　被告適格と住民訴訟

　行訴法11条、38条および43条により、被告適格が行政庁から行政主体に変更され、自治法242条の2第1項の1号ないし4号（ただし書を除く）の当該執行機関や処分庁に対する訴えについても、行政主体である都道府県や市町村等を被告とすることとなった。

　住民訴訟においては、行政処分がなされた直接の相手方が原告となるのではない。したがって、当該行政処分を行った執行機関である行政庁がどこであるか等不明なことも多い。そこで平成16年の行訴法改正により、これまで行政庁を被告としていたものが、行政主体である地方公共団体となったことにより、原告住民は、原則として、処分庁がどこであるかについて厳密に調査したりすることから解放され、負担が軽減された。

　一方、自治法242条の2第1項4号の請求については、平成16年行訴法の改正とは全く別の視点からすでに平成14年の自治法改正の際に、それまで違法行為をした個人あるいは不当利得をしている個人や法人を被告としていたところから、行政主体（執行機関等）を被告にすることに変更された。

　自治法242条の2第1項の1号・3号・4号の各請求は、職員に対しても、訴えを提起することを定める。ここにいう「執行機関又は職員」というのは、職員個人ではなく機関を指し、職員は行政庁の機関としての職員であり、行訴法11条の適用の対象となるものと解される（大阪高判平成19・11・27判例集未登載参照）。したがって1号・3号・4号の住民訴訟の被告は、特定された財務会計行為をなす権限を有する機関ないし、職員以外に考えられない（南博方＝高橋滋編『条解　行政事件訴訟法〔第3版〕』161頁、167頁、309頁）。ただし、4号請求においては、「請求の趣旨」の中に賠償命令を受ける「当該職員」や「当該行為若しくは怠る事実に係る相手方」を特定しなければなら

ない。この当該職員は、機関ではなく個人を指す（南＝高橋・前掲158頁）とされ、4号請求における賠償責任の負担者は、公法上の請求権の相手方であり、第2段階訴訟では、その個人が被告となる。なお、4号請求訴訟は義務付け訴訟であり、その対象は、「特定された財務会計行為をなす権限を有する義務」に限る。

また、自治法242条の2第1項2号の請求の被告は、平成16年改正行訴法により、地方公共団体が被告となった。

5　抗告訴訟の管轄裁判所の拡大

住民訴訟においては、原告住民は、被告となる地方公共団体の住民であることが要件とされているため、原告と被告は同じ管轄区域にあり、管轄裁判所の拡大が住民訴訟に影響することはないと思われる。

6　取消訴訟の出訴期間の延長

出訴期間についてみると、住民訴訟は、住民監査請求を経てからでないと訴訟提起ができず（住民監査請求前置主義）、その出訴期間は自治法242条の2第2項により、「監査の結果又は当該勧告の内容の通知があった日から30日以内」（1号）、「当該措置に係る監査委員の通知があった日から30日以内」（2号）、「監査委員が請求をした日から60日を経過しても監査又は勧告を行わない場合は、当該60日を経過した日から30日以内」（3号）、「当該勧告に示された期間を経過した日から30日以内」（4号）と定められ、しかも不変期間と定められている（地自242条の2第3項）。自治法の定める出訴期間は、行訴法で定める出訴期間（行訴14条）とは別であり、行訴法は、出訴期間を3カ月から6カ月に延長したが住民訴訟に関しては影響がない。

7　教示制度の創設

(1)　教示事項

教示制度とは、行政処分に不服をもつ者が、不服申立ての方法を知らない

ことにより不利益を受けないようにその手段の教示を行政庁に義務づけた制度である。行政庁は、取消訴訟を提起することができる処分または裁決をする場合に、処分または裁決の相手方に被告と出訴期間を教示しなければならない（行訴46条）。

(2) 監査前置主義

住民訴訟においては、監査請求前置主義がとられているため、原告となる者は、住民監査請求をまず行わなければならない（地自242条の2第1項）。

そして監査委員は、監査を行い請求に理由がないと認めるときは、理由を付してこれを請求人に通知し、かつ、これを公表しなければならず、理由があると認めるときは、当該普通地方公共団体の議会や長等に必要な措置を講ずるよう勧告するとともに当該勧告の内容を請求人に通知し、かつ、これを公表しなければならないこととなっている（地自242条4項）。

そして、請求人は、①当該監査の結果や勧告の内容や措置の内容に不服があるとき、②監査委員が、請求があった日から60日以内に監査または勧告を行わないとき、③監査委員から勧告を受けた議会や長が勧告による必要な措置を講じないときに、住民訴訟を提起することができる（地自242条の2第1項）。

(3) 監査委員による被告と出訴期間の教示義務

行訴法43条は、抗告訴訟や当事者訴訟に関する規定が一部を除き、民衆訴訟にも準用されることを定めており、同法46条の教示に関する規定も準用される。したがって、監査委員は住民監査請求の請求人に通知する際に、被告とすべき者や出訴期間を教示しなければならない。

(4) 監査委員による当該執行機関や職員の教示義務

問題は、被告を教示する場合に、「訴訟の主文に表示されるべき当該執行機関や職員」をも教示する義務があるか否かである。執行機関や職員は、被告にはならないが、請求の趣旨の中で明示される（行訴11条4項、地自242条の2）。そして、重大な利害関係人であるから訴訟告知の対象となるものと解される。しかし、たとえば、違法行為を行った職員の範囲をどこまで含め

るかについては、必ずしも明白ではなく、原告らの意向により当該職員の範囲が拡大されることもあり得る。

また、行訴法11条4項に定める訴状の請求の趣旨の中における当該行政庁の記載は、これが誤って記載されたり、何らの記載がない場合であっても、これにより原告が不利益を受けることはないのが、実務上の取扱いである。

したがって、監査委員が通知をする際に当該執行機関や職員についてまで教示する義務はないものと解される。

(5) 名古屋デザイン博訴訟

最判平成16・7・13民集58巻5号1368頁を上告審判決とする名古屋デザイン博訴訟では、第1審、第2審とも名古屋市の助役の被告適格を認めていたが、最高裁判所は、市助役は財務会計上の行為に係る当該職員に該当せず同人に対する損害賠償代位請求の訴えは不適法であるとして、これを否定した。第三セクターの赤字清算に関するもので、同最判によって、市議会による追認の効力につき、民法108条、116条の類推適用が認められた。

8 仮の救済制度の拡充と住民訴訟

仮の救済制度の拡充として、①執行停止要件の緩和（行訴25条2項）、②仮の義務付け制度の創設（同法37条の5第1項）、③仮の差止制度の創設（同条2項）がなされた。

これらの制度は、いずれも住民訴訟に準用される（行訴43条）。住民訴訟においても、差止めの請求（地自242条の2第1項1号）や取消しの請求（同項2号）あるいは義務付けの訴え（同項4号ただし書）がなされるのであるから、仮の救済制度は、その活用が期待される。

Ⅳ 設問に対する解説

1 設問(1)——分限免職と退職手当

(1) 分限免職

地方公務員法24条6項は、給与その他の勤務条件を契約方式ではなく、条例によって定めることを原則とする勤務条件条例主義をとっている。分限免職とは、公務員の職務適格性を問題とする官職の変動である。地方公務員法28条は、官職に必要な適格性を欠く場合、分限免職にできるとしている。

また、地方公務員法29条は、公務員の法令違反、職務上の義務違反、非行があった場合、懲戒免職できるとしている。収賄の事実が真実であるなら、本来、懲戒免職にするべきであろう。通常、懲戒免職の場合、退職手当は支払われない。

懲戒事由に該当する非行があった場合、懲戒免職とせず退職金を付与するために分限免職にするのは違法であろう。この分限免職が財務会計行為ではないとすれば、違法な分限免職処分の違法性が退職手当支給裁定や支出命令に承継されるかが問題となる。

(2) 監査請求の対象の特定（訴えとの同一性）

住民監査請求の対象を特定するべき程度は、「地方公共団体の財務行政の適正な運営を図るために必要な限度で」であればよく、自治体活動の詳細を知り得ない住民に対し厳しい基準を立てるべきではない。

また、講ずべき措置の内容や相手方を具体的に明示することは必要ない（最判平成10・7・3判時1652号65頁）。

さらに、住民訴訟においては、その対象とする「財務会計上の行為又は怠る事実」について監査請求を経ていると認められる限り、監査請求において認められた具体的措置の相手方とは異なる者を相手方として、同措置の内容と異なる請求訴訟をすることも許されると解すべきである。

監査請求の対象は、①対象となる財務会計上の行為、または怠る事実、②求める措置内容、③措置の相手方、から構成されるが、①さえ特定されていれば、監査委員の職権調査は可能であるから、対象の特定は十分であり、住民監査請求と訴えの同一性は肯定されるべきである。

(3) 先行非財務会計行為の財務会計行為に対する違法性の承継

先行する非財務会計行為と後行する財務会計行為の関係について、違法性の承継が議論されなければならない。最判昭和60・9・12判時1171号62頁は、先行行為が後行行為の直接の原因をなすものである場合、前者が違法であれば、後者も当然に違法となるとする。

また、最判平成4・12・15民集46巻9号2753頁は、教育委員会という独立した機関の先行処分の違法性を県知事の支出決定に承継されないとした特殊な事案である（1日校長事件）。

財政支出の原因となった非財務的行為についても、財政管理・予算執行の適正確保の見地からみて看過し得ない瑕疵を含むとみられる場合、その適否も住民訴訟の枠内で審理できるとする判例がある（最判昭和52・7・13民集31巻4号533頁〔津地鎮祭事件〕、最判昭和57・7・13民集36巻6号970頁〔田子の浦ヘドロ事件〕、最判平成5・9・7民集47巻7号4755頁〔織田が浜事件〕）。

事案における分限免職が非財務会計行為なら、その違法性が退職手当支給裁定に承継されるかどうかが問われる。分限免職処分とその後の退職支給裁定は、一連の関係にあり密接なものであるから、前者の違法性は後者に承継されるというべきであろう。設問(1)のGは、自治法242条の2第1項4号の訴訟を提起すればよい。

2 設問(2)——監査請求

(1) 退職手当支給裁定

住民訴訟は公金支出などの財務会計上の違法性を追及できるだけであり、「退職手当の支給を目的に行われた公務員の免職決定」は、財務会計法規にかかわる問題とされている（最判昭和60・9・12判時1171号62頁、最判昭和

58・7・15民集37巻6号849頁)。退職手当の支給を目的に行われていなければ、免職決定は財務会計行為ではないといえよう。

行政処分が介在する場合、処分の効力を無に帰するような請求（1号差止請求、4号不当利得返還請求）を無限定に認めると、取消訴訟の排他性との衝突となる。処分に重大かつ明白な瑕疵があり、無効である場合のみ、公金支出が違法と考えるべきであろう。

事案においては、「財務会計行為の範囲の問題」をまず分析し、その後、「先行処分の違法性の承継問題」を検討することになる。いずれにせよ、Gは退職手当支給裁定を違法であるとして、違法行為をなした者C、D、E、Fに対し自治体に賠償せよという訴訟（4号訴訟）を提起することができる。

(2) **監査請求の期間制限など**

監査請求の期間制限は、財務会計行為の法的安定性の確保から設けられたものであるから、怠る事実に係る請求には及ばない（最判昭和53・6・23判時897号54頁）。

また、「支出負担行為」、「支出命令」、「現実の支出行為」という行政庁の行為について、期間の起算点は各行為について判断するというのが裁判例である（最判平成14・7・16民集56巻6号1339頁、最判平成14・10・15判時1807号79頁）。

期間を徒過しても監査請求を可能とする「正当な理由」は、住民が相当の注意力をもって調査を尽くしても、客観的にみて監査請求をするに足りる程度に当該行為の存在または内容を知ることができなかった場合にも認められる（最判平成14・9・17判時1807号72頁）。

本事案においては、「分限免職処分」、「退職手当裁定処分」が存在し、「退職手当支出命令（支出決定）」等後行処分として続いているが、前掲最判平成4・12・15は、教育委員会の「退職承認処分」に基づいて知事がなした「退職手当の支出決定」の違法性が問題となったものであるが、後行処分自体が財務会計法規上違法である場合に限定して、職員に損害賠償責任を問うことができるとした。

285

自治法242条によれば、事前の防止措置（暫定的差止措置）を求めることができる。

また、自治法252条の27第3項5号によれば、住民監査請求があった場合、弁護士・公認会計士などの有識者との間で、「個別外部監査契約」を締結し、監査を依頼することができる。

(3) 訴額と訴訟費用

最判昭和53・3・30民集32巻2号485頁は、「住民が、公共団体に代位して損害賠償等を請求する場合の住民訴訟の訴額は、訴額が算定不能の場合にあたるものとして扱い、これを35万円（筆者注：現在は160万円）とみなして訴訟費用を負担すれば足りる」とした。財務会計行為の違法性を訴訟物と考えれば、訴額は算定不能ということになろう。また、2人以上の住民が提起する場合でも合算しないで、「利益の同一性」を認定し、金35万円（現在は160万円）でよいとした。

最判平成12・10・13判時1731号3頁は、水利権や人格権は算定不能であるが、「利益の同一性」がないとしている。

(4) 訴訟告知

4号訴訟において、被告とならないB、C、D、E、Fに対し、訴訟告知をしておけば、第2段階訴訟において、参加的効力を及ぼすことが考えられ、行訴法22条、民事訴訟法40条による申立てが可能であろう。B、C、D、E、Fは、重大な利害関係人として、訴訟告知の対象となるものと解される。

(5) 事例へのあてはめ

設問(2)のGは、4号訴訟を提起し、A市の市長を被告としてC、D、E、Fに対する損害賠償請求の義務付けの訴えを提起し、また、同市長を被告として、Bに対する不当利得返還請求の義務付けの訴えを提起するのがよい。

3 設問(3)──住民訴訟

(1) 第2段階訴訟と住民の訴訟参加

平成14年自治法改正により、4号訴訟は、債務者としての職員個人ではな

く、地方公共団体の執行機関を被告として提起するものに改められた。したがって、住民が勝訴した場合、地方公共団体の長が、判決の趣旨に従って職員その他の債務者に対し、損害賠償を請求すべきこととなる。しかし、債務者である職員等が求めに応じない場合は、あらためて地方公共団体は、債務者である職員等を相手に、第2段階訴訟を提起して損害賠償等を請求しなければならない。

第2段階訴訟の原告は、地方公共団体となる。

(2) 弁護士報酬の負担

住民訴訟の4号請求により、原告勝訴の場合、原告住民の努力で、公共団体が利得することになるので、勝訴した原告は、支出した弁護士報酬の相当額を、敗訴した地方公共団体に請求することができる（地自242条の2第12項）。

(3) 4号請求と個人責任

C、D、E、Fの損害発生の寄与度に応じた分割責任とするのか、連帯責任とするのかの問題がある。共同不法行為と考えれば、連帯責任ということになろう。4号請求は、被告に損害賠償請求等の請求をするのであるから、3号請求に接近したものであるが、それぞれ独立した訴訟形態として規定されている以上、併合提起が肯定される。ただし、当該職員が賠償命令の対象となる者である場合は、賠償命令を求める請求訴訟を執行機関等にすることになる（地自242条2第1項4号ただし書）。

(4) 4号訴訟（平成14年地方自治法改正に伴う4号訴訟）の類型

住民訴訟の中で最もよく利用されるのは4号訴訟である。4号訴訟は、2つの類型がある。

まず、第1類型（本文訴訟）として、職員等が賠償命令の対象とならない者であれば、住民は執行機関を被告として、損害賠償請求することを求める（4号本文）ものである。

次に、第2類型（ただし書訴訟）として、職員等が賠償命令の対象となる者であれば、住民は賠償権限者を被告として、賠償の命令を発令することを求める（4号ただし書）。

(5) 長に対する4号訴訟（本文訴訟）

自治体の長を被告として4号訴訟を提起するときは、代表監査委員が地方公共団体を代表する（地自242条の3第5項）。

(6) 職員に対する賠償命令制度と4号ただし書訴訟

賠償の命令を義務づける判決が確定した場合においては、地方公共団体の長は、当該判決が確定した日から60日以内の日を期限として、賠償を命じなければならない（地自243条の2第4項）。

住民の執行機関に対する賠償命令を求める訴訟について、住民の公法上の形成権または、請求権が観念しうるとされている。

(7) 普通地方公共団体に対するその長の損害賠償責任

最判昭和61・2・27民集40巻1号88頁によれば、自治法243条の2第4項を含めて同条は適用されない。

(8) 地方自治法242条の3第4項

自治法242条の3第4項は、4号住民訴訟（第1段階訴訟）の被告（地方公共団体の執行機関）と、後の訴訟（第2段階訴訟）の原告（地方公共団体）とが形式的にずれるため、参加的効力の発生について、疑義が生じないようにする趣旨の規定である。

損害賠償請求権は地方公共団体に帰属するから、第2段階訴訟の原告は地方公共団体となる。

(9) 市議会の放棄決議

市議会の放棄決議は、違法な公金支出の是正を前提とする住民訴訟制度を否定するもので、「議決権の濫用」として無効というべきである（大阪高判平成21・11・27判例集未登載参照）。ただし、その上告審は、事案の性質や経緯、議決権の趣旨などを総合考慮し、放棄することが不合理で議会の裁量権の逸脱・濫用になる場合は、違法・無効となる、とする判断を示した（最判平成24・4・20裁判所ウェブサイト（平成22年(行ヒ)102号））。

設問(3)における議会の放棄決議は、最高裁判所の上記判決があるが、本件事案では、同決議は裁量権の逸脱・濫用に該当すると思われる。

租税訴訟（損金の範囲） 第9章

<事案>
　A医療法人は、眼科クリニックを経営していた。その後、AはB株式会社を設立し、同クリニックの隣にコンタクトレンズ販売店を開業させた。AはBに対し、「隣の眼科専門医が経営する眼科クリニックの診断が受けられるコンタクトレンズ販売店である」と表示した宣伝チラシを1万枚印刷させ、近くの電車の駅前で配布させた。チラシにはA法人の具体的名称の記載はなかった。チラシを見た約500人がBのコンタクトレンズ販売店を来訪し、そのうち90％がAの眼科クリニックで診療を受けた。Aは上記チラシ印刷代の2分の1を負担した。Y税務署は、Aが広告宣伝費として計上したチラシ代金の損金性を否定した。

【設問】
(1)　上記チラシにはAの名称は一切表示されていなかったが、チラシ代金はAの広告宣伝費として認められるか。
(2)　Aがチラシ代金の2分の1を費用として計上したが、AとBがそれぞれ2分の1とした負担率は合理的か。

【論点】
①　Aの費用として認められる要件は何か。
②　チラシ代金をAとBで分担する場合、その合理的な負担割合は何を基準として決定すればよいか。

【関係法令】
・法人税法22条3項

> 解説

I　先決的私法取引の確定

　租税訴訟については、租税法の適用の前に、まず、先決的私法取引を明確にすることが必要である。事案ではＡＢによる共同広告の共同事業契約の存在を認定できる。そして、このチラシによりＢの販売店を訪れた人の90％が隣のＡ経営眼科クリニックで診療を受けている。事案におけるチラシが、Ａの売上増大に直接的効果があった事実が重要である。

II　法人税法における費用

　先決的私法取引をまず確定し、その後、課税要件および課税減免要件該当性を検討することになる。事案におけるチラシは、Ａの売上増大に直接効果を及ぼしたものであるから、チラシ代金の負担はＡの費用として認められるべきである。Ａの名義が表示されていないことを重視すれば、広告宣伝費ではなく、販売促進費と解することになろう。法人税の課税要件（課税対象所得）は、「益金－損金」である。本事案では、チラシ印刷代を損金計上できると要件事実として主張することになる。

III　費用分配基準

　Ａ法人の名称がチラシの中に記載されていなくても、「眼科専門医が経営する眼科クリニックの診断が受けられる」ことを表示し、また、コンタクトレンズ販売店の90％がＡの眼科クリニックで診療を受けているから、チラシはＡの売上増大に貢献する媒体といえよう。そこで、かかるチラシ作成費の負担割合が問題となるが、各売上額、来客人数、各利益等を指標として、公

正な費用分配基準を決定することになる。公正な費用分配基準で認められる範囲のチラシ印刷代部分が、A法人の負担部分であり、A法人について、損金計上が認められる金額である。

Ⅳ 事案の解説

1 設問(1)

売上げに一般対応する費用として、販管費該当性が問題となる。販管費のうち、広告宣伝費に該当すると思われるが、チラシにA法人の名称記載がなかったことを重視すれば、販売促進費に該当するといえよう。いずれにせよ、A法人の事業に関連して支出されたもので、売上げに一般対応する支出は、費用として認められるべきである。

2 設問(2)

本事案における隣接店舗の事業は、共同事業であり、チラシの配布にかかわる支出は、その共同事業費用といえよう。その負担割合は、AとBについて、各売上額、各来客数、各利益を指標として費用を分配するのが合理的と思われる。

Ⅴ 事案の訴状

本章の事案の訴状は、【書式2】のとおりである。

【書式2】 訴状──租税訴訟

訴　　状

平成〇年〇月〇日

東京地方裁判所民事○部　御中

　　　　　　　　原告訴訟代理人弁護士　　東　　　一　郎

　　　　　　　〒000-0000　○○県○○市○○○○丁目○番○号
　　　　　　　原　　　　　告　　医療法人A会
　　　　　　　上記代表者理事長　　　　B
　　　　　　　（送達場所）
　　　　　　　〒106-0032　東京都港区六本木一丁目6番3号
　　　　　　　　　　　　　泉ガーデンウイング6階
　　　　　　　マリタックス法律事務所
　　　　　　　電　話　03-3586-3601　　FAX　03-3586-3602
　　　　　　　上記訴訟代理人弁護士　　東　　　一　郎

　　　　　　　〒100-0013　東京都千代田区霞が関一丁目1番1号
　　　　　　　被　　　　　告　　　国
　　　　　　　上記代表者法務大臣　　○　○　○　○
　　　　　　　（処分をした行政庁）
　　　　　　　〒000-0000　○○県○○市○○○○丁目○番○号
　　　　　　　Y税務署長　　　　　　○　○　○　○

法人税更正処分等取消請求事件
訴訟物の価額　　　1710万4300円
貼用印紙額　　　　○○○○円

　　　　　　　　　　　請求の趣旨

1．Y税務署長が平成19年10月30日に行った，自平成15年4月1日至平成16年3月31日事業年分（以下，「平成16年3月期」という。）の法人税更正処分のうち，1203万0600円を超える部分を取り消す
2．Y税務署長が平成19年10月30日に行った，平成16年3月期の法人税に係る重加算税賦課決定処分で，裁決によって取り消されなかった部分のうち，4

万7000円を超える部分を取り消す
3．Y税務署長が平成19年10月30日に行った，自平成16年4月1日至平成17年3月31日課税期間分（以下，「平成17年3月期」という。）の消費税更正処分のうち，299万3100円を超える部分を取り消す
4．Y税務署長が平成19年10月30日に行った，平成17年3月期の地方消費税更正処分のうち，74万8200円を超える部分を取り消す
5．Y税務署長が平成19年10月30日に行った，平成17年3月期の消費税及び地方消費税に係る重加算税賦課決定で，裁決によって取り消されなかった部分のうち，1万7000円を超える部分を取り消す
6．Y税務署長が平成19年10月30日に行った，自平成17年4月1日至平成18年3月31日課税期間分（以下，「平成18年3月期」という。）の消費税更正処分のうち，128万2900円を超える部分を取り消す
7．Y税務署長が平成19年10月30日に行った，平成18年3月期の地方消費税更正処分のうち，32万0700円を超える部分を取り消す
8．Y税務署長が平成19年10月30日に行った，平成18年3月期の消費税及び地方消費税に係る重加算税賦課決定で，裁決によって取り消されなかった部分のうち1万6000円を超える部分を取り消す
9．Y税務署長が平成19年10月30日に行った，自平成18年4月1日至平成19年3月31日事業年分の法人税（以下，「平成19年3月期の法人税」という。）更正処分を取り消す
10．Y税務署長が平成19年10月30日に行った，自平成18年4月1日至平成19年3月31日課税期間分の消費税更正処分（以下，「平成19年3月期の消費税」という。）更正処分を取り消す
11．訴訟費用は被告の負担とする
との判決を求める。

請求の原因

1．確定申告

原告A会は，平成16年3月期の法人税，平成17年3月期の消費税，平成17年3月期の地方消費税，平成18年3月期の消費税，平成18年3月期の地方消費税，平成19年3月期の法人税，平成19年3月期の消費税，及び平成19年3月期の地

方消費税につき，法定期限内に確定申告書を提出して，確定申告を行った。

２．更正処分及び賦課決定
　Y税務署長は，平成19年10月30日に，原告に対し，上記各確定申告に係る更正処分及び賦課決定を各々行った（以下，「本件更正処分等」という。）。

３．異議棄却決定
　そこで，原告は，教示に従い，平成19年12月14日に，Y税務署長に対し，本件更正処分等を不服として異議申立てを行った。
　しかし，Y税務署長は，平成20年３月13日，平成16年３月期の法人税，平成17年３月期の消費税，平成17年３月期の地方消費税，平成18年３月期の消費税及び平成18年３月期の地方消費税に係る更正処分及び賦課決定についての異議申立てを棄却し，また，平成19年３月期の法人税，平成19年３月期の消費税及び平成19年３月期の地方消費税に係る更正処分及び賦課決定についての異議申立てを却下する，との異議決定を行った。

４．一部取消裁決
　上記の異議決定が出たことを受けて，原告は，教示に従い，平成20年４月４日，国税不服審判所に対し，上記異議決定を経た後の本件更正処分等に不服があるとして，審査請求を行った。
　そして，同審判所は，平成21年４月３日，本件更正処分等について，次のような裁決を行った。
① 平成16年３月期の法人税更正処分に関する審査請求を棄却する。
② 平成16年３月期の法人税に係る重加算税の賦課決定のうち，112万2000円を超える部分を取り消す。
③ 平成17年３月期の消費税更正処分及び地方消費税更正処分に関する審査請求を棄却する。
④ 平成17年３月期の消費税更正処分及び地方消費税更正処分に係る重加算税の賦課決定のうち５万1000円を超える部分を取り消す。
⑤ 平成18年３月期の消費税更正処分及び地方消費税更正処分に関する審査請求を棄却する。

⑥　平成18年3月期の消費税及び地方消費税に係る重加算税賦課決定のうち，2万4000円を超える部分を取り消す。
⑦　平成19年3月期の法人税更正処分，平成19年3月期の消費税更正処分及び平成19年3月期の地方消費税更正処分に関する審査請求は，いずれも却下する。

5．本件更正処分等で裁決により取り消されなかった部分についての違法事由
　課税庁は，原告が支出した広告宣伝費の費用性及び経済的合理性について誤った認定をし，これを寄附金と認定するという誤りを犯している。
　また，原告が収益した業務委託料を，収益とは認めない，という誤りを犯している。
　したがって，本件更正処分等で裁決により取り消されなかった部分のうち，広告宣伝費を寄附金認定したことによる税額の増額部分，及び，業務委託料の収益計上を否認したことによる税額の減額部分は，課税庁の誤った認定に基づく違法な処分に該当する部分であるから，取り消されなければならない。
　なお，以上の点について，今後さらに詳しい主張立証を展開する予定である。

証拠方法

甲1号証の1　法人税額等の更正通知書及び加算税の賦課決定書
　　　　　　　　　（自平成15年4月1日至平成16年3月31日）
甲1号証の2　消費税及び地方消費税の更正通知書並びに加算税の賦課決定通知書
　　　　　　　　　（自平成16年4月1日至平成17年3月31日）
甲1号証の3　消費税及び地方消費税の更正通知書並びに加算税の賦課決定通知書
　　　　　　　　　（自平成17年4月1日至平成18年3月31日）
甲1号証の4　法人税額等の更正通知書
　　　　　　　　　（自平成18年4月1日至平成19年3月31日）
甲1号証の5　消費税及び地方消費税の更正通知書
　　　　　　　　　（自平成18年4月1日至平成19年3月31日）
甲2号証　　　異議決定書

甲3号証　　　裁決書

　　　　　　　　　付属書類

1．訴状副本　　　　1通
2．甲号証（写し）　各1通
3．訴訟委任状　　　1通

　　　　　　　　　　　　　　　　以　上

不当利得返還訴訟（還付請求） 第10章

> **＜事案＞**
>
> Aは、自己の所有権移転登記が軽減税率による登録免許税であることを知らず、通常税率による税額を納付して同登記を完了した。後に軽減税率に該当する登記であることに気づき、過大納付部分の返還を請求した。

【設問】

登記完了後に、過大納付部分の税額を還付請求できるか。

【論点】

① 行政立法の限界
② 行政立法審査の基準

【関係法令】

・登録免許税法31条2項
・憲法73条6号
・国税通則法56条

第Ⅱ編　各論　第10章　不当利得返還訴訟（還付請求）

解説

Ⅰ　税法領域における行政立法や解釈通達による憲法改正

　租税に関する課税要件の多くは、行政立法に委ねられている。

　憲法41条は、国会が唯一の立法機関としているが、わが国の国会は、憲法73条6号の本文および但書を根拠に、課税要件を行政に委任する立法を多く制定している。すなわち、同号の本文が執行命令を認め、同号但書が委任命令を許容すると解釈されている。同号本文は、憲法と法律を実施するため、政令の制定を内閣の権限としているが、あくまで、実施命令を許容するものである。また、但書は、実施命令の許容と憲法・法律の実施に必要な罰則の制定を内閣に許容するものであり、受任行政立法には、「憲法・法律の実施」という限定がなされていることを看過してはならない。多くの憲法学者は、憲法73条6号但書を根拠に、委任行政立法が許容されると拡張解釈をなすが、但書は、委任行政立法について、少しもふれていない。憲法84条は明文で法律のみによって課税するとしているのだから、84条の例外を認めるのに、明文の根拠が必要というべきであろう。憲法の保障にとって重大な危機は、憲法規範は改正されないのに、その本来の意味が国家権力による運用や解釈通達によって変化することである。司法制度改革によって国民の意識が変化し、仮死状態にある憲法41条や84条の復活が期待される。次に、阪神・淡路大震災事件の最高裁判決（最判平成17・4・14民集59巻3号491頁。「以下、本件判決」という）と木更津木材事件判決（東京高判平成7・11・28判時1570号57頁。「以下、別件判決」という）を参考にして、立法の委任問題をさらに分析する。

298

Ⅰ　税法領域における行政立法や解釈通達による憲法改正

1　課税要件の分析

(1)　登録免許税法の課税要件

　登録免許税法（以下、「登免法」という）によると、登録免許税は、登記等を受けることを対象として課される租税であり（同法2条）、その納税義務者は登記等を受ける者となっている（同法3条）。

(2)　課税減免要件

　阪神・淡路大震災の被災者等に係る国税関係法律の臨時特例に関する法律（以下、「特例法」という）37条1項により、「阪神・淡路大震災の被災者であって政令で定めるもの又はその者の相続人その他の政令で定める者が阪神・淡路大震災により滅失した建物又は当該震災により損壊したため取り壊した建物に代わるものとして新築又は取得をした建物で政令で定めるものの所有権の保存又は移転の登記については、大蔵省令で定めるところにより平成7年4月1日から平成12年3月31日までの間に受けるものに限り、登録免許税を課さない」と規定し、阪神・淡路大震災の被災者に関して登録免許税の免税措置を定めている。

　また、同規定を受けて、平成7年政令第99号による改正後の阪神・淡路大震災の被災者等に係る国税関係法律の臨時特例に関する法律施行令（平成7年政令第29号。以下「特例法施行令」という）29条1項は、「特例法第37条第1項に規定する政令で定める被災者は、阪神・淡路大震災によりその所有する建物に被害を受けた者であることにつき、当該建物の所在地の市町村長から証明を受けた者とする」と規定し、大蔵省令である阪神・淡路大震災の被災者等に係る国税関係法律の臨時特例に関する法律施行規則（平成7年大蔵省令第12号。以下、「特例法施行規則」という）20条1項は、「特例法第37条第1項の規定の適用を受けようとする者は、その登記の申請書に、令第29条第1項又は第2項第2号若しくは第4号市町村長の証明に係る書類で阪神・淡路大震災によりその所有していた建物に被害を受けた者の氏名又は名称及び住所又は本店若しくは主たる事務所の所在地並びに当該建物の所在地の記載

299

があるもの（当該登記に係る建物が同条第3項第2号に掲げる建物に該当する場合には、当該書類及び同号に規定する証明に係る書類）<u>を添付しなければならない</u>」と規定して登記申請書に市町村長の被災証明書を添付しなければならない旨定めている。

2　法律による委任

(1)　課税減免要件の委任

　憲法84条が規定する租税法律主義は、課税が国民の財産権に対する侵害であることに鑑み、課税要件のすべてと租税の賦課・徴収の手続は、法律によって規定すべきことを明らかにしたものである（最判昭和30・3・23民集9巻3号336頁、最判昭和60・3・27民集39巻2号247頁）が、このことは、特例法37条1項のように、通常の課税要件よりも納税者に有利な特例措置を定めるものについても、同様に妥当すると解される。

　もっとも、課税減免要件（受益規範）に関する定めを政令・省令等に委任することは許されるが、憲法84条の趣旨からすると、それも厳格な具体的・個別的委任に限られる。

　したがって、法律による課税減免要件の委任は、その規定自体から委任の内容が一義的に明確でなければならない。

(2)　手続的課税要件の委任の程度

　手続的課税要件として想定される事項は多様であるが、手続を課税要件とするのは自由でよいとすると、行政機関の無制限の裁量を認めることと同様になり、租税法律主義の目的に反する。したがって、手続要件の委任についても、自由であるとすることはできない。

　そこで、本件判決を検討するに、特例法37条1項は、「阪神・淡路大震災の被災者であって政令で定めるもの又はその者の相続人その他の政令で定める者が阪神・淡路大震災により滅失した建物又は当該震災により損壊したため取り壊した建物に代わるものとして新築又は取得をした建物で政令で定めるものの所有権の保存又は移転の登記については、大蔵省令で定めるところ

により平成7年4月1日から平成12年3月31日までの間に受けるものに限り、登録免許税を課さない」と規定している。よって、この特例法37条1項の委任文言が、何を委任したのか、また、その委任が個別・具体的であるかどうかが問題となる。

　特例法37条1項による大蔵省令への委任は、一般的・白紙的な委任をしたものではなく、法律および委任を受けた政令の定める免税の<u>実体的要件を証明すべき添付書類の内容の定め</u>に限り、大蔵省令に委任したものと解する考え方がある。しかし、これは、手続事項の委任規定であるとする限定解釈をなすものであるが、上記委任文言はあまりにも無限定である。

　このような白紙的・包括的委任を救済する限定解釈は、憲法保障の立場からみると大いに問題がある。特例法37条1項は、被災者の取得した建物を非課税とする実体要件を規定しており、その実体要件該当事実を証明する手続要件を委任していると解釈すれば、その手続の懈怠は、実体要件をクリアした非課税権を失権させることはできない。阪神・淡路大震災事件において、行政立法の委任範囲の逸脱問題について上告理由とされなかったから、本件判決は、これについて判断していない。木更津木材事件における別件判決は、行政立法の違憲性について、本件判決によって何ら否定されなかった。

3　過誤納金還付請求に対する拒否通知

　登免法31条2項の拒否通知について、手続の排他性を認めたものかどうかが問題となる。

　この点、本件判決は、旧登免法31条1項および2項制定の趣旨を、過誤納金の還付が円滑に行われるようにするために簡便な手続を設けることにあるとし、2項が<u>上記還付請求につき1年の期間制限</u>（当時。現在は5年。以下同じ）を定めているのも、登記等を受けた者が上記の簡便な手続を利用するについて、その期間を画するためであり、当該期間経過後は還付請求権が存在していても一切その行使をすることができず、登録免許税の還付を請求するには同項所定の手続によらなければならないとする手続の排他性を定めたも

のではないと判断した。

　本件判決は、登免法31条2項が、登記等を受けた者に対し、簡易迅速に還付を受けることができる手続を利用することができる地位を保障していると解するのが相当であると述べ、上記拒否通知は、登記等を受けた者に対する手続上の地位を否定する法的効果を有することになるとした。

　本件判決は、結果として、拒否通知の行政処分性を<u>限定的に肯定</u>したのである。

4　2つの還付請求権の関係

　登録免許税の納税義務者は、過大に登録免許税を納付して登記等を受けた場合には本来、そのことによって当然に還付請求権を取得し、国税通則法56条、74条により5年間は過誤納金の還付を受ける立場にある。よって、過大に登録免許税を納付して登記等を受けた者は、その還付がなされないときは、これらの規定を排除する特別の規定がない限り、還付請求訴訟を提起できることとなる。

　そこで、本件判決において、旧登免法31条2項が上記の特別の規定にあたるかどうかが問題となる。

　確かに、登記等後の登録免許税をめぐる法律関係を早期に確定させようとする趣旨を根拠として、旧登免法31条2項が特別の規定にあたると解することもできる。

　過誤納金還付義務に関して、登記機関は、常に法に適合して行政を行う職務上の義務があるから、登録免許税について真実過誤納があることを発見した場合は、直ちに職権で過誤納金が還付されるようにしなければならない。

　期間制限に関して、過大に登録免許税を納付し登記等を受けた者が、旧登免法31条2項所定の1年間の期間経過後には、過誤納金の還付を受けることができなくなると解するのは、納付不足額の徴収との間の権衡を失する結果となり、妥当性を欠く。

　よって、もっぱら旧登免法31条2項所定の手続によらなければ、過誤納金

の還付を受けることができなくなると解することはできないので、同項の趣旨は、登記後の登録免許税をめぐる法律関係を早期に確定させようとするものではないと考えられる。

旧登免法31条2項の趣旨は、過誤納金の還付が円滑・迅速に行われるようにするために、登記官に対する簡便な手続を設けたものである。そして、同項が請求につき1年の期間制限を定めているのも、登記等を受けた者が簡便な手続を利用するにあたり、その期間を画するためであると解される。

したがって、過大に登録免許税を納付して登記等を受けた者は、旧登免法31条2項所定の請求の手続によらなくても、国税通則法56条に基づき、国に対して過誤納金の還付を別途請求することができるというべきであり、本件判決もこのように解している。

5 木更津木材事件との比較

阪神・淡路大震災事件における納税者が、過誤納付還付請求権とは別に、民法上の不当利得返還請求権も保有しているといえるかどうかは、公法上の還付請求権が私法上の請求権を排除するものかどうかで決定される。

まず、別件判決は、「登録免許税法（以下、登免法とする）31条1項の還付通知及び同条2項の還付通知請求に対する還付通知できない旨の通知も、単に還付の事務を円滑ならしめるための認識の表示に過ぎず、過誤納税額の還付請求権者の法律的地位を変動させる法的効果を有することはない。従って、還付通知できない旨の通知（拒否通知）は抗告訴訟の対象となる行政処分に当たらないのであり、その取消しを求める訴えは不適法である」とし、その処分性を否定した。この見解は、自動確定方式の下での登録免許税が、登記官の確認行為によって税額を確定されるものではないことを出発点にし、登免法31条2項の請求に対する拒否通知が行政処分であり、それによって税額が確定することは、自動確定方式をとる登録免許税の性質から、合理的ではないと解するものである。

これによれば、拒否通知に処分性は認められないので、拒否通知に対する

取消訴訟は提起できず、国に対する還付請求または、不当利得返還請求が直接認められることになる。

本件判決においては、「登録免許税法31条2項は、登録免許税の還付を請求するには専ら上記の請求の手続によるべきであるとする手続の排他性を規定するものということはできない。従って、登記等を受けた者は、過大に登録免許税を納付した場合には、同項所定の請求に対する拒否通知の取消しを受けなくても、国税通則法56条に基づき、登録免許税の過誤納金の還付を請求することができるものというべきである」とし、登免法31条2項による還付請求手続の排他性を否定している。そうすると、別件と同様に、行政処分の存否やその無効・取消しとは無関係に、国に対する不当利得返還請求権も認められることを示唆しているといえよう。

しかし、本件判決は、拒否通知による納税者への不利益に着目し、「上記の拒否通知は、登記等を受けた者に対して上記の手続上の地位を否定する法的効果を有するものとして、抗告訴訟の対象となる行政処分に当たると解するのが相当である」旨述べ、旧登免法31条2項の拒否通知に限定的処分性を認めている。

つまり、本件判決は、旧登免法31条2項の拒否通知に、税額を実質的に確定させるという行政処分としての性質は認められないが、当該拒否通知によって、出訴期間を徒過した場合、過大納付の納税者が、同項による簡易迅速な手続を利用できない状況に陥っているという点には、限定された範囲で取消訴訟の排他性、すなわち処分性が認められるので、取消訴訟の対象となると判断したのである。一方で、国税通則法56条に基づく還付請求には、取消訴訟を不要とした。本件判決は、2つの還付請求権が相互に排他的ではないとした画期的判断をなしたが、その考え方を演繹すれば、納税者側は、税法上の還付請求権とは別に、民法上の不当利得返還請求権も有していると考えられよう。最判昭和49・3・8民集28巻2号186頁は、後発的貸倒れが発生した場合についてであるが、「課税庁による是正措置がなくても、不当利得関係が成立する」と判示したことも参考となろう。多くの自治体においては、

賦課処分の取消請求をなさずとも、過誤納付の事実を立証すれば、5年間を超えて還付請求をなしうるとする税務条例等を制定している（筑西市市税過誤納金補塡償還金取扱要綱4条、および横須賀市過誤納金返還取扱要綱4条等）。

II　実体要件と手続要件の委任の範囲

　別件判決は、委任授権法について租税債権の課税実体要件の委任を否定している。

　そもそも、憲法84条に規定されている租税法律主義においては、租税の種類や課税の根拠のような基本的事項のみではなく、納税義務者、課税物件、課税標準、税率などの課税要件はもとより、賦課、納付、徴税の手続もまた法律に規定すべきものとされ、租税の優遇措置を定める場合や、課税要件として手続的な事項を定める場合も同様に、法律により定めることが要求されている。

　この憲法の趣旨を考えると、法律が租税について政令以下の法令に委任することが許されるのは、租税法律主義の本質を損なわないものに限られる。つまり、手続的な課税要件を定めるのであれば、手続事項を課税要件とすること自体を法律で明示し、そのうえで課税手続要件の細目を政令以下に委任することとなる。

　これを木更津木材事件についてみると、租税特別措置法の「政令の定めるところによる」との委任文言は、抽象的で限定のない文言であり、これを限定的に解釈することはできず、追加的な課税要件として手続的な事項を定めることの委任や、解釈により課税実体要件を追加しその細目を決定することの委任を含むものと解することはできない。

　別件判決は、木更津木材事件における委任授権法について租税債権の課税実体要件を委任しているとは認められないと判断し、さらに、法の委任範囲を超える加重的手続要件を政省令で規定することも違法とした。

　別件判決によれば、課税実体要件に比較して、課税手続要件の委任は、緩

和されるべきということもできない。手続要件も、納税義務の範囲に直接影響するものであり、手続保障の重要性を考慮すれば、手続要件を軽視するべきではない。別件の授権法は、「政令の定めるところにより減免する」とするものであり、本件の授権法は、「省令の定めるものに限り税を課さない」とするが、政省令によって、いずれも証明書の添付を課税要件としているが、いずれも一般的・白紙的な手続要件の委任である（しかし、両者の委任文言は、前者のほうが後者よりもより包括的であるから、阪神・淡路大震災事件の大阪高裁判決は合憲と判断した可能性がある）。

III 国家賠償請求と過誤納付金還付請求と不当利得返還請求

　固定資産税や都市計画税について、過誤納付があった場合、過誤納金還付請求と国家賠償法に基づく請求は、同一内容とされるが、この２つの請求権の関係について、問題となった事件がある（神戸地判平成17・11・16判自285号61頁とその控訴審である大阪高判平成18・3・24判自285号56頁）。その事件の1・2審判決は、過誤納金の還付請求権と国家賠償請求権は、併存することを認め、固定資産課税台帳の登録事項について、救済方法が、固定資産評価審査委員会に対する審査の申出および同委員会の審査決定の取消しの訴えに限定されているのは、税法上の手続制限であり、国家賠償請求訴訟提起の制限ではないとした。

　前掲大阪高判平成18・3・24と本件判決の内容を総合すると、税法上の過誤納付還付請求権が、２個存在する場合、そのいずれも併存し、かつ、国家賠償請求権もあわせて行使が可能であることになろう。最判平成22・6・3民集64巻4号1010頁もまた、固定資産税賦課決定の取消訴訟を経ずとも、国家賠償請求は可能と判示した。

　さらにまた、別件判決は、民法の不当利得返還請求権が、税法上の過誤納付金還付請求権とは、別に存在することを認めたものであった。

最高裁判所は、租税の過大な源泉徴収納付について、時効が完成するまで、支払者は国等に対して過誤納金としてその返還を請求することができる旨判示している（最判昭和53・2・10訟月24巻10号2108頁）。そして、不当利得に関する民法703条以下の規定が、公法関係に適用されることは、一般に肯定されている（小早川光郎『行政法上巻』154頁）。国民が法律によって付与された請求権や救済ルートは、明示の法的根拠がない限り消滅しないというべきであろう。

Ⅳ　木更津木材事件の先例的価値

　別件判決は、授権法の「政令の定めるところにより軽減税率を適用する」との規定により、政省令が「証明書の添付がなければ、軽減税率の適用を受ける権利を喪失する」とした部分は、法律の委任範囲を逸脱すると判断したものである。これは、登記完了後で、かつ、通常税率による納税後において、差額の過誤納金還付を認めるもので、手続要件（証明書添付）の懈怠により、軽減税率を受ける権利は、失権しないことを宣言したものといえよう。別件判決は、憲法84条の課税要件法定主義や憲法41条が示す「法律の留保」原則を明確にするもので、租税法領域における最重要判例といえる。証明書の添付などという手続要件は、追完によって治癒される瑕疵にすぎず、昭和30年代の登記実務では証明書の追完が許容されていた。

　木更津木材事件1審判決は、受任行政立法の法令違憲を認め、これを無効としたもので、「政令の定めるところにより租税法を適用する」などとする法律は、憲法84条に違反するとした点の先例価値は大きいと思われる。同事件の1審判決は、行政訴訟としても珍しい法令違憲を宣告したもので、東京高等裁判所はこれを全面的に支持し、国から上告されることなく確定したが、関係法律は、その後、改正された。最高裁判所で納税者が勝訴しても、個別的効力が認められるだけであるが、この1・2審判決は、法律改正の原因となり、将来の納税者も救済したと評価できよう。

V 設問に対する解説

　課税減免要件について、減免を求めうる実体的法律要件（実体要件）とそれに該当することを示す証明書などの提出を求めるような手続要件がある。手続要件は、権利発生要件ではないから、手続要件の遅延等の瑕疵があっても、追完等によって瑕疵が治癒される。税の過誤納金があれば、軽減税率に該当する場合であったことを証明して、登記完了後でも、還付請求できるというべきである。自動確定の租税である登録免許税について、過誤納金が発生した場合、行政庁による違法な税額の確定処分がないから、国家賠償請求は困難と思われるが、取り消されるべき処分が存在しないのであるから、直ちに過誤納金還付請求または不当利得返還請求が可能である。

道路交通法違反訴訟（免停処分・更新処分取消訴訟） 第11章

≪事案≫

　東京都に居住するAは右肢に障害があり、モスグリーンの自動車を足替りとし、長年優良運転者の免許を保有する者であった。Aは、平成16年4月29日昼過ぎ、最高速度が時速80キロメートルとされている中央高速道路小仏トンネル内にてパトカーの追尾により時速50キロメートル以上のスピード違反行為があったものとして検挙された。小仏トンネルは渋滞で有名なところであり、しかも、同日は祭日で交通量も多く、スピードを出せる状況ではなかったので、Aは違反事実を否認した。その際、高速隊巡査Bは、供述調書と速度測定記録書を作成し、「サインしなければ逮捕する」、「サインしなければ免許証を返さない」などと脅して、供述調書と速度測定記録書に署名することを強要したので、Aはやむなく書面にサインした。その後、道路交通法違反刑事事件が立件され、Aは検察庁から呼び出しを受けた。しかし、Aは、担当検察官Cに対し違反事実がないことを説明したところ、不起訴となった。その後、Aは、平成21年2月16日、東京都警視総監Yから、同日から90日の免許停止処分を受け、免許証は東京都公安委員会により更新されたが、「優良運転者」ではなく「違反運転者」としての免許証であった。通常、パトカーは300メートル以上追尾し、40メートル後方に定着進行した後に、測定区間200メートルを設定して測定を行うものとされている。

【設問】

(1) 免許停止期間経過後、免許停止処分の取消訴訟の提起は可能か。
(2) 優良運転者の地位回復を求める場合、どのような訴訟を提起すればよいか。

第Ⅱ編　各論　第11章　道路交通法違反訴訟（免停処分・更新処分取消訴訟）

【論点】

① 不起訴処分は行政処分か。刑事事件における違反事実の認定と行政事件における違反事実の認定の関係。
② 旧免許証交付処分と新免許交付処分の関係。
③ 抗告訴訟と国家賠償訴訟の提起要件との関係。
④ 被告と処分庁の表示はどうすればよいか。
⑤ 新免許交付処分の全部取消しを求めるべきか。そのうち「違反運転者と認定した部分」を切り出し、その部分の取消しだけを求めるべきか。

【関係法令】

- 道路交通法103条1項5項（免許停止処分）、22条1項（速度違反）、92条の2第1項（免許証の有効期間）、101条1項（免許更新要件）、備考一の2（優良運転者）、備考一の3（一般運転者）、備考一の4（違反運転者）
- 道路交通法施行令33条の7第1項（優良運転者）・2項（違反運転者）、38条5項2号イ（免停処分の要件）、別表第2および別表第3（点数表示）

【参考判例】

- 最判平成21・2・27民集63巻2号299頁〔優良運転者・川崎事件〕
- 最判昭和57・7・15民集36巻6号1169頁・行政判例百選〔第5版〕168事件
- 横浜地判平成21・11・28判例集未登載〔データファイル事件1審判決〕（本人訴訟で原告勝訴）
- 東京高判平成22・5・19判例集未登載〔データファイル事件2審判決〕
- 東京地判平成22・7・2判例集未登載（東京地裁平成21年(行ウ)403号事件）〔小仏トンネル事件〕

▶解説

Ⅰ 道路交通法違反と処分の概要

　道路交通法（以下、「道交法」という）違反については、行政責任、刑事責任、民事責任が発生する。

　道交法違反の行為があれば、運転者には、行政責任が発生し、都道府県公安委員会は、免許停止や免許取消しの処分（以下、「免停処分」という）を行う。公安委員会は、免許取消事由に該当しない軽微な違反があった場合には、運転者区分認定をなしたうえで、免許証の交付処分等を行う（道交103条）。

　ただし、軽微な違反の場合は反則金の納付で済ませるが、重い違反の場合は刑事制裁が科せられる可能性がある。

〔図10〕 道交法違反の行政処分（東京都）

```
警視総監    → 免許停止処分
公安委員会  → 運転者区分認定 ┬→ 違反運転者免許証交付処分
                              └→ 優良運転者免許更新拒否処分
```

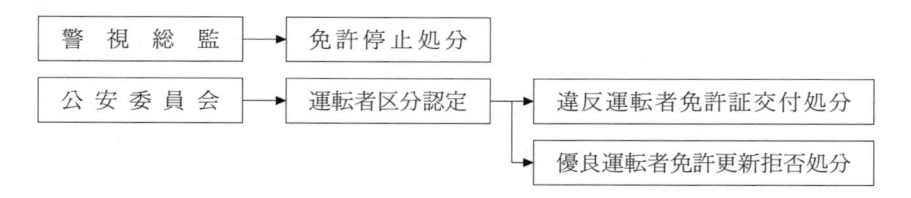

〔図11〕 違反行為の軽重と各処分

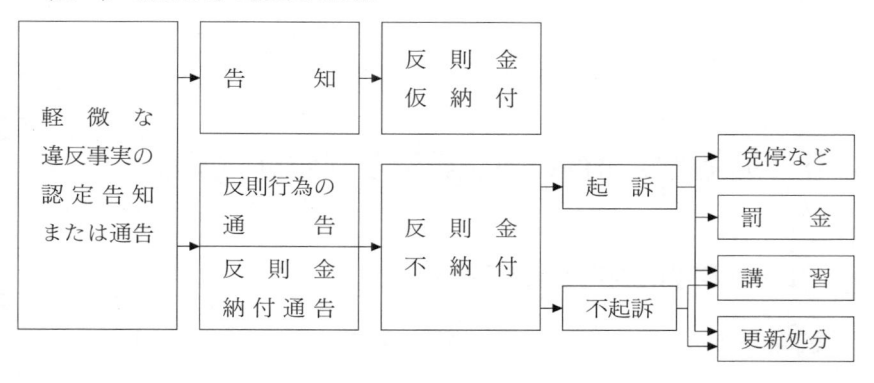

```
                ┌→ 告知 → 反則金仮納付
軽微な違反事実の
認定告知または通告
                └→ 反則行為の通告      反則金  ┬→ 起訴  ┬→ 免停など
                   反則金納付通告       不納付 │         ├→ 罰金
                                               └→ 不起訴├→ 講習
                                                        └→ 更新処分
```

311

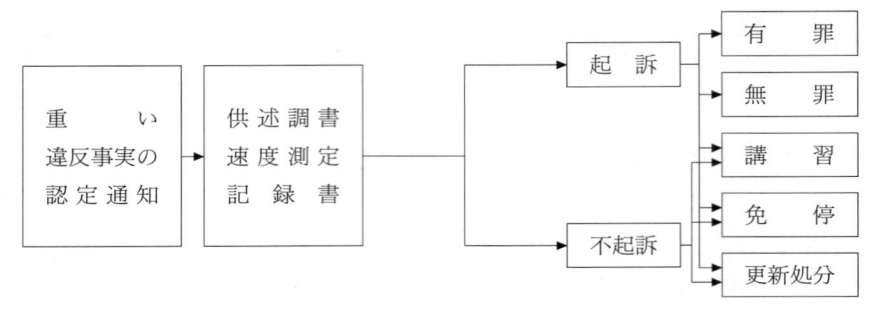

```
第Ⅱ編　各論　第11章　道路交通法違反訴訟（免停処分・更新処分取消訴訟）
```

```
┌─────────┐    ┌─────────┐           ┌──────┐   ┌─────────┐
│ 重　い  │    │ 供述調書 │       ┌─→│ 起訴 │──→│ 有　罪  │
│ 違反事実の│──→│ 速度測定 │───────┤   └──────┘   ├─────────┤
│ 認定通知 │    │ 記　録　書│       │              │ 無　罪  │
└─────────┘    └─────────┘       │              ├─────────┤
                                   │              │ 講　習  │
                                   │   ┌──────┐   ├─────────┤
                                   └─→│不起訴│──→│ 免　停  │
                                      └──────┘   ├─────────┤
                                                 │ 更新処分 │
                                                 └─────────┘
```

〔図12〕　違反行為の責任

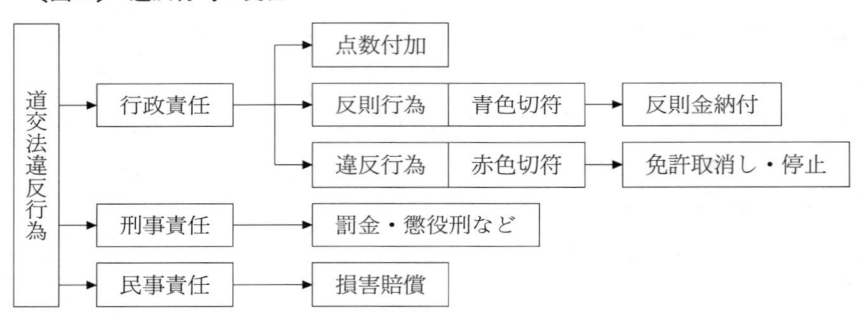

```
                  ┌─ 点数付加
          行政責任 ├─ 反則行為 ── 青色切符 ── 反則金納付
道交法     │      └─ 違反行為 ── 赤色切符 ── 免許取消し・停止
違反行為 ──┼─ 刑事責任 ── 罰金・懲役刑など
          └─ 民事責任 ── 損害賠償
```

※超過30km/h（高速道路では40km/h）以上のスピード違反は赤切符で免停となる。

〔図13〕　運転者の分類

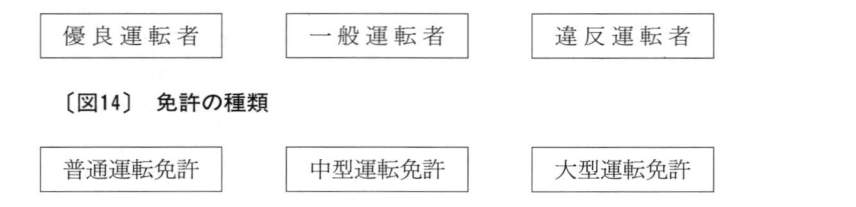

| 優良運転者 | 一般運転者 | 違反運転者 |

〔図14〕　免許の種類

| 普通運転免許 | 中型運転免許 | 大型運転免許 |

Ⅱ　追尾測定事件の司法救済と問題点の要旨

1　非科学的測定とえん罪

　覆面パトカーの追尾によるスピード違反摘発は、パトカーのスピード表示

を被疑車両のスピードとするもので、目視という非科学的手法で行うもので問題がある。たとえば、運転者が時速80キロメートルと90キロメートルの違いを体感のみで認識するのは、困難である。しかし、警察官の目視や体感が正確なものとして、被疑車両の速度を認定することは、科学性や客観性を欠くものであるから、追尾スピード違反の摘発現場は、警察官と被疑者間で、違反事実の認定について論争となることが多い。追尾式速度取締要領によれば、200メートル以上の追尾をしたうえで測定がされることになっている。

2 違反事実の認定

違反事実の認定は、刑事審判事項であるが、検察官によって不起訴処分とされた場合、後続する免許停止処分と免許更新処分や優良運転者の地位喪失を争う行政訴訟において、刑事手続以上の証拠はないから、行政責任も不問とするべきである。

3 不利益処分に対する証拠裁判主義と疑わしきは罰せずの原則

追尾測定事件では、違反事実の客観的証拠がないというべきである。東京地判平成22・7・2判例集未登載（東京地裁平成21年(行ウ)403号事件）の事案における中央自動車道の小仏トンネルは、渋滞の著名場所であり、摘発はゴールデンウィークの初日祭日で、下り線が混雑する時間帯であった。スピード測定には、少なくとも500メートル以上の追尾が必要であるが、同日同時刻の小仏トンネル内は、500メートル以上の区間測定は不可能であった。パトカーのスピードを被疑者のスピードとして押しつけたえん罪というのが原告の主張であった。

前掲東京地判平成22・7・2の事案も、本章事案と同様に、刑事事件としてすでに不起訴とされており、検察官収集証拠を超える証拠を有しない行政事件担当裁判所が違反事実を認定することに強い疑問がある。

スピード違反事件は事実認定について、裁量の余地はない。したがって、

313

不起訴処分（起訴猶予）は、無罪として扱うべきであり、後続する行政手続において違反事実を認定することは、不起訴処分の趣旨を無視することで、国家行為の矛盾である。刑事事件における検察官の判断を優先するのが証拠裁判主義である。免停処分等の不利益処分の事実認定については、厳格な証拠裁判主義が行われるべきである。

Ⅲ 刑事事件における違反事実の認定と行政事件における違反事実の認定

1 不起訴処分の行政処分性と検察官の覊束行為性

　行政処分とは、判例によれば公権力の主体たる国または公共団体が行う行為のうち、その行為によって、直接国民の権利義務を形成しまたはその範囲を確定することが法律上認められているものとされている（最判昭和39・10・29民集18巻8号1823頁）。

　以上の定義によれば、検察官が公権力を行使して行う不起訴処分（起訴処分）は、特定個人の権利義務を形成すると考えられるため形式的には行政処分といえるようにもみえる。

　しかし、行政手続法3条1項5号および行審法4条1項6号において刑事事件について検察官が行う処分が適用除外となっていることからすると、不起訴処分と行政処分は性質が異なるものであると考えられる。

　刑事事件については、公訴提起は検察官の専権とされ（刑訴247条）、起訴するか否かも検察官の裁量に任されている（起訴便宜主義。刑訴248条）。

　したがって、刑事事件における違反事実の認定については、形式的に法令違反事実が存在しても、それが軽微な場合などは検察官の裁量によって不起訴処分とされることがある。しかし、道交法違反事件において、違反事実が立証される限り必ず起訴されており、そこには裁量の余地はない。すなわち、不起訴処分となった場合、実質的には違反事実は存在しなかったものと同視

できることとなる。道交法違反事件における違反事実は、刑事手続における刑事審判事項である（最判昭和57・7・15民集36巻6号1169頁）。刑事事件として不起訴とされたが、免停等の行政処分がなされた場合、違反事実は、後続する行政処分である免許停止処分や免許更新処分の取消訴訟（行政訴訟）で争うことができる。

　上記のとおり「行政処分」は、行政庁の法令に基づく行為のすべてを意味するものではなく、公権力の主体たる国または公共団体が行う行為のうち、その行為によって、直接国民の権利義務を形成しまたはその範囲を確定することが法律上認められているものである（前掲最判昭39・10・29）が、行政手続法3条1項5号、行審法4条1項6号によって、検察官がする処分および行政指導を当該法令の適用除外にしており、検察官のする処分は行政処分にあたらず、検察官のなした不起訴処分は行政訴訟の対象とはならないと一般に考えられている。

2　刑事審判事項

　次に、刑事事件における違反事実の認定と行政事件における違反事実の認定の関係が問題となる。

　刑事事件の場合、違反事実があったと認められるとしても、その違反が軽微なもので訴追を必要としないときは、検察官の裁量により起訴しなくてもよい（刑訴248条）として、検察官の裁量によって訴追を決められるとされている。しかし、1つの違反行為が、刑事責任、行政責任、民事責任の発生原因となる場合、刑事訴訟、行政訴訟、民事訴訟のいずれの手続においても、国民は裁判を受ける権利を有しており、争いうる。違反事実は、行政訴訟で争いうることから、先行不起訴処分は、上記行政手続法や行審法の各条項によって、適用除外されており、行政処分ではないと解釈することもできる。しかし、前掲最判昭57・7・15は、反則行為について反則金を納付しないときは、行政訴訟で争うのではなく、刑事訴訟で争うべきとする。

　かかる最高裁判決の趣旨からすると、検察官の手持ち証拠以上の証拠を有

しない行政事件担当裁判官が不起訴事件について、免停処分の適法性を認定する証拠がないというべきであろう。検察官が起訴猶予を理由として不起訴処分とした場合、行政処分に対して決定的な悪影響を与えるから、これを何らかの方法で争えないのは疑問である。

Ⅳ　免停期間経過後、免停処分の取消訴訟の提起は可能か

　最判昭和55・11・25民集34巻6号781頁は、免停期間経過後、免停処分取消しにより回復すべき法律上の利益がないため取消訴訟の提起はできないとする。同判決は、免許停止処分が記載された免許証を所持することにより当該被処分者の名誉や信用といった人格的利益が害される可能性があるかという点につき、免停処分による不利益は、事実上の効果にすぎないものであるから、回復すべき法律上の利益を有することの根拠とするのは相当でないと判示している。

　事案におけるＡは、平成21年2月16日、東京都警視総監Ｙから道交法22条1項（速度違反）に基づき、同法施行令38条5項2号イの免停処分の要件を満たし、同法103条1項5項（免許停止処分）により同日から90日間の免停処分を受け90日間、自動車を運転できないという損害を受けた。前掲最判昭和55・11・25によれば、すでに90日を経過して新免許証が交付され、自動車の運転ができる状況になった現在のＡには、回復する法律上の利益を有しないこと（行訴9条1項）から、Ａは取消訴訟の原告適格を有していないので、免停処分に対する取消訴訟を提起することはできないことになろう。

　しかし、免停期間経過後であっても違反運転者とされ、更新期間が短縮されたり、更新料が優良運転者と比べて高額であるなどの不利益は残存しており、免停処分を取り消すべき法律上の利益があるといえよう。前歴として影響する期間内は、取消しの利益は失われない。

V　優良運転者の地位回復（処分の同一性の範囲——その１）

　運転免許は運転者区分があるが、免許処分や更新処分を１つの行政処分であると考えれば、交付された免許証のうち違反運転者とした部分を取り消す旨の取消訴訟（行訴３条２項）を併合提起することとなる。

　「優良運転者である旨が記載されていない免許証」が交付されたことにより被処分者が受ける不利益は、人格的利益のみであると考えれば、前掲最判昭和55・11・25の基準からすると訴えの利益を欠くようにみえる。

　しかし、道交法は、優良運転者の実績を賞揚し、優良な運転へと免許証保有者を誘導して交通事故の防止を図る目的で優良運転者であることを免許証に記載して公に明らかにするとともに、優良運転者に対し更新手続上の優遇措置を講じているのである。このことに、優良運転者の制度の沿革等をあわせて考慮すれば、同法は、客観的に優良運転者の要件を満たす者に対しては優良運転者である旨の記載のある免許証を交付して更新処分を行うということを、単なる事実上の措置にとどめず、その者の法律上の地位として保障するとの立法政策を、交通事故の防止を図るという制度を全うするため、特に採用したものと解するのが相当である（最判平成21・２・27民集63巻２号299頁）。

　優良運転者である旨の記載は、法律により、運転免許証の必要的記載事項として、所定の要件に従って行われるものであって、その保持者について、運転免許証の提示により、一定の道路交通関係法規の違反が認められない者であることを即時かつ簡便に公証する機能を有するものであり、また、これにより自動車運転に関する社会生活上のさまざまな場面で有利な取扱いを受ける実際上の効果が生じることを期待しているものと思われるのであって、これらの点を考慮すると、その記載を受けることについて法的な利益が認められる。

したがって、客観的に優良運転者の要件を満たす者であれば、優良運転者である旨の記載のある免許証を交付して行う更新処分を受ける法律上の地位を有することが肯定される。違反運転者として扱われ、優良運転者の記載のない免許証を交付されて免許証の更新処分を受けた者は、上記の法律上の地位を否定されたことを理由として、これを回復するため、同更新処分の取消しを求める訴えの利益を有するというべきである。

事案においてAは摘発現場において、「違反事実がない」と主張しており、巡査Bの脅迫という違法な手段がなければ「優良運転者」として新免許の交付を受けたものと考えられるから、よってAには訴えの利益が認められる。

東京都公安委員会は、道交法22条1項（速度違反）の違反行為があったとして、90日間の免停処分（道交103条1項5号）経過後に、Aに道交法101条1項（免許更新要件）に基づき新免許証を交付したが、その新免許証は「優良運転者」の記載はなく、「違反運転者」（同法施行令33条の7第1項・2項）として更新処分（違反運転者免許交付処分。以下、「本件更新処分」という）がなされた。

Aは、スピード違反行為について、不起訴処分になったことから、違反行為はないので、Aは優良運転者にあたるとして、本件更新処分中のAを「違反運転者とする部分」の取消訴訟（行訴8条1項）を提起することができる。またあわせて「優良運転者」と記載のある運転免許証の交付処分を求める義務付け訴訟（同法3条6項2号）を提起することもできよう。

前掲最判平成21・2・27は、優良運転者でないとした部分ではなく、<u>更新処分全体の取消しを求める訴えの利益</u>を有すると判断したようにみえる。

VI　義務付けを求める処分の範囲（処分の同一性の範囲――その2）

事案におけるAは、義務付け訴訟によって、優良運転者と記載のある<u>運転免許証の交付処分</u>を求めることができると考えられる。

318

道交法101条により免許証の更新を求める場合、申請書の提出が必要とされているため、申請満足型義務付け訴訟（行訴3条6項2号、37条の3第1項2号）を提起することができる。その場合、行訴法37条の3第3項2号により取消訴訟を併合提起することが必要である。

講学上、行政処分の有効期間は、行政処分の附款と説明されており、行政処分の一部であるが、独立して取消訴訟の対象となる。「3年の有効期間を取消し、5年の有効期間であることを確認する」との判決が可能であろう。

「優良運転者の判定」は独立した行政処分かどうか、また、そうでないとすれば、観念の通知として単なる公証行為と把握されよう。事案では、「優良運転者でないことの判定」の取消しを求めているのではない。更正処分のうち「違反運転者である部分」の取消しを求めている。また、事案では「優良運転者で有効期間5年の免許証交付処分」を求めるもので、「優良運転者区分・有効期間5年」は、1つの行政処分（免許証交付処分）の重要な構成部分で、その範囲を画するものといえよう。「違反運転者である部分」が更正処分から分離できない一体のものであるならば、本件更新処分全体の取消しを求めることになる。

Ⅶ　更新処分か更新交付処分か（処分の同一性の範囲──その3）

免許証の更新処分は、免許証を有する者の申請に応じて、免許証の有効期間を更新することにより、免許の効力を時間的に延長し、適法に自動車等の運転をすることのできる地位をその名宛人に継続して保有させる効果を生じさせるものである（前掲最判平成21・2・27）。

したがって、旧免許証交付処分と新免許証交付処分は一体性が強く認められるというべきである。

免許証の更新処分は、免許証を有する者の申請に応じて、免許証の有効期間を更新することにより、免許の効力を時間的に延長し、適法に自動車等の

319

運転をすることのできる地位をその名宛人に継続して保有させる効果を生じさせるものであるから、旧免許証と新免許証の間には一体性が強いといえる。

事案では免許のうち、「違反運転者とした部分」の取消しを求め、かつ、「優良運転者の記載のある免許証の交付（処分）」の義務付けを求めることになろう。運転免許の期間や優良運転者資格は、免許の内容の一部と思われる（ただし、これを本体から分離できるかどうかは別である）。

免許は免許証を交付して行われることになっており、新免許は「免許の更新処分」としてなされるのではなく、「新免許証の交付処分」としてなされている。

優良運転者免許証交付処分と違反運転者免許証交付処分とは、行政処分として全く別と考えることもできる（前掲最判平成21・2・27はこの考え方を前提としている）。

運転者区分に応じて免許証の種類が異なるのであるから、優良運転者免許証交付処分と違反運転者免許証交付処分とは処分の同一性がないという考え方もありうる。前者は期間5年であり、後者は期間3年であり、前者には3つの優遇措置（更新場所、手数料額、更新時講習時間）があることも参照されるべきであろう。

旧免許と新免許は、許可として継続性があるが、免許証交付処分は「有効期間」を定めてなされるもので、それぞれ独立したものといえよう。「旧免許と新免許の関係」と「有効期間や優良運転者の地位が行政処分の一部かという問題」は全く別物である。

Ⅷ　処分の同一性に関する最判平成21・2・27とその下級審判決

本章事案において、処分の同一性を考える場合、参考となるのが前掲最判平成21・2・27とその下級審判決である。

1　1審判決（横浜地判平成17・12・21民集63巻2号326頁）

一般運転者とする部分の取消しを求める訴えについて、運転者区分の認定は行政処分にあたらないとした（行政処分否定説）。

2　2審判決（東京高判平成18・6・28民集63巻2号351頁）

優良運転者の優遇的措置は、一般運転者と異なる法的地位であるから、一般運転者免許証の更新にとどまった場合、これは一部拒否処分がされたこととなり、処分性を是認できるとした（一部拒否処分説）。

3　3審判決（最判平成21・2・27）

客観的に優良運転者の要件を満たす者であれば、「優良運転者である旨の記載のある免許証を交付して行う更新処分を受ける法律上の地位」を有することが肯定される以上、一般運転者として扱われ、上記記載のない免許証を交付されて免許証の更新処分を受けた者は、上記の法律上の地位を否定されたことを理由として、これを回復するため、同更新処分の取消しを求める訴えの利益を有する（全部拒否処分説）。

〔図15〕　最判平成21・2・27の考え方

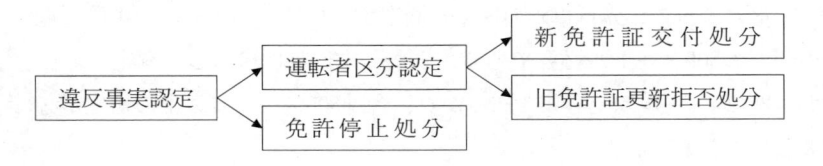

IX　違反事実の認定

違反事実の認定については、刑事手続における認定が優先されるべきであるが、不起訴処分について不満があれば、事案におけるAは検察審査会へ申し立てし、起訴させて、そこで違反事実を争う可能性もある。検察官が不起

訴処分としたケースについて、行政庁があえて免停処分にするのは、おかしいというのがAの主張である。

　追尾事件では重い違反事実とされた場合、現場において供述調書と速度測定記録書に署名押印することを求められる。しかし、速度測定記録は、追尾したパトカーの速度記録であり、被疑者の自動車の記録ではない。このような非科学的な測定方法は犯罪事実の立証資料として合理性がない。

　オービス（スピード違反自動取締り装置）による測定の事件で無罪とされた判決がある（大阪高判平成3・9・9判例集未登載）。追尾測定事件で、免許取消処分が取り消された判決もある（横浜地判平成21・11・28判例集未登載）。オービス速度測定器がいつも正常である保障はなく、誤測定の可能性がある。まして、追尾事件の速度測定は、パトカーの速度であり、その数値が先行する被疑車両の速度であるとする客観的な証拠はない。

　東京地判平成22・7・2判例集未登載の事件において、時速130キロメートルの速度認定が、被追尾車両（事案におけるA車）の速度ではないとする根拠は次のとおりである。

① 　小仏トンネルは、交通渋滞の有名な場所であるが、違反摘発日はゴールデンウィーク中の祭日であり、交通渋滞状況にあり、パトカーの追尾は困難であった。

② 　追尾によって、先行車両の速度を測定するには、40メートル後位に近づくため300メートル必要であり、また、先行車に追尾して測定する区間は200メートル以上必要であるから、合計500メートル以上の追尾が必要ということになる。

③ 　パトカーが被追尾車両（事案におけるA車）に停止を命じてから900メートル走行したというのであるから、被追尾車両とパトカーは、小仏トンネル内を1400メートル走行したことになる。

④ 　小仏トンネル手前は3車線であり、小仏トンネル内は2車線となっており、渋滞原因となっている。

⑤ 　警察官（事案におけるB）は、大型トラックによる頭押しが解消した

ので、被追尾車両は1400メートルを時速130キロメートルで走行したというが、当日、小仏トンネル内が渋滞中であったことを認めている。

⑥　警察官（B）は、供述調書や測定記録書などの文書を作成しているが、（事案におけるA運転の）モスグリーンの自動車の速度を直接証明する証拠は1つもない。かえって警察官は、被追尾車両を白色であったとする文書を作成しており、本件処分のえん罪性は明白である。

　行政犯については、形式的に処理され、起訴便宜主張になじまない。時速50キロメートルオーバーであれば、必ず起訴しなければならない。しかし、検察官は、証拠が不十分で公判維持が困難な場合は、嫌疑不十分または罪とならずとするべきところ、警察官の顔を立て、起訴猶予で不起訴処分にすることが多い。

X　被告と処分庁の表示

　事案において、免許証更新処分の処分庁は、東京都公安委員会であり、免許停止処分についての処分庁は司法巡査Bが属する警視総監である。

　免許の更新処分をした処分庁は、東京都公安委員会であるが、行訴法11条1項1号により、東京都公安委員会の帰属する東京都が被告である。なぜなら、警視庁は東京都公安委員会の管理下にあるからである（警察法47条2項）。

　免停処分と更新処分の取消訴訟について、いずれも被告は東京都である。

　Bの違法な公権力の行使については、東京都の公務員Bが違法な加害行為を行ったものであるから、Bの所属公共団体である東京都がやはり被告となる（行訴11条1項1号）。下記【書式3】訴状記載例①は、東京地方裁判所民事38部の指導に従ったものである。免許証更新と免許停止処分は、いずれも東京都知事から独立して公正な行政が期待される公安委員会の権限に属するものであるが、これらの処分取消訴訟においては、東京都公安委員会が東京都を代表する。

323

XI　国家賠償訴訟の提起要件の検討

　事案でAは、平成16年4月29日に司法巡査Bより「サインしなければ逮捕する」、「サインしなければ免許証を返さない」などと脅され、調書に署名することを強要されたことに対して国家賠償法1条に基づき国家賠償請求訴訟を提起することができる。

　国家賠償法1条の要件は、①公権力の行使、②公務員、③職務行為、④故意・過失・違法性、⑤損害、⑥加害と損害との間の因果関係である。

　事案は、公務員である司法巡査Bが職務行為としてスピード違反の取締りをし、Aを検挙することによって公権力を行使したものである。したがって要件①ないし③は充足する。④につき、Bは「サインしなければ逮捕する」、「サインしなければ免許証を返さない」と故意に脅迫して違法な行為をなしたことになる。

　国家賠償法1条にいう損害には、精神的損害を含むかという問題があるが、不安定な地位から早期に解放されたいという期待、その期待の背後にある焦燥、不安の気持ちを抱かされないという利益は、内心の静穏な感情を害されない利益として保護の対象となりうるものと解されるので、精神的損害も含まれると考える。

　事案では、司法巡査として公権力を行使しうる立場にある者によって「逮捕する」、「免許証を返さない」などと言われることは、一般人にとっても著しく精神的平穏を害される状況であるといえる。

　したがって、⑤については、Aは違反事実の通告を受け刑事事件が立件されたことによって不起訴処分になるまで不安定な地位におかれたことにより精神的な損害を受けた点、およびその後の90日間の免停処分により、その間自動車の運転に従事できなかったという損害、さらに免停処分後の新免許証交付の際には「違反運転者」という地位が与えられたことによる精神的損害を主張できると考える。

以上により、Bによる違法行為とAの受けた損害には因果関係があるといえ、上記要件をすべて満たすこととなる。

以上のことから、本事案では、国家賠償を請求するために必要な要件を満たし、国・公共団体に賠償責任が発生するので国賠訴訟を提起することができる。

XII 小仏トンネル事件（東京地判平成22・7・2）

前掲東京地判平成22・7・2〔小仏トンネル事件〕においては、原告が敗訴した。同地裁判決は、「優良運転者の記載のある運転免許は、法律上の地位であるから、その免許証の交付を求める義務付け訴訟は可能である」とし、違反事実は経験豊富な警察官の追尾方式の測定により認められると判示した。

XIII 道路交通法違反訴訟における公正基準と証拠

1 明白な動かしがたい重要事実

判決に対しては、明白に動かしがたい重要事実と矛盾する事実を認定してはいけない。小仏トンネル事件において、警察官は当日の小仏トンネル内の渋滞を認めている。また、警察捜査報告書と警察官作成陳述書は、白い車を摘発したといっているが、原告の車は、黒に近いダークグリーンであった。

2 違反事実の証拠

スピード違反の測定値はパトカーのスピードであり、被疑車両のスピードではない。追尾事件では、科学的証拠がないことが、最大の問題点である。

3 信憑性原則

パトカーのスピードが被疑車両のスピードとする科学的証拠は何もない。

だから、小仏トンネル事件で検察官は起訴しなかった。追尾事件は、被疑車両のスピードを証明する証拠がないから、被疑者が違反事実を否認したら、信憑性のある証拠がないから起訴が困難というべきであり、かかる目視によるスピード違反の認定は、非科学的な方法として、直ちに止めるべきと一般に非難されている。

【書式3】　訴状例①——東京地方裁判所民事38部が指導する訴状（運転者区分を附款とみる考え方）

訴　　　状

平成22年6月1日

東京地方裁判所民事部　御中

原告訴訟代理人弁護士　　東　　一　郎

〒100-0013　東京都千代田区霞が関一丁目1番1号
原　　　告　　　　A
（送達場所）

〒106-0032　東京都港区六本木一丁目6番3号
泉ガーデンウイング6階
マリタックス法律事務所
電　話　03-3586-3601　FAX　03-3586-3602
上記訴訟代理人弁護士　　東　　一　郎

〒163-8011　東京都新宿区西新宿二丁目8番1号
被　　　告　　　東　京　都
上 記 代 表 者　　東京都公安委員会
委員長　○　○　○　○
（処分取消訴訟）
上 記 代 表 者　　東京都知事　○　○　○　○
（国賠訴訟）

　　　　　　　　（処分をした行政庁）
　　　　　　　　〒100-8929　東京都千代田区霞が関二丁目1番1号
　　　　　　　　警　視　庁　　警視総監　　Y
　　　　　　　　　　　　　　　　　　　（免許停止処分）
　　　　　　　　〒100-8929　東京都千代田区霞が関二丁目1番1号
　　　　　　　　東京都公安委員会
　　　　　　　　　　　　　　　　　　　（免許更新処分）

運転免許更新処分一部取消等請求事件
訴訟物の価額　　500万0000円
貼用印紙額　　　　3万0000円

　　　　　　　　　　請求の趣旨
1．警視総監が原告に対して平成21年2月16日付けでなした<u>運転免許停止処分</u>を取り消す
2．東京都公安委員会が原告に対して平成21年2月16日付けでなした<u>「運転免許の更新処分のうち運転者の区分を違反運転者とした部分」</u>を取り消す
3．東京都公安委員会は，原告に対し，<u>「優良運転者であることを記載した運転免許証」</u>の交付（処分）をせよ
4．被告は，原告に対し，金500万円を支払え
5．訴訟費用は被告の負担とする
との判決を求める。

　　　　　　　　　　請求の原因
1．運転免許停止処分の取消について
(1) 運転免許停止処分の違法事由について
　ア　違法事由について
　　　警視総監は，「原告には，平成16年4月29日に，制限速度を50km超過して運転した事実がある」と認定した上，平成21年2月16日，原告に対し，90日間の運転免許停止処分を行った（道路交通法103条1項5号・22条1項・同法施行令38条5項2号イ。なお同法施行令別表第二及び別表第三参

照)。
　しかし，原告は，速度制限を守った運転しか行っておらず，原告には，上記制限速度違反の事実はない。
　したがって，警視総監の上記事実認定は事実誤認によるもので，原告には，道路交通法103条1項5号該当事由が存在しないものである。
　よって，警視総監による上記運転免許停止処分は，違法な処分である。
　イ　事実経過について
　原告は，平成16年4月29日午後2時半頃，中央自動車道を相模湖方面に向って走行していたところ，高速隊巡査2名により，制限速度違反，との濡れ衣を着せられ，検挙された。
　原告は，法定速度を守り，制限速度違反など行っていなかったため，検挙の当初より制限速度違反の事実を否認した。
　そして，八王子区検察庁の取り調べ段階でも原告は制限速度違反の事実について否認した。
　その結果，八王子区検察庁検察官Mは，容疑事実なしとの事実認定を行い，原告を不起訴処分とした。
　このように，原告には，制限速度違反というような事実は存在しない。
　ウ　<u>最高裁第一小法廷昭和57年7月15日判決は，反則金納付通告（道交法違反事実認定の通知又は反則金給付命令）を争う事件で，「違反事実」の審判を行うのではなく，違反事実の審判は刑事審判事項としている（行政判例百選168事件）。</u>
行政手続の中で判定されるものではない。刑事手続において，不起訴処分とされたなら，その事実認定を優先するべきである。
　よって，処分庁のなした運転免許停止処分はその根拠を欠き違法である。
(2)　免許停止処分取消の訴えの利益について
　原告は，本件免許停止処分の取消を受ければ，仮に，今後，違反行為を行ったとしても，前歴がない者（道路交通法施行令別表第三）として扱われる。
　しかし，原告は，本件免許停止処分の取り消しを受けられないと，仮に今後，違反行為を行ってしまったときに，前歴が一回である者（道路交通法施行令別表第三）として扱われることになってしまう（道路交通法施行令別表第三備考一本文。なお，同備考一但書により，免許停止期間が過ぎてから一年間の間無

事故無違反であれば，前歴はなかったことになる。）。

そして，前歴の有無は，違反行為に対する処分を免許取消とするのかそれとも免許停止とするのか，という判断を左右する（同法施行令38条5項），など，運転免許に関する法律上の地位に大きな影響を与えるものである。

したがって，原告に前歴がないことは，原告の法的利益である。

また，原告の免許停止期間が終了したのは平成21年4月2日であり，未だ免許停止期間終了後から一年間を経過していないので，原告には免許停止処分取消についての狭義の訴えの利益も存在する。

2．運転免許更新処分の取消について
(1) 運転免許更新処分の違法事由について
　ア　東京都公安委員会は，原告に対し，平成21年2月16日，運転免許更新処分をなした。
　　この更新処分に際し，原告は，東京都公安委員会から違反運転者（道路交通法92条の2備考一4・同法施行令33条の7第2項）と認定されたため，更新された運転免許証の有効期間は3年，また，更新時の講習における原告の区分は，違反者，であった。
　イ　このように，原告が東京都公安委員会により，違反運転者，と判断されたのは，前述の平成16年4月29日の道路交通法違反被疑事件が原因と考えられる。
　ウ　しかし，前述したように，原告に制限速度違反の事実はない。
　　また，この点については，道路交通法違反被疑事件において，検察官も，同様の事実認定を行い，原告を不起訴処分としている。
　エ　それゆえ，東京都公安委員会が原告を違反運転者とした判断は，事実誤認に基づく誤った判断と言わざるを得ない。
　オ　以上より，東京都公安委員会が，原告に対して行った，免許証の有効期間を3年間とする運転免許更新処分は，事実誤認に基づく処分として違法である。
(2) 運転免許更新処分取消の訴えの利益について
　違反運転者としての免許証の有効期間は3年間であり，一方優良運転者である場合の免許証の有効期間は5年間である（道路交通法92条の2）。

329

したがって，免許証の有効期間に違いがある以上，運転免許更新処分取消に訴えの利益が存在するのは当然である。

なお，一般運転者として運転免許更新処分を受けた者が，優良運転者であることを主張して当該処分の取消を求めた訴訟において，<u>最高裁判所は当該処分の取消につき訴えの利益を認めている</u>（最高裁判所第二小法廷平成18年(行ヒ)第285号平成21年2月27日判決）。

3．優良運転者と記載の免許証を交付して行う更新処分の義務づけについて
(1) 訴訟要件

免許証の更新処分は，道路交通法101条1項により，申請に基づいて行われるため，行政事件訴訟法3条6項2号により，行政事件訴訟法37条の3第1項から第3項までの要件を満たせば，かかる処分の義務づけ訴訟の訴訟要件は認められることになる。

そして，原告は，免許証の更新請求を行い，違反運転者と記載された運転免許証を交付された者であり，運転免許更新処分の取消の訴えも併合提起しているので，原告は，行政事件訴訟法37条の3第1項から第3項までの要件を満たしている。

また，優良運転者である旨の記載のある運転免許証を交付して行う更新処分について，処分性は認められ，またその義務づけを求める訴えには訴えの利益も認められる（前掲最高裁判所平成21年2月27日判決）。

(2) 勝訴要件

原告を違反運転者とする本件運転免許更新処分は，事実誤認に基づく違法な処分であるから，当該処分の取消の訴えには理由がある。

また，制限速度違反という事実の存在しない原告は優良運転者に該当するから（道路交通法92条の2備考一2・同法施行令33条の7第1項），道路交通法92条の2より，東京都公安委員会が，原告に対し，優良運転者である旨の記載のある運転免許証を交付して行う更新処分をすべきことは明らかである。

よって，かかる義務づけの訴えは勝訴要件も満たす。

4．国家賠償請求について
(1) 高速隊巡査2名による取調の違法

原告を検挙した高速隊巡査 2 名は，原告に対し，「違反切符にサインをしなければ逮捕する」，「サインをしなければ免許証を返さない」などと脅して，調書に対するサインを強要した。
　かかる脅迫行為が，取調として許容される合理的な範囲を逸脱していることは，誰の目にも明らかである。
　したがって，かかる高速隊巡査 2 名の職務行為には，明白な違法性が認められる。
　そして，この高速隊巡査 2 名の取調により，原告は，精神的苦痛を被った。二人がかりで怒鳴り威圧されたことによる恐怖及び違反していないにもかかわらずサインしなければならなかった屈辱感からして，その損害は，金額にして300万円を下らない。
　よって，原告には，東京都に対する300万円の国家賠償請求権が成立する。
(2)　運転免許更新処分の違法
　上記運転免許更新処分は，原告に制限速度違反の事実がないにもかかわらず行われた処分である。
　そして，原告に制限速度違反の事実がないことは，A 捜査官が原告を不起訴処分にしたことからして，明らかであり，違反事実の認定は刑事手続における判断が優先されるべきである。
　したがって，かかる更新処分を行った東京都公安委員会の職務行為には，優に違法性が認められる。
　そして，一度も交通法規に違反したことはなく，優良運転者であった原告は，違反運転者という濡れ衣を着せられた形で更新処分を受けたことにより，精神的苦痛を被った。その損害は，金額にして200万円を下らない。
　よって，原告には，東京都に対する200万円の国家賠償請求権が成立する。

証拠方法

　甲第 1 号証　　運転免許停止処分書
　甲第 2 号証　　不起訴処分告知書
　甲第 3 号証　　運転免許更新のお知らせ
　甲第 4 号証　　平成21年 2 月16日交付運転免許証
　甲第 5 号証　　区検察庁出頭記録

第Ⅱ編　各論　第11章　道路交通法違反訴訟（免停処分・更新処分取消訴訟）

甲第6号証	最高裁判所第二小法廷平成18年(行ヒ)第285号平成21年2月27日判決
甲第7号証	陳述書

【書式4】　訴状例②——最判平成21・2・27に従った訴状（運転者区分ごとの免許とみる考え方）

訴　　　状

平成21年〇〇月〇〇日

東京地方裁判所　御中

原告訴訟代理人弁護士　〇　〇　〇　〇　㊞
〒000-0000　東京都〇〇区〇〇丁目〇〇番〇〇号
原　　　告　　　〇　〇　〇　〇

（送達場所）
〒000-0000　東京都〇〇区〇〇丁目〇〇番〇〇号
〇〇法律事務所
原告訴訟代理人　　〇　〇　〇
電　話　03-0000-0000　FAX　03-0000-0000
〒163-8011　東京都新宿区西新宿二丁目8番1号
被　　　告　　　東　京　都
代表者都知事　　〇　〇　〇　〇
〒100-8929　東京都千代田区霞が関二丁目1番1号
処　分　庁　　東京都公安委員会
〒100-8929　東京都千代田区霞が関二丁目1番1号
処　分　庁　　警視総監Y

違反運転免許全部取消事件及び優良運転者免許証交付及び損害賠償請求事件

第1　請求の趣旨
 1 ．被告は，東京都公安委員会により平成21年2月26日になされた「違反運転者」免許証更新処分の全部を取り消す
 2 ．東京都公安委員会は，原告に対し「優良運転者」記載のある運転免許証を交付せよ
 3 ．被告は，原告に対し，金〇〇〇〇〇〇円及びこれに対する平成21年9月30日から支払済みまで年5分の割合による金員を支払え
 4 ．訴訟費用は被告の負担とする
との判決を求める。

第2　請求の原因
(1)　原告は，平成16年4月29日，高速道路にてパトカーの追尾により50km/h以上のスピード違反行為があったものとして検挙された。
(2)　検挙の際，司法巡査に脅されサインすることを強要された。
(3)　原告は反則金を納付しなかったことにより刑事事件が立件されたが，検察官に違反事実がないことを説明したところ不起訴となった。
(4)　原告は，平成21年2月16日，東京都警視総監Yから同日から90日の免停処分を受けた。
(5)　スピード違反行為及び免停処分に基づき，東京都公安委員会は，「優良運転者」ではなく「違反運転者」としての免許の更新処分を行った。

第3　以上のことから，原告には違反事実はないので，「違反運転者」免許処分の全部取消し，及び「優良運転者」免許証の交付の義務づけ，及び，精神的損害に対する国家賠償を請求する。

【書式5】　訴状例③──免許証交付処分ではなく更新処分とみる訴状

訴　　　状

平成21年〇月〇日

東京地方裁判所　御中

　　　　　　　　　　　原告訴訟代理人弁護士　〇　〇　〇　〇
　　　　　　　　　　　電話：000-000-0000
　　　　　　　　　　　FAX：000-000-0000
　　　　　　　　　　　〒000-0000　東京都〇区〇丁目〇番〇号
　　　　　　　　　　　原　　　　告　　　　　A
　　　　　　　　　　　（送達場所）
　　　　　　　　　　　〒000-0000　東京都〇区〇〇丁目〇番〇号
　　　　　　　　　　　原告訴訟代理人　　〇　〇　〇　〇
　　　　　　　　　　　電話：000-000-0000
　　　　　　　　　　　FAX：000-000-0000
　　　　　　　　　　　〒000-0000　東京都〇区〇〇丁目〇番地
　　　　　　　　　　　被　　　　告　　東　京　都
　　　　　　　　　　　上記代表者　都知事　〇　〇　〇　〇
　　　　　　　　　　　処分をした行政庁の表示ならびに送達先
　　　　　　　　　　　〒000-0000　東京都〇区〇丁目〇番〇号
　　　　　　　　　　　東京都公安委員会
　　　　　　　　　　　〒000-0000　東京都〇区〇丁目〇番〇号
　　　　　　　　　　　警視庁　警視総監　　　　Y

違反運転免許証取消及び優良運転免許証交付及び損害賠償請求事件
　　訴訟物の価額　　金〇〇万円
　　貼用印紙額　　　金〇〇万円

第1　請求の趣旨
1．東京都公安委員会が原告に対し平成21年5月16日付けでした<u>有効期間3年とする免許更新処分のうち，原告を違反運転者とする部分を取り消す</u>
2．東京都公安委員会は，原告に対し，<u>優良運転者で，且つ期間5年とする運転免許更新処分</u>をせよ
3．被告は原告に対し金〇〇万円及びこれに対する本訴状到達の翌日から支払い済みまで年5分の割合による金員を支払え

4．訴訟費用は被告の負担とする
との判決を求める。

第2　請求の原因
1．原告は，平成16年4月29日，高速道路にてパトカーの追尾により50km/h以上のスピード違反行為があったものとして検挙された。
2．その際，警視庁高速隊巡査Aは「サインしなければ逮捕する」「サインしなければ免許証を返さない」などと脅迫し，原告に対し調書へサインするよう強要した。
3．原告は，その後反則金を納付しなかったため刑事事件が立件されたが，担当検察官Cに違反事実がない旨主張したところ不起訴処分となった。
4．平成21年2月16日，東京都警視総監Yから同日より90日間の免停処分を受けた。
5．免停期間経過後，東京都公安委員会により新免許証交付処分がなされたが，「優良運転者」としてではなく，「違反運転者」としてのものであった。
6．原告は，巡査Bの脅迫という違法行為により調書への署名を強要され，それを原因として刑事事件が立件されたことにより不安定な地位に立たされ，精神的な損害を被った。
　　不起訴処分となったにもかかわらず，違反事実があるものとして免停処分を受け，その間自動車を運転できないという不利益を受けた。
　　また，更新処分は，違反運転者としてなされ，精神的損害を被った。
7．よって，新免許証交付処分のうち違反運転者である部分の取消し及び優良運転者である旨の更新処分の義務づけ，及び公務員である巡査Bによる違法行為によって受けた損害に対する国家賠償を請求する。

以　上

知的財産訴訟（査定系訴訟） 第12章

> **＜事案＞**
>
> 甲社は、製薬方法を発明し、これを特許庁へ出願したが、特許庁から「拒絶査定」を受けた。甲社は、特許庁の「拒絶査定」に対して不服申立審判の申立てを行った。特許庁は、「拒絶査定不服申立不成立の審決」を出した。

【設問】

(1) 甲社は、その特許庁の審決の取消しを求めて訴訟で争えるだろうか。その審決取消訴訟の概要について説明せよ。

(2) また、上記発明が乙社との共同発明であった場合は、甲社単独で審決取消訴訟手続をなし得るか。審決取消訴訟で争える範囲について検討せよ。

(3) 審決取消訴訟によって裁判所の判決で、特許庁の審決が取り消された場合には、その後の手続はどうなるか。

【関係法令】

・特許法29条、121条、123条、125条の2、126条、178条～184条の2

解説

I 審決取消訴訟と技術的判断

審決取消訴訟とは、特許庁が行った審決を不服として知的財産高等裁判所（第1審の専属管轄。以下、「知財高裁」という）へ提起する行政訴訟である

（特許178条1項）。審決取消訴訟の手続には、まず特許法の規定（同法178条〜184条の2）が適用され、次に行訴法が適用され、行訴法に規定がない場合に民事訴訟法が適用される。特許庁の審決が送達された日から原則30日以内に提起することを要する（特許178条2項）。特許審査・審判手続は、司法的審査の側面があるが、他方で、特許の新規性や進歩性の判断は、多分に技術的判断の側面もあり、司法判断の前提として、特許技術の内容が理解されなければならない。

II　審決取消訴訟の種類

審決取消訴訟には、①拒絶査定不服審判（特許121条。査定系）における拒絶審決に対するもの、②無効審判（同法123条。当事者系）における無効審決・維持審決に対するもの、③訂正審判（同法126条。査定系）における拒絶審決に対するもの、および④存続期間延長登録の無効審判（同法125条の2）における無効審決・維持審決に対するもの、の4種類・6パターンがあり、それぞれの審決に対して不服を理由に取消訴訟を知財高裁へ提起できる。

査定系の審決取消訴訟の当事者は、原告が特許庁の審決を不服とする審判請求人であり、被告は特許庁長官である。それに対して、当事者系の審決取消訴訟の当事者は、原告が自己に不利な特許庁審決を不服とする当事者であり、被告は審判手続の相手方となる。

III　共有特許権と審決取消訴訟

共有特許権の場合、審判手続については、共有者全員で当事者とならなければならない（固有必要的共同審判）。他方、審決取消訴訟については、共有者の1人が単独で当事者となれるかどうかは特許法に規定がない。判決は、特許を受ける権利の共有の場合は、共有者全員が共同で拒絶査定不服審判の審決取消訴訟を提起すべきであるとした（最判平成7・3・7民集49巻3号

944頁）が、特許権の成立後については、共有者の1人が単独で保存行為として無効審決取消訴訟を提起できる（最判平成14・3・25民集56巻3号574頁）とした。

IV 審決取消訴訟の審理範囲

1 審理範囲の制限

審決取消事由としては、手続上の瑕疵による違法および実体判断の違法がある。手続上の瑕疵による違法は、処分の結果に影響を及ぼさないことが明らかな場合は、取消事由にならない（最判昭和51・5・6判時819号35頁）。審決取消訴訟の多くは実体判断の違法を争うものであり、たとえば新規性や進歩性の判断を誤った場合などである。一般の行政処分取消訴訟事件では、法律で許されるあらゆる取消理由の主張・立証が可能であるのに対して、審決取消訴訟では制限される。審決取消訴訟の審理範囲は、

① 審判で審理され、かつ審決中で判断された無効理由・拒絶理由のみが審理範囲となる。
② 無効理由・拒絶理由は、無効理由・拒絶理由の根拠となる法条ごとおよび公知事実ごとに画される（最判昭和51・3・10民集30巻2号79頁）。
③ 審判手続で審理・判断されなかった新たな公知技術を審決取消訴訟で主張・立証することができない（新たな公知技術については、新たに特許無効審判の請求をすべきことになる）。

2 審理範囲制限の根拠

審理範囲制限の根拠としては、下記があげられる。
① 審決には裁判所の判決と同様に個別の理由が付されていること
② 当事者が特許庁の専門的技術判断を期待していること
③ 取消訴訟で新たな公知技術を認めて審決の取消しを確定させてしまう

と、権利者による明細書の補正・訂正請求の機会を奪ってしまうこと
④　審決の理由と審決取消訴訟の判決理由が異なるのは、適正手続の保障を無視することになること

3　新たな主張・立証

　審決取消訴訟では新たな主張・立証が原則として制限される。しかし、判例は、引用例の理解のための資料、出願時点の技術水準を示すための技術文献、補強証拠として提出する同種の引用例などを許容している（最判昭和55・1・24民集34巻1号80頁）。他方で、拒絶査定不服審判手続でも判例は同様の立場をとり、主要事実すなわち新たな主張・証拠でなく、補強証拠としての提出であれば認めている（最判昭和51・4・30判タ360号148頁）。

4　判決の拘束力

　知財高裁は、審理の結果、請求認容か請求棄却の判決をなす。手続上不備の場合は、実体審理をせずに訴えの却下判決となる。審決取消しの請求認容の場合は、その後特許庁で審判手続があらためて開始されるが、その特許庁の判断は知財高裁の判決に拘束される（最判平成4・4・28民集46巻4号245頁）。行訴法33条1項によって、審判官の第二次審決は、第一次取消判決の主文の理由に拘束される。その拘束力に従ってなされた第二次審決は、第一次取消判決の理由によって違法とすることはできない。

【書式6】　訴状──査定系

訴　　　状

平成〇〇年〇月〇日

知的財産高等裁判所　御中

　　　　　　　原告訴訟代理人弁護士　　〇　〇　〇

〒000-0000　東京都○○区○○○丁目○番○号
原　　　　　告　　○○株式会社
代表者代表取締役　○　○　○　○
（送達場所）
〒000-0000　東京都○○区○○○丁目○番○号
○○法律事務所
原告訴訟代理人弁護士　　○　○　○　○
TEL　00-0000-0000　FAX　00-0000-0000
〒100-8915　東京都千代田区霞が関三丁目4番3号
被　　　　　告　　特許庁長官　○　○　○　○

審決取消請求事件

請求の趣旨

1．特許庁がなした平成○○年不服第○○○○号事件について平成○○年○月○日になした審決を取り消す
2．訴訟費用は被告の負担とする
との判決を求める。

請求の原因

1．特許庁における手続
(1) 原告は，平成○年○月○日，以下のような発明（以下，「本願発明」という。）につき特許庁に特許出願をなした。
　ア　出願番号　平成○年第○○○○号
　イ　発明の名称　○○○○
(2) ところが，特許庁は平成○年○月○日本願発明につき拒絶査定を行った。
(3) そこで，原告は平成○年○月○日特許庁長官に対して拒絶査定不服審判の請求を行った。
(4) 特許庁は上記不服審判につき，平成○年○月○日に「本願審判の請求は成り立たない」旨の審決を行った。

2．本願発明の要旨
　　（略）

3．審決の理由の要旨
　　審決の理由の要旨は以下のとおりである。
(1) 第1引用例には，次の記載がある。
　　（略）
(2) 本願発明と第1引用例記載のものとの相違
　　相違点について詳述する。
　　（略）
(3) よって，本願発明は第1引用例記載の技術と同様であり，特許法29条1項3号の拒絶理由がある。

4．審決の違法
　　原審決には以下のような違法事由がある。
　　　第1引用例と本願発明との一致点及び相違点に関する事実誤認について詳述する。
　　（略）

5．よって原告は本件審決の取消を求めて本訴に及ぶ。

証拠方法

1．甲第1号証　　　特許庁が平成〇年不服第〇〇〇〇号事件について平成〇年
　　　　　　　　　〇月〇日になした審決謄本（写し）
2．甲第2号証　　　上記審決の第1引用例（写し）

添付書類

1．甲号証（写し）　　各1通
2．委任状　　　　　　1通
3．資格証明　　　　　1通

【書式7】 訴状——当事者系

訴　　状

平成○○年○月○日

知的財産高等裁判所　御中

　　　　　　　　　原告訴訟代理人弁護士　○　○　○　○
　　　　　　　　　〒000-0000　東京都○○区○○○丁目○番○号
　　　　　　　　　原　　　　告　　○○株式会社
　　　　　　　　　代表者代表取締役　○　○　○　○
　　　　　　　　　（送達場所）
　　　　　　　　　〒000-0000　東京都○○区○○○丁目○番○号
　　　　　　　　　○○法律事務所
　　　　　　　　　原告訴訟代理人　弁護士　○　○　○　○
　　　　　　　　　TEL　00-0000-0000　FAX　00-0000-0000
　　　　　　　　　〒000-0000　東京都○○区○○○丁目○番○号
　　　　　　　　　被　　　　告　　○○株式会社
　　　　　　　　　代表者代表取締役　○　○　○　○

審決取消請求事件

請求の趣旨

1．特許庁が平成○年審判第○○○○号事件について平成○○年○月○日にな した審決を取り消す
2．訴訟費用は被告の負担とする
との判決を求める。

請求の原因

1．特許庁における手続
(1) 本件特許権の表示

原告は，下記特許発明について特許権（以下，「本件特許権」という。）を有している。

  出願日　　　昭和〇〇年〇月〇日
  登録日　　　平成〇〇年〇月〇日
  登録番号　　特許第〇〇〇〇〇号
  発明の名称　〇〇〇〇

(2)　無効審判請求

　被告は，平成〇年〇月〇日，本件特許権につき下記の理由により特許法29条1項又は2項に該当するので，特許法123条1項2号による無効原因がある旨主張して無効審判請求を行った（事件番号　平成〇年審判第〇〇〇〇号事件）。

(3)　特許庁の審決

　特許庁は上記審判事件につき，平成〇年〇月〇日に「登録第〇〇〇〇号の発明についての特許を無効とする。審判費用は被請求人の負担とする」との審決を行った（甲第1号証）。

2．審決の理由の要点

　特許庁の審決の理由の要点は以下のとおりである。

① 本件特許の出願前に公開された昭和〇〇年特開第〇〇〇〇〇号の公開特許公報（甲第2号証）によると，以下のような技術が開示されている。
（本件特許の技術範囲の説明）

② 上記公開特許公報の開示技術と，すでに出願当時公知となっていた「〇〇〇〇」（甲第〇号証）に記載された公知技術に基づけば，本件特許発明の技術分野における通常の知識を有する者が本件特許発明を容易にすることができると認められるから，本件特許権には特許法123条1項2号，同29条2項の無効原因がある。

3．審決の取消理由

　上記審決には，以下のような違法事由がある。

　上記審決引用の「〇〇〇〇」（甲第〇号証）が，出願時すでに公知となっていたとはいえない。

　よって，同文献に記載されていた技術が公知であることを前提に，本件特許

343

発明の技術分野における通常の知識を有する者（以下，「当事者」という。）が，本件発明を容易に行いえたとする上記審決の事実認定は事実誤認に基づく違法がある。

　したがって，上記審決には特許法29条2項の解釈を誤った違法がある。

4．よって，原告は特許庁のなした上記審決の取消しを求めて本訴に及んだ。

証拠方法

1．甲第1号証　　特許庁が平成○年審判第○○○○号事件につき，平成○年○月○日になした審決の謄本（写し）
2．甲第2号証　　上記審決に引用された昭和○○年特開第○○○○○号の公開特許公報（写し）
3．甲第3号証　　引用文献が初めて掲載された書籍の抜粋（写し）
4．甲第4号証　　上記書籍の発行日に関する証明書（謄本）

添付書類

1．甲号証（写し）　　各1通
2．委任状　　　　　　1通
3．資格証明　　　　　1通

国家賠償訴訟（不作為の違法） 第13章

> ＜事案＞
> Xは、九州に存在した鉄道トンネルで粉じん作業に従事していたが、じん肺に罹患した。そこで、Xは国に対し、「じん肺の発生・増悪を防止するため、規制権限の行使を怠ったのは違法である」として国家賠償法1条1項に基づく損害賠償を求めた。

【設問】
(1) じん肺法が規制する疾病の範囲はどのようなものか。
(2) 国家賠償訴訟の要件はどのようなものか。
(3) 国の規制制限の根拠法は、規制対象者以外の第三者との関係で、国家賠償法上、違法となるか。
(4) 監督権限の不行使は裁量問題と考えられるが、その保護範囲はどのように考えればよいか。

【論点】
① 規制権限不行使が違法となる要件
② 権限不行使と損害賠償との因果関係

【関係法令】
・国家賠償法1条1項
・じん肺法42条
・労働安全衛生法88条〜100条
・鉱山保安法30条

【参考判例】
・最判平成16・4・27民集58巻4号1032頁

> 解説

I じん肺法の疾病

　粉じんを吸入すると肺の中に粉じんが吸着し、繊維増殖性変化が発生する。これは、不可逆性を有し、肺機能に重大な支障を与える症状となる。これが、じん肺とよばれる疾病である。金属鉱山における粉じん吸入による疾病は、けい肺とよばれるが、昭和35年3月にけい肺を含む粉じん吸入による疾病を広く対象としてじん肺法が制定された。

II 国家賠償訴訟の要件

1 国家賠償法1条訴訟の要件

(1) 公権力の行使

　国家賠償訴訟(以下、「国賠訴訟」という)とは、国または公共団体の公権力の行使に関する損害賠償の責任を追及する訴訟である。「公権力の行使」とは、国または公共団体の作用のうち、純粋な私経済作用と営造物の設置または管理作用を除くすべての作用のことであると解釈するのが通説・判例である(最判昭和62・2・6判時1232号100頁)。

　下級審判例の中には、国会議員の立法行為も立法内容が憲法の一義的な文言に違反しているにもかかわらず、当該立法を行った場合公権力の行使に該当するとするものがある(神戸地判平成18・12・1判時1968号18頁)。

(2) 公務員

　国家賠償法上の公務員概念は、「発生した損害の塡補責任を国に帰せしめるための媒介人」であり、「その者の行為の結果について国に責任を負わせるべき者」である。国家公務員法や地方公務員法上の公務員はもとより、広く公権力の行使を委託されていれば、それが民間人であっても、国家賠償法上は公務員とされる。

　したがって、国家公務員および地方公務員法上の公務員のみならず、弁護士会の懲戒委員会委員も含まれる。

(3) 職務関連性

　国家賠償法1条は、「職務を行うについて」行われた公務員の違法行為について賠償責任を認めている。

　職務行為そのものでなくても、客観的にみて職務の外観を備えている行為も「職務を行うについて」(職務行為関連性要件)に含まれる(最判昭和31・11・30民集10巻11号1502頁)。

(4) 故意・過失

　国家賠償法1条は、公務員の「故意・過失」を損害賠償の要件としている。代位責任説(最判昭和30・4・19民集9巻5号534頁)によれば公務員の故意・過失の認定が必要となる。同条はまた「違法性」を賠償責任の要件とする。故意・過失は、主観的要件であり、違法性は、客観的要件である。

　公権力の行使をなした公務員の故意・過失が国家賠償請求の要件とされる。

(5) 違法性

　国家賠償法1条は、違法性を賠償責任の要件としている。違法とは法に違反することであるが、裁量濫用も違法である。

　判例は、公務員の職務行為を基準として違法な加害行為の有無を判定し、公権力の発動要件の欠如を要件としない(最判昭和61・2・27民集40巻1号124頁)。また、判例は公務員自身が行う責任を国等が代位して負担するものと考えている(最判昭和44・2・18判時552号47頁)。

2　国家賠償法2条訴訟の要件（公の営造物の瑕疵）

国家賠償法2条1項は、「公の営造物」の「設置又は管理に瑕疵」があったため他人に損害を生じたときに、国または公共団体の賠償責任を定めている。

国家賠償法2条にいう「公の営造物」とは、道路や河川の堤防などである。

公の営造物の設置・管理の瑕疵については、無過失責任に近い責任が認められている（最判昭和45・8・20民集24巻9号1268頁）。

公物営造物については公務員に注意義務違反がなくとも、その設置管理に欠陥があれば賠償責任が認められる（最判昭和56・7・16判時1016号59頁）。

判例は、道路管理者に不可能に近い管理を要求しており、国家賠償法2条は危険責任と理解されている（最判平成7・7・7判時1544号18頁）。

なお、国家賠償法2条にいう「瑕疵」とは「通常有すべき安全性の欠如」のことである（最判昭和50・7・25民集29巻6号1136頁）。

III　行政庁の規制権限不行使

1　行政庁の権限不行使によって被害を受けた第三者の原告適格

行政庁の権限行使の根拠法令の保護範囲が問題となる。規制権限を定めた法令が当該第三者の利益をほぼ直接的な目的としている場合には、当該第三者の原告適格が認められる。

事案においては、じん肺法は労働安全衛生法の特別法であり、粉じん作業所の労働者の生命・身体に対する危害防止を主要な目的としているから、Xには原告適格が認められる。

国家賠償請求訴訟における原告適格は現に損害を被った者が提起するのであるから、抗告訴訟が損害を被る可能性がある者を提起するのと異なり、広

く原告適格が認められる。

2 規制権限不行使と行政裁量

規制権限を有する官庁の権限不行使が違法となる場合がある。じん肺患者の訴訟事件である最判平成16・4・27民集58巻4号1032頁は、次のとおり判示している。

(1) 裁量権不行使の違法

「国又は公共団体の公務員による規制権限の不行使は、その権限を定めた法令の趣旨・目的や、その権限の性質等に照らし、具体的事情の下において、その不行使が許容される限度を逸脱して著しく合理性を欠くと認められるときは、その不行使により被害を受けた者との関係において、国家賠償法1条1項の適用上違法となる」。

(2) 省令制定権限と改正義務

「通商産業大臣の鉱山保安法に基づく保安規制権限、特に同法30条の規定に基づく省令制定権限は、鉱山労働者の労働環境を整備し、その生命・身体に対する危害を防止し、その健康を確保することをその主要な目的として、できる限り速やかに技術の進歩や最新の医学的知見等に適合したものに改正すべく、適時に且つ適切に行使されるべきものである」。

(3) 省令改正権限不行使とじん肺被害拡大の因果関係

「通商産業大臣は遅くとも昭和35年3月31日のじん肺法成立のときまでに……じん肺に関する医学的知見及びこれに基づくじん肺法制定の趣旨に治った石炭鉱山保安規則の内容の見直しをして、石炭鉱山においても衝撃式さく岩機の湿式型化やせん孔前の散水の実施等の有効な粉じん発生防止策を一般的に義務付ける等の新たな保安規制措置を採った上で、鉱山保安法に基づく監督権限を適切に行使して上記粉じん発生防止策の速やかな普及、実施を図るべき状況にあったというべきである。そして、上記の時点までに上記の保安規制の権限（省令改正権限等）が適切に行使されていれば、それ以降の炭坑労働者のじん肺の被害拡大を相当程度防ぐことができたものということが

できる」。

3　規制権限不行使と作為義務

　規制権限を有する行政庁の権限不行使が違法とされるためには、具体的事情の下において適切な権限行使の義務の発生を前提とする。裁量の幅が収縮し、必ず規制権限を行使しなければならないとする具体的事情が特定されなければならない。本件事案において、粉じんが発生する作業所において、「乾式削岩機の使用」や「作業前散水が行われていない」や「防じんマスクが使用されていない」とする具体的事情があれば、「湿式削岩機の使用」、「作業前散水」、「防じんマスクの使用」を命ずる等の規制権限行使がなされていなければ、行政庁の権限不行使が違法となる。

仮の救済申立事件（運賃認可却下処分） 第14章

> ＜事案＞
>
> 　K社は、平成21年1月30日から、Q交通圏において、一般乗用旅客自動車運送事業（以下、「タクシー事業」という）の許可を受け、タクシー事業を営んでいた。また、K社は、平成21年1月30日から、1.2キロまでの初乗り運賃を500円とする条件で、初乗り運賃額の認可を得ていた。K社は、同年10月13日に、平成22年1月21日の認可期限後の運賃の設定に関して初乗り運賃額を500円にして認可を申請した。運輸局長は、初乗り運賃の査定額が570円であるとして、同申請を却下した。Q交通圏では、他のタクシー事業者は初乗りを570円と定めて運送事業を行っているが、K社では初乗り運賃を500円（1.2キロまで）で十分黒字経営ができており、これを証明する証拠を運輸局長へ提出していた。

【設問】

後記参考判例である福岡地方裁判所の決定を参考にして、以下の設問に答えよ。

(1) 初乗り金額の認可基準はどのようなもので、行政庁の裁量を認めるものか。

(2) 査定基準の本来的算定方法によらないで原価および収入を査定することは認められるか。

(3) 審査基準である本来的査定方法は合理的か。

(4) 事案において、仮の救済を申し立てるとすれば、どのような申立てが可能で、K社は仮救済の要件を具備しているというためには、裁判所に対してどのような主張をなすべきか。

【論点】

① 実績原価を使用しないことは許されるか。予測原価の正確性はどのように証明されるか。
② 社員別実績値はあるか。
③ 実績原価と予測原価のいずれか高いほうを採用するべきか。
④ 裁判所は処分後の実績値を採用できるか。採用データは処分時か判決時か。

【関係法令】

- 道路運送法9条の3第1項・2項、8条4項、88条2項
- 道路運送法施行令1条2項
- 法制定附則2、特定地域における一般乗用旅客自動車運送事業の適正化及び活性化に関する特別措置法附則5甲
- 審査基準4項、別紙2、別紙4第3の1（平成14年九運公福第47号）

【参考判例】

- 福岡地決平成22・5・12裁判所ウェブサイト（平成22年(行ク)3号）

解説

I　事案でとりうる救済方法

事案においてとりうる3つの訴訟または申立てとしては、まず、①処分行政庁がタクシー運賃の認可申請を却下したことを違法として、却下処分の取消しを求める処分取消訴訟、次に、②行訴法37条の2第1項に基づき、処分行政庁に本件申請の認可を義務付けることを求める認可義務付け訴訟、そして、③行訴法37条の5第1項に基づき、本件申請を認可することを仮に義務

II　福岡地決平成22・5・12裁判所ウェブサイト（平成22年(行ク)3号）の要旨

1　争点1（収入算定に関して）

　収入算定に関して、福岡地方裁判所は、道路運送法は、特定地域における一般乗用旅客自動車運送事業の適正化及び活性化に関する特別措置法制定後においても、「利用者の需要の多様化及び高度化に的確に対応したサービスの円滑かつ確実な提供を促進することにより、輸送の安全を確保し、道路運送の利用者の利益の保護及びその利便の増進を図る」という目的を維持し、事業開始時の免許制ないし需要調整規制を再び採用することをしていないのであるから、新規参入を容易にして、事業者間の競争を促進し、事業者の創意工夫を活かした多様なサービスの提供や事業の効率化、活性化を図り、もって、多様化した利用者の需要に適合し、利用者の利便の確保、向上を図るという立法政策自体に根本的な変更はないのであって、道路運送法9条の3第2項第1号の定める収支採算性に関して、事業者が機動的・弾力的な運賃（特に安価な運賃）等を設定することを著しく困難ならしめるような審査をすることは法の趣旨に反し許されないというべきである、としたうえで、少なくとも、前記のとおり、（処分庁が開業後まもない）平成21年3月度ないし同年5月度の申立人の実績値を平年度の運送収入の査定の基礎から除外しなかったことは、平年度の運送収入につき蓋然性の高い予測を行うといった観点からすると、不適切であったといわざるを得ない、とし、さらに、運送収入の査定については、処分行政庁に一定の裁量の余地があることを踏まえてもなお、合理性に疑問がある。そして、平成21年12月度の実績および本件算定方法による平成22年1月度ないし3月度の推計値については、合理的と一応認められるから、処分行政庁が、これを不合理として排斥したことは、その

353

裁量権を逸脱するものと一応いうことができ、本件申請は審査基準公示に基づく条件を付したうえでこれを認可すべきであったというべきである。申立人の事業形態および社歴別輸送実績に照らせば、現時点で社歴の浅い運転手が今後経験を積み、全体として社歴の長い運転手が増えることによって、一定程度の増収が見込まれる、とした。

2 争点2（仮の義務付けの緊急性）

仮の義務付けの緊急性については、本件申請について認可がされない場合、申立人は、原認可に付された期限である平成22年5月24日の経過をもってそのタクシー事業に係る営業を停止せざるを得ないものと考えられるところ、営業停止によって、タクシー運転手である申立人の従業員が減収等を理由に退職するおそれは大きいし、その場合、上記のような教育等を行ってきたことが無為に帰することになり、申立人の営業上の人的基盤が失われることになりかねないとし、また、上記のような申立人の営業方法に照らし、営業停止が、会員となった顧客や予約をして申立人のタクシーを利用してきた顧客に対する営業上の信頼関係を直ちに毀損するものであることも明らかである、と判示している。

3 争点3（公共の福祉に重大な影響を及ぼすおそれ）

公共の福祉に重大な影響を及ぼすおそれについては、相手方は、本件申請を認可した場合、過当競争を防止して輸送の安全を確保しようとした道路運送法9条の3の趣旨に反する認可がなされることによって、認可制度の運用が混乱すると主張する。しかし、個別の事情の下に、単独の案件である本件申請の認可を仮に義務付けたとしても、直ちに運賃認可制度の運用に重大な混乱が生じると認めがたいし、そもそも申立人は平成21年1月30日の開業以来、初乗り運賃を500円と設定してタクシー業を行っているところ、これによって実際に過当競争が生じたり、輸送の安全が害されたりしたという主張および疎明はなされていないのであるから、現行運賃によるタクシー業の継

続を認めることによって、公共の福祉に重大な影響を及ぼすおそれがあるとはいえない。

III　代理・委任・専決・代決

　タクシー料金の変更の認可は国土交通大臣の権限に属するが、道路運送法88条2項および同法施行令1条2項により地方運輸局長に委任されている。委任庁と受任庁の関係は次のように分類される。
① 「代理」は、委任庁に権限を残したまま、代理行政庁の行為の効果は、委任庁に帰属する。
② 「委任」は、権限自体が受任行政庁に移り、受任行政庁の行為の効果は、受任行政庁に帰属する。
③ 「専決」は、権限を補助機関の裁決に委ね、補助機関が承認したら、行政庁の決定とするのが専決である。専決は、対外的に行政庁の決定と示され、事務処理に関するものに限定される点で権限の代理や権限の委任と異なる。
④ 「代決」は、行政庁の不在の場合に補助機関が行政庁の名において臨時的に決定するものである。

IV　認可申請を却下したことは処分に該当するか

　処分性とは、取消訴訟の対象とされた行政行為が「行政庁の処分その他公権力の行使」（行訴3条2項）にあたることをいい、取消訴訟の訴訟要件の1つである。
　どのような行政行為に処分性が認められるかが問題となるが、取消訴訟の意義は、不当な行政行為により形成された国民の権利義務を解消し、国民の正当な利益を保護することにある。
　そうであれば、国民の権利義務を形成するわけではなく、その利益を侵害

するおそれのない行為は取消訴訟の対象とする必要がない。

　そこで、処分性は、行政庁の法令に基づく行為のすべてではなく、原則として、国または地方公共団体の行為のうち、直接国民の権利義務を形成し、またはその範囲を確定することが法律上認められているものにのみ認められるものとされている（最判昭和39・10・29民集18巻8号1809頁）。

　本事案においては、道路運送法9条の3第1項の申請に対する認可がなされなければ、事業者が設定した運賃または料金によって営業することができず、また、営業を継続した場合に、同法98条3号に該当し、100万円以下の罰金に処せられることから、申請に対する却下は、直接国民の権利義務を形成しているものといえる。

　したがって、本事案における申請の却下にも処分性が認められる。

　問題は、国民に申請権が認められていない場合に、申請への応答としてなされた「却下通知」、「棄却通知」、「理由のない旨の通知」、「拒否通知」などの処分性である。行政実体法によって、国民の権利・義務が法律によって自動確定しているのなら、行政庁の判断が国民に対してなされた表明や通知は処分ではない。行政実体法が国民の権利・義務の確定に行政処分を関与させていないからである。

V　仮の義務付け制度

1　積極要件

　仮の義務付けが認められるための積極要件としては、①義務付け訴訟または差止訴訟の提起があった場合（本案提起要件）に、②償うことのできない損害を避けるために緊急の必要があり（償うことのできない損害要件）、③本案について理由があるとみえる（本案理由要件）ことが、必要とされる（行訴37条の5第1項）。

2　消極要件

公共の福祉に重大な影響を及ぼすおそれがあるときには、仮の義務付けは認められない（行訴37条の5第3項。公共の福祉要件）。

3　行政事件訴訟法25条2項——執行停止の要件との違い

仮の義務付けのための要件は、執行停止（行訴25条2項）の要件との類似性があるが、執行停止にあたっては、「(重大な損害を避けるため緊急の必要があるとき」（重大な損害要件と緊急性要件）が必要とされている。

4　義務付け訴訟の2類型

義務付け訴訟には、①非申請型義務付け訴訟（行訴3条6項1号、37条の2）と②申請満足型義務付け訴訟（同法3条6項2号、37条の3）の2類型がある。

①非申請型義務付け訴訟とは、当該処分につき申請権を有しない国民が、環境に悪影響を及ぼしている事業者に対する行政規制権限の発動を求めるようなパターンであり、②申請満足型義務付け訴訟とは、申請をして、当該申請が拒否された場合、あるいは申請に対する応答がない場合に、申請者から一定の処分の義務付けを求めるというパターンをいう。

Ⅵ　申請に対する処分と審査基準と証拠資料

1　審査基準と裁量の公正性確保

申請に対する処分について、行政庁は審査基準を定めるものとされ（行手5条1項）、この審査基準はできる限り具体的なものでなければならず（同条2項）、かつ、当該申請の提出先とされている機関の事務所における備付けその他適当な方法により審査基準を公にしておかなければならない（同条3

357

項）としている。

　これは、行政庁の処分のうち、国民が行う申請に対して許認可等をするかどうかを決する処分を判断するために必要とされる基準（審査基準（行手2条8号ロ））を、行政庁が具体的にこれを定め、かつこれを公表することによって、行政庁による法令の解釈・適用に際しての<u>裁量の公正性</u>を確保し、もって行政過程の透明性の向上を図るためである。

2　審査基準の合理性

　本事案において、審査基準の合理性が問われる。本事案における審査基準は、適正な原価の算定方法を定めたルールであるが、前掲福岡地決平成22・5・12では、これによって算定された実績値と推計値の合理性が問題となった。「原価算定基準」と「原価を証明する証拠資料」とは、区別しなければならない。タクシー会社の事業に関連する人件費等のコスト（原価）の実績値を合理的に考慮するならば、実績値のみならず、合理的な売上推計値も考慮されるべきといえよう。

Ⅶ　タクシー会社の売上実績の選択基準時

1　売上推移

　前掲福岡地決平成22・5・12におけるタクシー会社（事案におけるK社）の売上推移は〔図16〕のとおりであった。

2　タクシー会社側の主張

　タクシー会社側は、以下のとおり主張し、運輸局の査定基準は、新規参入業者に対する基準としては不合理であるとしている。
　① 開業からまもない売上が低い頃の実績（平成21年3月〜11月）を査定に使用することは、著しく過少評価である。

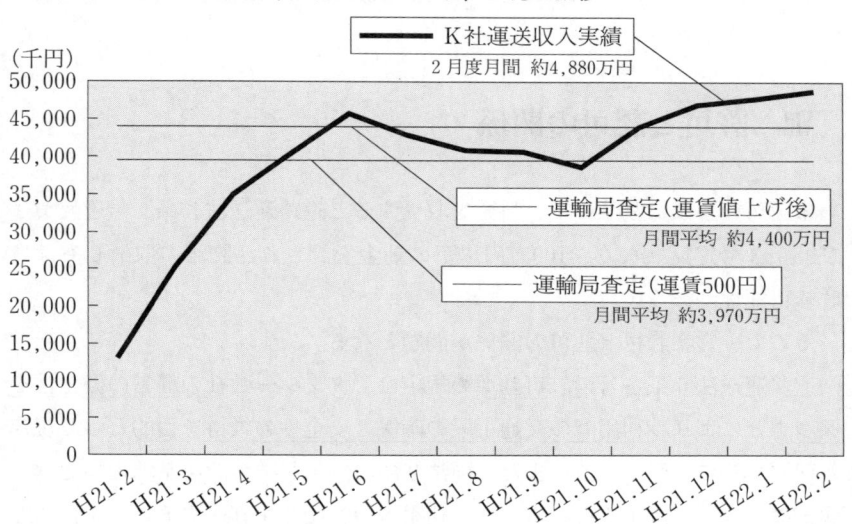

〔図16〕 タクシー会社（事案におけるＫ社）の売上推移

(千円)
Ｋ社運送収入実績
2月度月間 約4,880万円
運輸局査定(運賃値上げ後)
月間平均 約4,400万円
運輸局査定(運賃500円)
月間平均 約3,970万円

H21.2 H21.3 H21.4 H21.5 H21.6 H21.7 H21.8 H21.9 H21.10 H21.11 H21.12 H22.1 H22.2

② その後も業績は伸び続け（平成21年12月〜22年4月）、すでに運輸局の売上査定ラインを超えている。

③ タクシー会社のグループ各社（全国に8社）も新規参入時には、開業から半年間は急激に上昇し、その後1〜2年かけて緩やかに成長している。

3 運輸局側の主張

一方、運輸局側の主張は、以下のとおりである。

① 収入算定の基礎とする実績値の範囲について、平成21年3月期以降の実績値を全く考慮せずに、直近2、3カ月の金額のみを考慮する合理的理由が見出せない。

② 12月は、季節として1年間で最も収入が多くなる時期で、Ｑ市内のタクシー事業者の収入は、月度ごとに季節波動による振幅があるため、収入の動向は1年間に近い期間の実績値全体をみて総合的に判断すべきである。

③　よって、平成21年3月～11月（9ヵ月間）の実績値を査定の基礎にするべきである。

Ⅷ　許可と認可の関係

　未認可のままで営業して、料金を収受すると道路運送法40条1号違反および98条3号違反となり、100万円以下の罰金を課され、許可の取消しもなされる可能性がある。

　そこで、営業許可と認可の関係が問題となる。

　道路運送法6条各号の許可基準の規定は、タクシー会社の経営の健全性を保つことにより、利用者の交通手段の確保と安全性の維持を目的とした規定と理解することができる。また、同法9条の3第2項の認可基準の規定は、適正な料金を維持することにより、利用者の利便性を確保することを目的とした規定と理解することができ、利用者保護という観点から、同一目的の規定であると考えられる（道路運送法1条参照）。

　また、料金未認可のまま営業すると、営業許可を取り消される可能性があることから、両処分の間には密接な関連性があるといえよう。

　一方で、国土交通省が定める料金を適用するのであれば、届出で済む（道路運送法9条の3第3項）場合もあるが、届出料金額は、タクシー会社の経営の健全性を保つ金額といえる。両処分の間には、密接な関係があるものの、別個独立した関係であるが、「タクシー会社の経営の健全性を保つこと」という処分要件は共通である。この処分要件を具備しなければ、許可も認可も違法となる。

Ⅸ　認可基準の合理性

　国土交通省令で定める料金については、届出だけで済み、認可は不要である。同省令で定める以外の料金については、認可が必要である。事案におい

て、認可基準に抵触するのは、道路運送法9条の3第2項3号（不当な競争の制限）と思われる。審査基準は、前掲福岡地決平成22・5・12の仮決定書添付の別紙1の中に表示されている。

憲法訴訟（選挙権） 第15章

> ＜事案＞
>
> 　平成10年5月6日以前の公職選挙法は、国外に居住する日本人に国政選挙において選挙権行使の機会を保障していなかった。
>
> 　Xは、年齢満20年以上の国民であるが、3ヵ月以上引き続いて日本国外に居住しているため、日本国内で住民基本台帳に登録されていない。このため、Xは、選挙人名簿に登録されておらず、平成10年5月6日以前において、衆議院議員および参議院議員の選挙権を行使できない。

【設問】

　Xは、国政選挙において、選挙権を行使するため、どのような訴訟を提起すればよいか。

【論点】

① 　立法の違法確認訴訟の要件はどのようなものか。
② 　立法の不作為は国家賠償法上、違法となるか。

【関係法令】

・公職選挙法19条、21条、42条

【参考判例】

・最大判平成17・9・14民集59巻7号2087頁

解説

I　選挙権

　憲法前文は、主権が国民に存することを宣言し、また、国民は正当に選挙された国会における代表者を通じて行動するとしている。
　そして、両議院は全国民を代表する選挙された議員で組織し（憲法43条1項）、両議員の選挙人の資格は法律で定めるが、人種、信条、性別、社会的身分、門地、教育、財産または収入によって差別してはならないとしている（同法44条）。
　また、憲法は、公務員の選定・罷免が国民固有の権利であり（憲法15条1項）、公務員の選挙について成年者による普通選挙を保障し（同条3項）、また、国民が法の下に平等である（同法14条1項）としている。

II　市民的及び政治的権利に関する国際条約

　市民的及び政治的権利に関する国際条約（1979年9月21日、日本国について発効。以下、「人権規約」という）は、25条において、「すべての市民は、第2条に規定するいかなる差別もなく、かつ、不合理な制限なしに、次のことを行う権利及び機会を有する」としたうえで、「(a)直接に、又は自由に選んだ代表者を通じて、政治に参与すること、(b)普通かつ平等の選挙権に基づく秘密投票により行われ、選挙人の意思の自由な表明を保障する真正な定期的選挙において、投票し選挙されること、(c)一般的な平等条件の下で自国の公務に携わること」と定めている。

III　公職選挙法の規定

　憲法44条の規定を受けて、選挙人の資格は公職選挙法で定められている。
　公職選挙法は、「日本国民で年齢満20年以上の者は、衆議院議員及び参議院議員の選挙権を有する」（同法9条1項）と規定し、日本国民全員について選挙権を保障している。
　また、公職選挙法は、いわゆる永久選挙人名簿をおくこととし（同法19条1項）、「市町村の選挙管理委員会は、選挙人名簿の調製及び保管の任に当たるものとし、毎年3月、6月、9月及び12月（第22条第1項及び第23条第1項において『登録月』という。）並びに選挙を行う場合に、選挙人名簿の登録を行うものとする」（同条2項）と定める。そして、前記公職選挙法9条1項の規定にもかかわらず、「選挙人名簿又は在外選挙人名簿に登録されていない者は、投票をすることができない」（同法42条本文）と規定している。
　平成10年5月6日以前の公職選挙法には、在外選挙人名簿の登録制度がなく、「選挙人名簿の登録は、当該市町村の区域内に住所を有する年齢満20年以上の日本国民……で、その者に係る当該市町村等……の住民票が作成された日……から引き続き3箇月以上登録市町村等……の住民基本台帳に記録されている者について行う」（同法21条1項）とされているために、3カ月以上日本に居住せず（旅券法16条参照）、住民基本台帳に記載されていない者は、日本国民であっても、投票することができなかった。
　したがって、海外に在住し、住民基本台帳に記録されていない日本国民は、たとえ選挙日に日本に帰国したとしても、投票できないことになる。
　このように、在外選挙人名簿制度を欠いていた公職選挙法は、海外に在住する日本国民については、選挙権を行使できない状態においていた。国民主権を支えるものとして憲法が保障する参政権を、憲法の下位法である公職選挙法が実質的に剥奪していたといえよう。
　本件事案は、在外選挙人名簿制度を欠き、在外日本人について、国政選挙

における選挙権行使を認めていない旧公職選挙法が施行されている時代の事例である。

IV　違憲性

前記のとおり、憲法および人権規約は、すべての国民ないし市民に平等の普通選挙を保障したものであるから、海外に居住し、選挙人名簿に記録されていない日本国民に選挙権を行使させない旧公職選挙法の規定（以下、「本件制限規定」という）が憲法違反および人権規約違反であることは明らかである。

V　立法裁量

海外在住の日本国民に選挙権の行使を認めるにあたっては、選挙区の割り振りや、投票の方法などついて、日本国内に居住する日本国民の場合と比較して問題がある。

前記のとおり、選挙権は国民主権を支える最も重要な権利であり、これを制限ないし否定するためには、国家の側にやむにやまれぬ利益が存在しなければならず、かつ、その制限ないし否定は、上記利益を達成するに必要な最小限のものでなければならない。すなわち、選挙権を制限する規定の適法性（憲法適合性および人権規約適合性）を判断するにあたっては、表現の自由に対する直接の制約の場合と同じく「厳格な基準」（最判平成元・3・8民集43巻2号89頁、94頁参照）が必要とされるというべきである。前述のように、選挙権は国民主権の原理そのものから導かれる最も重要な権利であり、この否定は主権が国民に存在することを否定するに等しい。しかも、選挙権が否定される場合には、「正当に選挙された国会における代表者を通じて行動」（憲法前文）すること自体ができないのであるから、海外に在住する日本人にとっては、司法による救済に頼らざるを得ないのである。国会に対して自

らの意見を反映することができないという状態は、表現の自由に対して制約が加えられている場合と同じく、民主制の過程そのものに歪みが存在する場合なのである。そのような制約をもたらす法令ないし措置について国会の裁量を広く認めることはできず、その適法性は厳格な基準によって審査されるべきである。

VI 主張責任

　厳格な基準が適用される場合には、対象となる法令ないし措置が合憲であることの立証責任は国の側に存する。したがって、事案においては、海外在住の日本国民に選挙権を否定するについて、やむにやまれぬ利益があり、かつ、本件制限規定における否定は、その利益を達成するに必要な最小限のものでなければならないことの立証責任は被告国の側にある。被告国がこの責任を果たさない限り、本件制限規定は違法（憲法および人権規約違反）と判断されなければならない。

VII 必要最小限度の制限

　海外に在住しているという一事によって選挙権の行使を全面的に認めない本件制限規定については、憲法ないし人権規約のレベルでこれを適法とさせる利益は存在しない。しかも、本件制限規定が保護しようとする利益が何であるにせよ、選挙権行使の全面的否定という現行の制度が、この利益を達成するための必要最小限度の制限でないことは明らかである。

　したがって、海外に居住して住民基本台帳に記録されていない年齢20年以上の日本国民に衆議院議員および参議院議員の選挙権の行使を認めていない本件制限規定は、憲法14条１項、15条１項・３項および44条並びに人権規約25条に違反する。

VIII 比較法

「外国の立法」(33巻 3 号［1995年］、国立国会図書館調査立法考査局発行) に示されているとおり、米国、イギリス、フランス、ドイツ、カナダ、スイス、オランダ、スウェーデン、オーストラリアなどの各国で、いずれも在外投票制度が認められているのであり、このことは、国外に居住する自国民に対して選挙権を否定することが国民主権に反するものであることを、少なくとも先進国が一致して認めていることを示している。

さらに、先進国における上記のような現状は、通信技術の発達、多様な投票方法の考案等によって居住性の要件が不要になっていることを示しているのであり、これらの各国で在外投票制度が適正に運営されていることは、技術的困難を理由として本件制限規定を適法視することもできないことを示している。

したがって、諸外国の例をみても、在外者に選挙権の行使を認めない本件制限規定が違憲であることは明白である。

IX 当事者訴訟の提起

1 立法の違法確認

海外に居住し、住民基本台帳に記録されていない年齢満20年以上の日本国民に衆議院議員および参議院議員の選挙権の行使を認めていない本件制限規定は、憲法14条 1 項、15条 1 項・ 3 項および44条並びに人権規約25条に違反するものであるから、事案におけるXは、同法がこの点について違法であることの確認を求めることができる。

Xは、日本国外に居住しているという点において、他の国民と区別された地位に基づき、選挙権を行使できないという不利益を被っているから原告適

格を有する。
　そして、本訴によって違法が確認されると、関係行政庁ないし立法府は判決の趣旨に従って所要の措置をとるものであるから（行訴33条1項・2項、38条1項参照）、Xらは、違法の確認を求めるについて確認の利益を有する。
　したがって、本件制限規定が憲法および人権規約に違反していることの確認を求める訴えは、当事者訴訟として許容されるべきものである（最判昭和51・4・14民集30巻3号223頁参照）。
　ある立法が違法（憲法ないし条約違反）であることを確認することは、立法府に対して特定の内容の立法を強制するものではない。法律がある点において違法であることが確認されたとしても、それを解消する方法は多数存在する。どのような解消方法を選択するかは立法府に任せられる事項である。在外投票を認めないことが憲法および人権規約に違反するとの判断が下された場合に、これを解消するための具体的方策は多種多様である。在外者に共通する海外選挙区を認めるか否か、在外選挙人名簿を作成するか否か、郵便投票にするか、在外公館での本人投票にするかなど、選択肢は多く考えられるのであり、現実の在外投票の方法としてこの中のいずれを選択するかは立法裁量に属するといえよう。
　義務付け訴訟の場合は、行政庁に対して特定の行為をなすよう裁判所が命じるものであり、これが可能となるためには行政庁の一次的判断を重視する必要がないことが必要であるとして、「一定内容の作為をなすべきことが法律上二義を許さないほど特定していること」が必要とされる。これに対し、違法確認訴訟の場合は、行政庁ないし立法府の判断を尊重し、違法を確認するだけである。
　裁判所がある法律を特定の点について違法（憲法違反ないし条約違反）であると確認しても、そのことは、違法の是正のために特定の措置をとることを命じるものではなく、三権分立を侵すものではない。

2　損害賠償請求

　本件事案におけるＸは、前記のとおり違法な公職選挙法の規定によって、以前に行われた衆議員議員選挙に投票することができなかった。

　前掲平成17・9・14は、この点、国外に居住する日本国民について選挙権の行使の機会を確保するための公職選挙法の一部改正法案が昭和59年に提出されながら、昭和61年6月に廃案になって以降、何らの手当てもされてこなかったことを考慮すれば、その後の選挙までに公職選挙法の規定を改正しなかった点について、立法府の少なくとも過失があることは明らかであるから、被告国は、これによって原告らに生じた損害を賠償する義務を負う（国賠1条1項）としている。

　すなわちＸの損害賠償は認められることになる。

　成年の国民に対して、等しく国政選挙の選挙権が与えられるべきことは憲法および人権規約が何らの留保もおかずに規定しているものであるところ、本件制限規定が、憲法および人権規約のこの一義的な文言に違反していることは明らかである。

　国会は、本件制限規定が憲法および人権規約に違反することを知りながら、あえてその改正を実施してこなかったというべきであり、本件事案はまさに「国会があえて違法の立法を行うというごとき例外的な場合」にあたるといえよう。

　Ｘらは、公職選挙法が、日本国外に居住し選挙人名簿に記載されていない年齢満20年以上の日本国民であるＸらに衆議員議員および参議院議員の選挙権の行使を認めていない点において違法（憲法14条、15条1項、3項および44条並びに人権規約25条違反）であることを確認することを求めることができる。また、Ｘらは、同法の結果、すでに行われた衆議員議員選挙で投票できなかったことによる慰謝料として損害賠償金の支払いを国に求めることができるものといえる（前掲最判平成17・9・14参照）。

憲法訴訟（部分社会） 第16章

> ＜事案＞
> 　K市のM自治会は、地方自治法260条の2第1項に定める住民組織で認可地縁団体であるが、赤い羽根共同募金・緑の募金・小中学校後援会などの寄付金にあてるため、定期総会で、年会費を6000円から8000円に増額する決議をなした。

【設問】
　M自治会の上記総会決議は、憲法に照らし、問題はないか。

【論点】
① 自治会の法的性格はどのようなものか。
② 部分社会に憲法の保障が及ぶか。
③ 社会福祉法は寄付の強制禁止の条項を設けているが、上記総会決議は同条項に違反するか。

【関係法令】
・憲法19条、21条、22条
・民法90条
・社会福祉法113条、116条
・緑の募金法16条
・地方自治法260条の2

【参考判例】
・大阪高判平成19・8・24判時1992号72頁

・最判平成 8・3・19民集50巻 3 号615頁
・最判平成14・4・25判時1785号31頁

> 解説

I　自治会の法的性格

　町内会・自治会とは、「原則として一定の地域的区画において、そこで居住ないし営業するすべての世帯と事業所を組織することをめざし、その地域的区画内に生ずるさまざまな問題に対向することをとおして、地域を代表しつつ、地域の管理に当たる住民組織」を指す。

　このような町内会・自治会は、認可地縁団体となれば、それぞれの規約に定める目的の範囲内で権利義務を享有することができる（地自260条の 2 第 1 項）。しかし、このような認可団体は「公共団体その他の行政組織を意味するものと解釈してはならない」と規定されている（同条 6 項）。

　また、地方自治法260条の 2 第 7 項において認可を受けた地縁団体は「正当な理由がない限り、その区域内に住所を有する個人の加入を拒んではならない」と規定されている。

　さらに地方自治法260条の 2 第 8 項は認可地縁団体が、「民主的な運営下に、自主的に活動するものとし、構成員に対して不当な差別的取扱いをしてはならない」と定めている。

II　部分社会に憲法の保障が及ぶか

　部分社会とは複数の人の集まりで、内部規範を有する団体のことである。公権力と国民の関係を規定するものとして、特別権力関係論があるが、部分社会論は私的な団体と個人の関係も含むものである。市民社会とは区別され

た自律的な社会・団体、すなわち部分社会における紛争には司法権が及ばないという法理を「部分社会の法理」という。

　しかし、法秩序の多元性を前提とする一般的・包括的な部分社会論は妥当ではなく、それぞれの団体の目的・性質・機能はもとより、その自律性・自主性を支える憲法上の根拠も各団体により異なるので、その相違に即して、かつ、紛争や争われている権利の性質等を考慮に入れて個別具体的に検討しなければならない。

III　参考判例

　私的団体の構成員と団体の活動強制については、南九州税理士会事件（最判平成8・3・19民集50巻3号615頁）と群馬司法書士会事件（最判平成14・4・25判時1785号31頁）および赤い羽根事件（大阪高判平成19・8・24判時1992号72頁）があり、最高裁判所の判断は統一的ではない。

1　南九州税理士会政治献金事件

　南九州税理士会政治献金事件については、第1に税理士会は政治献金をなす権利能力を有するか、第2に税理士会による政治献金目的の特別会費徴収は構成員の思想の自由を侵害しないか、が争点となった。

　税理士会の特別会費徴収決議と構成員の思想の自由という論点については、最高裁判所は、強制加入団体である税理士会の会員には、思想・信条や主義・主張の点で、多数決原理に基づく税理士会の活動やそのための会員への協力義務の要請にも「おのずから限界がある」とし、そのうえで「規制法上の政治団体に対して金員の寄付をするかどうかは、選挙における投票の自由と表裏をなすものとして、会員個人が市民としての個人的な政治思想、見解、判断等に基づいて自主的に決定すべき事柄である」とし、「このような事柄を多数決原理によって団体の意思として決定し、構成員にその協力を義務づけることはできない」とし、政治献金目的の特別会費徴収決議を無効と判示

している（前掲最判平成8・3・19）。

2　群馬司法書士会事件

群馬司法書士会事件においては、阪神・淡路大震災により被災した兵庫県司法書士会に復興支援拠出金を寄付する総会決議について、司法書士会が強制加入団体としても、本件課徴金の徴収は、「会員の政治的または宗教的立場や思想信条の<u>自由を</u>」害するものではないとし、政治的決議ではないと判断した（前掲最判平成14・4・25）。

3　赤い羽根事件

地方自治法260条の2に規定する「地縁による団体」として認可を受け法人格を取得している地域自治会が、定期総会において、赤い羽根や緑の募金等の募金や寄付金にあてる目的で、年会費を6000円から8000円に増額する決議をした。この決議を受けて、役員総務会は、会費増額に反対して支払いを拒否する住民には<u>自治会離脱届の提出を求める旨確認していた</u>。これに対して同自治会の会員である控訴人らは、思想および良心等を侵害するものとして、決議が無効であることの確認と債務不存在を求めて提訴した事案である。

大阪高等裁判所は、原判決を取り消し、募金および寄付金を会費の一部として徴収しようとする場合、これが強制を伴うときは会員の任意の意思決定の機会を奪うものであり、被控訴人は対象区域内の<u>全世帯の88.6％</u>が加入しており脱退の事由は事実上制限されていて、会費を納付しなければ強制的な履行をさせられたり、脱退を余儀なくされるおそれがあるので、本件会費増額名目の募金および寄付金の徴収強制は、社会的に許容される限度を超え、被控訴人の会員の<u>思想、信条の自由を侵害するものであり、公序良俗に反し無効</u>であると判示して、控訴人らの請求をいずれも認容した（前掲大阪高判平成19・8・24）。平成20年4月3日上告棄却により本判決が確定している。

Ⅳ 事案における憲法上の問題

1 憲法19条違反の検討

　寄付をするかどうかは本来個人の自由な意思に委ねられるものであり、その決定は、思想・良心の自由として憲法19条により保障される。しかし、事案の決議は、本来任意に行われるべき寄付を、支払いの義務付けられる会費とすることにより強制するものであり、思想・良心の自由を侵害し違法である可能性がある。

2 憲法21条違反の検討

　共同募金は社会福祉法における社会福祉事業と認められることから（社会福祉法113条）、事案における決議によりこれらの会費を徴収することは、思想・信条上または経済的な理由により加入を希望しないものまで加入したとみなすことになり、憲法21条で保障された結社の自由、団体参加の自由を侵害することになる可能性がある。

3 憲法22条違反の検討

　地方自治法260条の2第7項は、認可を受けた「地縁による団体」は「正当な理由がない限り、その地域に住所を有する個人の加入を拒んではならない」と規定している。
　また、地方自治法260条の2第8項は「民主的な運営の下に自主的な活動をするものとし、構成員に不当な差別的取扱いをしてはならない」と規定している。
　事案における会費徴収を拒絶した会員に対して、不当な差別的取扱いをした場合に、地域に居住する自由を侵害するものとして憲法22条に違反する可能性がある。

V　社会福祉法と寄付の強制禁止

　赤い羽根共同募金は、社会福祉法116条により、また、緑の募金は、緑の募金による森林整備等の推進に関する法律（以下、「緑の募金法」という）16条により、いずれも寄付者の自発的な協力を基礎とするものでなければならないと規定されている。事案における総会決議が社会福祉法116条や緑の募金法16条に違反するかも問題となる。
　上記Ⅳ2のとおり共同募金は社会福祉法における社会福祉事業と認められることから（社会福祉法113条）、本事案のような決議によりこれらの会費を徴収することは、思想・信条上または経済的な理由により募金を希望しない者まで加入したとみなすことになり、憲法21条で保障された結社の自由、団体参加の自由を侵害することになるかが問題となる。

Ⅵ　私人間に憲法の人権規定が適用されるか

　募金および寄付金に応じるかは、各人の思想・信条に大きく左右されるものであり、会員の募金に対する態度、決定は十分尊重されなければならないと思われる。
　したがって、このような会員の態度、決定を十分尊重せず、募金および寄付金の集金にあたり、その支払いを事実上強制するような場合には、思想・信条の自由の侵害の問題が生じ得る。
　しかし、思想・信条の自由について規定する憲法19条は、私人間の問題に当然適用されるものとは解されていない。
　本事案における地域自治会は、地方自治法260条の2に規定する「地縁による団体」として認可を受け法人格を取得しているが、当該認可団体は「公共団体その他の行政組織を意味するものと解釈してはならない」と規定されている（同条6項）ため、自治会は純然たる私的団体と考えられる。

憲法の人権規定は、私人間に直接適用されるのではなく、人権規定は私法上の一般条項の解釈の際に斟酌されるものと解される。

事案においては、事実上の強制の態様等から、社会的に許容される限度を超え、思想・信条の自由を侵害するものとして、民法90条の公序良俗違反として効力を否定されるものと解される。

前掲大阪高判平成19・8・24は、「募金及び寄附金の徴収強制は社会的に許容される限度を超え、被控訴人の会員の思想、信条の自由を侵害するものであり、公序良俗に反し無効である」と判示した。

Ⅶ　部分社会論の根拠

構成員個人がその団体（部分社会）に加入する自由があることが根拠である。個人は団体が独自の処分権を有し、独自の手続に基づき処分することを承認したうえで団体に加入するから事前の同意があるといえる。

また、団体は人的集合体であるから、規律を維持するため、規則や手続を定める必要があり、その手続に一定の合理性がある限り、その手続を承認して団体に加入した者は、その団体の規律や手続に拘束される。

部分社会論を肯定することは、法多元主義を容認することが前提であり、法一元主義の考え方から、部分社会論を肯定することは困難である。しかし、団体自治や結社の自由からも部分社会論を根拠づけることもできる。

国家は全体社会であり、全体社会の一部となる社会を部分社会とよぶが、全体社会の法規範と抵触する部分社会の規範は、全体社会の主要な価値観と相容れない場合、裁判所は全体社会の法規範を部分社会に強制する。部分社会においても、一般市民法秩序との調整や調和が求められる。

Ⅷ　大阪高判平成13・9・21における部分社会論

「社会ないし団体は部分社会と呼ばれることがあるが、その中には政党、

労働組合、宗教団体、学校、地方議会、公益法人等各種各様の団体が存在しており、それぞれ存在理由ないし性格を異にするものであるから、一律に部分社会であることをもって司法権が及ばないものと解釈するべきではなく、その団体の存在理由ないし性格に即して司法権の及ぶ限界を論ずるべきである」とした。

IX　本設問に対する解答

　M自治会は、地域の管理にあたる住民組織として存在し、自律的な団体でいわゆる部分社会といえる。M自治会の活動は会員の自由な判断で加入がなされ、会員はM自治会の会則に従う同意を事前になしているものである。M自治会の年会費増額決議は募金を会員全員に強制するものであり、社会福祉法116条および緑の募金法16条に違反する。これらの法規に反するM自治会の総会決議は同法規違反および公序良俗に反し、無効といえよう。

(参考文献)
橋本基弘「判批」判評596号22頁（判例時報2011号184頁）
中島茂樹「判批」憲法判例百選40事件

● 事 項 索 引 ●

【英数字】

4号訴訟　286
ADR　116

【あ行】

異議申立て　109
異議申立前置　110
意見公募手続　103
移送の特例　195
一般概括主義　112
違反事実の認定　321
違法性の承継　69,221
違法な行政行為　39
医療扶助　256
インカメラ審理　185
ヴォーン・インデックス　187
訴えの利益　84
応訴管轄　231
公の営造物　348
オンブズマン　115

【か行】

解除条件付行政処分説　269
開発許可　156
開発指導要綱　157
確認訴訟　61
確認の訴えの利益　169
確認の利益　160
　　――の判定　160
加算税　70
瑕疵　348
課税減免要件の委任　300
仮の義務付け　28,252

　　――の緊急性　354
　　――の申立てが認容される要件　254
仮の義務付け決定　89
　　――の要件　268
仮の差止め　28,252
仮の差止め決定　89
環境基準　63
監査請求の期間制限　285
機関訴訟　31
規制的行政指導　167
羈束行為　156
　　――の濫用審査　9
既判力　245
　　――の客観的範囲　245
　　――の主観的範囲　245
義務付け訴訟　155
　　――の要件　234
義務付けの訴え　25,252
却下判決　90
客観訴訟　7,21
客観的併合　59
競願関係　237
狭義の訴えの利益　37,56,58
教示　112,125
教示義務　46
教示制度　280
行政介入請求　123
行政活動の司法審査　9
行政監視　115
行政救済法　2
行政計画の処分性　212
行政行為　36

378

――に基づかない不当利得　94
行政指導　64, 101, 151
行政情報　121
行政情報公開　121
行政指導　165
行政書士の聴聞弁明代理権　106
行政処分　12, 36, 314
　――の違法　72
　――の瑕疵　215
　――の有効期間　319
行政審判　115
行政争訟制度　2
行政相談委員　115
行政訴訟　2
　――の対象　7
　――の判決　90
　――の目的　7
行政訴訟センター　6
行政調査の権限　124
行政庁責任説　261
行政庁の処分　36
行政庁の不作為　271
行政手続条例　105
行政不服申立て　2, 108
行政立法　62
業務起因性要件　263
業務災害保険給付　263
　――の要件　263
業務遂行性要件　263
共有特許権　337
勤務条件条例主義　283
苦情処理　115
形式的確定力　38
原告適格　24, 36, 54, 57
原始的瑕疵ある行政行為に基づく不当

利得　94
原処分主義　23
建築確認　149
建築指導　161
憲法・法律の実施　298
憲法裁判所　8
合意管轄　231
公権力の行使　168, 346
抗告訴訟　10, 21
　――の排他性　87
公序適用問題　129
更正の請求　96
拘束力　67
公定力　22, 38, 221
公定力排除訴訟　22
後発的貸倒損失の発生　95
後発的事由による不当利得　94
公法上の不当利得　94
公務員　347
考慮事項　55, 57, 81
告知・聴聞の法理　97
国民の裁判を受ける権利　3
個人情報　121
国家管轄権　127
国家権力の正当性　3
国家賠償　93
国家賠償訴訟　346
国家賠償法1条の要件　324
国家賠償法上の公務員　347
根拠法解釈説　275

【さ行】

裁決主義　23
裁決取消しの訴え　22
再審査請求　109

事項索引

裁量行為の司法審査　9
差止訴訟　232
差止めの訴え　27
査定系　337
市議会の放棄決議　288
事後届出　103
自己の法律上の利益と関連する主張
　　79
事情決定　113
事情裁決　113
事情判決　90
事前届出　103
執行停止　56,58
　──の要件　46,88
執行不停止の原則　88,114
実質的証拠法則　115
実体的判断代置可能説　4
実体法的行政処分説　269
釈明処分　125
　──の特則　52,277
借用概念　128
修正裁決　70
自由選択主義　37
住宅扶助　256
住民監査請求前置主義　280
住民自治　274
住民訴訟　31,276
　──の原告適格　276
　──の訴訟要件　276
主観訴訟　7,21
主観的併合　59
主観的予備的併合　59
主張・立証責任の分配　261
情報公開・個人情報保護審査会　186
情報公開訴訟　191

　──にかかる費用　190
　──の管轄　190
　──を提起できる期限　189
情報公開の開示請求権　9
情報公開の裁判　190
職権証拠調べ　52,120
処分　17
処分性　36,355
　──の拡大　16
処分性質説　261
処分取消訴訟　22
処分取消しの訴え　22
　──の対象　15
処分の同一性　239,264
　──の範囲　317,318,319
処分理由　77
　──の差替え　69,78
　──の追加　264
自力執行力　38
審決取消事由　338
審決取消訴訟　336
審査請求　109
審査請求中心主義　110
申請型処分　26
申請型の義務付けの訴えの要件　155
申請に対する処分　98
申請満足型義務付け訴訟　357
じん肺　346
生活扶助　256
生活保護法　251
請求棄却判決　90
争点訴訟　29
即時強制　168
訴状　191
訴訟物　77

租税法律主義　300
損失補償　93
存否応答拒否処分　182

【た行】

第三者情報の開示　193
第三者の原告適格　81, 194
第三者の再審の訴え　91
対世効　67
団体自治　274
地方公務員の任免の法律関係　274
地方自治　274
懲戒免職　275, 283
町内会・自治会　371
聴聞　99
聴聞手続　100
通勤災害保険給付　263
手続審査方式　4
手続的課税要件　300
手続法的行政処分説　269
同意の拒否　158
東京12チャンネル事件　241
当事者系　337
当事者訴訟　10, 29
統治行為　8
特定管轄裁判所　45
特別権力関係説　274
特別裁判籍　45
届出　102
取消しうべき行政行為　39
取消訴訟　16
　　　――の排他的管轄　35

【は行】

パブリック・コメント手続　103

判断過程審査方式　4
反復禁止効　91
非申請型義務付け訴訟　357
非申請型処分　26
不可争力　38
不可変更力　38
附款　69
複数処分の瑕疵　215
不作為の違法確認訴訟　153, 266
不作為の違法確認の訴え　25
不当な行政行為　39
不服の申立て　186
　　　――の審理手続　112
不服申立前置主義　37
部分社会　371, 376
　　　――の法理　372
不利益処分　99
不利益変更の禁止　114
分限免職　275, 283
文書提出命令の申立て　126
弁明の機会の付与　100
法治主義　91
法定外抗告訴訟　28
法定抗告訴訟　21
法適応調整問題　129
法の国際的抵触　128
法の支配の原理　5
法律上の利益　82
　　　――の有無　41
　　　――を有する者　86
法律要件分類説　261
法令の時際的適用関係　79
保護の種類　250
本案訴訟提起要件　88

381

【ま行】

民事仮処分　*53*
民事訴訟　*53*
民衆訴訟　*30*
無効等確認の訴え　*23*
無効な行政行為　*39*
無名抗告訴訟　*28*
命令等　*103*
免許証の更新処分　*319*
免職　*275*

【ら行】

利益衡量説　*261*
利益の同一性　*286*
立証責任　*120*
理由の付記　*78*
労働契約説　*275*
労働者災害補償保険　*263*

【わ行】

和解　*52*

[編者略歴]

山下清兵衛（やました　せいべえ）

弁護士、税理士（マリタックス法律事務所）
（略　歴）
昭和48年3月　　中央大学大学院法学研究科修士課程修了（国際裁判管轄権）
昭和48年4月　　最高裁判所司法研修所修了（第27期）
昭和50年4月　　弁護士登録（第二東京弁護士会所属）
平成3年6月　　税理士登録（東京税理士会所属）
平成9年4月　　日本弁護士連合会司法制度調査会税制部会会長
平成11年10月　日本弁護士連合会収益事業等税務問題検討ワーキンググループ座長
平成12年4月　　日本弁護士連合会税務問題検討委員会副委員長
平成13年5月　　日本弁護士連合会財務委員会副委員長
平成15年4月　　日本弁護士連合会租税訴訟研修ワーキンググループ事務局長
平成15年5月　　中央大学大学院クレセント・アカデミー・TKC補佐人講座（税務訴訟担当）
平成16年6月　　日本弁護士連合会行政訴訟センター副委員長
平成18年4月　　東洋大学大学院講師（行政法特論担当）
平成18年4月　　東洋大学法科大学院講師（租税法担当）
平成20年10月　一橋大学法科大学院講師（公法実務基礎担当）
平成21年4月　　大宮法科大学院客員教授（租税法担当）
平成22年4月　　國學院大學法科大学院客員教授（公法担当）
（主な著書）
『企業行動と現代消費者法のシステム』、『実務　租税法講義』、『『新・裁判実務大系　租税訴訟』、『実務解説　行政事件訴訟法』、『論点整理と演習　憲法』、『最新　重要行政関係事件実務研究』、『事例で学ぶ租税争訟手続』、『実務　行政訴訟法講義』、『書式　行政訴訟の実務』、『事件記録に学ぶ税務訴訟』、『行政許認可手続と紛争解決の実務と書式』ほか多数

行政訴訟ハンドブック

平成25年2月26日　第1刷発行

定価　本体3,800円（税別）

編著者　　山下清兵衛
発　行　　株式会社　民事法研究会
印　刷　　藤原印刷株式会社

発行所　株式会社　民事法研究会
　〒150-0013 東京都渋谷区恵比寿3-7-16
　　〔営業〕TEL 03(5798)7257　FAX 03(5798)7258
　　〔編集〕TEL 03(5798)7277　FAX 03(5798)7278
　　http://www.minjiho.com/　　info@minjiho.com

落丁・乱丁はおとりかえします。　ISBN978-4-89628-836-0　C3032　¥3800E
カバーデザイン：関野美香